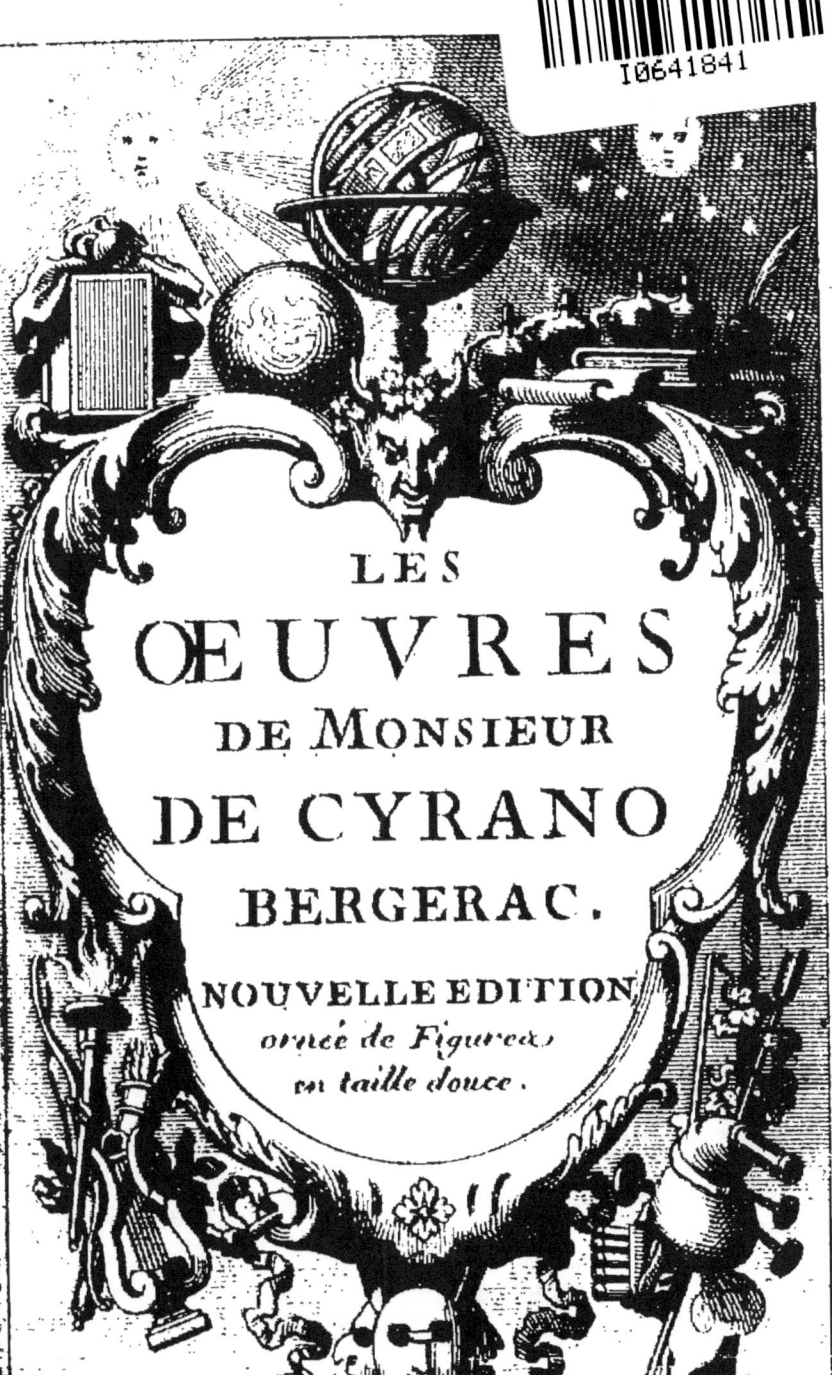

LES OEUVRES
DE MONSIEUR
DE CYRANO
BERGERAC.

NOUVELLE EDITION
ornée de Figures
en taille douce.

Bibliothèque nationale de France – Paris

Direction des Collections

Bibliothèque nationale de France

Direction des collections

Département Littérature et Art

LES
ŒUVRES
DE MONSIEUR
DE CYRANO
BERGERAC.

NOUVELLE EDITION,
ornée de Figures en Taille-douce.

PREMIERE PARTIE.

A AMSTERDAM,
Chez JACQUES DESBORDES, Libraire,
vis-à-vis la grande porte de la Bourse.

M. DCCIX.

A MESSIRE
TANNEGUY
REGNAULT
DES BOIS-CLAIRS,

CHEVALIER, CONSEILLER
du Roy en ses Conseils, & Grand Pre-
vôt de Bourgogne & Bresse.

ONSIEUR,

Je satisfais à la derniere volonté d'un
Mort, que vous obligeâtes d'un signalé bienfait pendant sa vie. Comme il étoit connu
d'une infinité de gens d'esprit, par le beau
feu du sien, il fut absolument impossible que

ã

beaucoup de perſonnes ne ſçuſſent la diſgrace
qu'une dangereuſe bleſſure, ſuivie d'une violente fiévre, luy cauſa quelques mois devant
ſa mort. Pluſieurs ont ignoré par quel bon
Démon il y avoit été ſecouru, mais il a crû
que le nom n'en devoit pas être moins public,
que l'action luy en fut avantageuſe. Vous
étiez ſon Amy, vous l'en aviez ſouvent aſſuré, & même vous le luy aviez témoigné en
pluſieurs rencontres, où vous ſçaviez le beſoin qu'il en avoit; mais qu'étoit-ce faire, que
quelques autres Hommes n'euſſent fait comme vous? qu'étoit-ce paroître envers notre
Amy, que ce que vous paroiſſiez envers cent
autres, qui n'étoient point de ſa trempe? Il
falloit donc le tirer de la preſſe, & que votre
generoſité le diſtinguant du grand nombre
de ceux que vous obligiez, fiſt voir non-ſeu-
lement, comme parle Ariſtote, qu'elle n'a-
voit pas dégeneré, mais qu'elle avoit encheri
ſur ſoy-même, en faveur d'un ſi digne ſujet;
de ſorte qu'après les preuves de votre protection & de votre amitié dans ſa maladie,
dont vous arrêtâtes le cours par vos ſoins, &
les aſſiſtances genereuſes que vous luy rendîtes
en l'extremité de ſes maux les plus violens;
il eſpera de vous encore celle qu'un peu avant
ſa mort il me pria de vous demander pour cet
Ouvrage. Et ce ſera auſſi de cette grande con-

EPISTRE.

fiance, & de ce dernier sentiment, que vous
jugerez de ceux qu'il doit avoir eus de votre
amitié ; puisque c'est dans ce moment fatal
que la bouche parle comme le cœur :

Nam veræ voces tum demum pectore ab
  imo
Eliciuntur.

Je me suis rendu l'Interprete du sien d'autant plus volontiers , que je prenois part égâ-
lement à ses disgraces , comme au bien qu'on
luy faisoit ; & que par cette raison , comme
par mon inclination particuliere , je suis en
verité,

MONSIEUR,

Votre tres-humble & tres-
affectionné Serviteur,
LE BRET.

ã 2

PREFACE.

LEcteur, je te donne l'Ouvrage d'un Mort, qui m'a chargé de ce soin, pour te faire connoître qu'il n'est pas un Mort du commun,

Puisqu'il n'est point couvert de ces tristes lambeaux,

Qu'une Ombre desolée emporte des tombeaux; qu'il ne s'amuse point à faire de vaines plaintes, à renverser les meubles d'une chambre, & à traîner des chaînes dans un grenier; qu'il ne souffle point la chandelle dans une cave, qu'il ne bat personne, qu'il ne fait point le Cochemar, ni le Moinebourru, ni enfin aucune des fadaises dont on dit que les autres Morts épouvantent les sots : & qu'au contraire de tout cela, il est d'une aussi belle humeur que jamais. Je crois qu'une façon d'agir si agreable & si extraordinaire dans un Mort, suspendra le chagrin des plus Critiques en faveur de cet Ouvrage, parce qu'il y auroit double lâcheté d'insulter à des Mânes si remplies de bienveillance, & si soigneuse du divertissement des vivans. Mais que cela soit ou ne soit pas ; que le Critique le revere ou le morde, je suis assuré qu'il s'en souciera d'autant moins, que sa belle humeur est l'unique chose de ce mondequ'il ait retenue en l'autre ; de forte qu'étant impaffible à tout le refte, quelque coup que la médifance luy porte, il ne fera que blanchir. Ce n'eft pas (raillerie à part) que je veuille impofer à perfonne la neceffité de n'en juger que par mes yeux ; je fçai trop bien que la lecture n'eft agreable qu'à proportion de ce qu'elle eft libre ; c'eft pourquoi je trouve bon que chacun en juge felon le fort ou le foible de fon genie ; mais je prie les plus genereux, de fe laiffer prevenir par cette favorable penfée, qu'il n'a eu pour but que le plaifant, & c'eft ce qui lui a pû faire negliger quelques endroits aufquels à caufe de cela on doit une attention d'autant moins auftere, que par ce moyen on l'excufera plus facilement de la circonfpection, qu'autrement on y defireroit trop grande de fa part, de la mienne, & de celle des Imprimeurs.

Quid ergo?

Ut fcriptor fi peccat, idem librarius ufque
Quamvis eft monitus, venia caret.

J'avouë toutefois que fi j'euffe eu le tems, ou que je n'y euffe pas prévu de très-grandes difficultez, j'aurois volontiers examiné la chofe de telle forte qu'elle t'auroit femblé peut-être être plus complette : mais j'ai apprehendé d'y mettre ou de la confufion, ou de la difformité, fi j'entreprenois d'en changer l'ordre, ou de fuppléer à quelques lacunes, par le mêlange de mon ftyle au fien, dont ma mélancolie ne me permet pas d'imiter la gayeté, ni

à 3

de suivre les beaux emportemens de son imagination, la mienne, à cause de sa froideur, étant beaucoup plus sterile. C'est une disgrace qui est arrivée à presque tous les Ouvrages posthumes, où ceux qui se sont donné le soin de les mettre au jour, ont souffert de semblables lacunes, dans la crainte (s'ils en avoient entrepris le supplément) de ne pas quadrer à la pensée de l'Auteur. Ceux de Petrone sont de ce nombre-là ; mais on ne laisse pas d'en admirer les beaux fragmens, comme on fait les restes de l'ancienne Rome.

Peut-être toutefois que sans mettre ces choses en consideration, le Critique qui ne se dément jamais, biaisant au reproche qu'il pourroit encourir s'il attaquoit un Mort, changera seulement d'objet, & pretendra me rendre caution de l'évenement de ce Livre, sous ombre que je me suis donné le soin de son impression. Mais j'appelle de son sentiment à celui des sages, qui me dispenseront toujours d'être responsable des faits d'autruy, & de rendre raison d'un pur effet de l'imagination de mon Ami, qui luy-même n'auroit pas entrepris d'en donner de plus solides que celles qu'on rend ordinairement des Fables & des Romans.

Je dirai seulement, par forme de Manifeste en sa faveur, que sa chimere n'est pas si absolument dépourvuë de vrai-semblance, qu'entre plusieurs grands Hommes anciens & modernes, quelques-uns n'ayent crû que la Lune étoit une terre

habitable ; d'autres qu'elle étoit habitée ;
& d'autres plus retenus, qu'elle leur fembloit telle. Entre les premiers & les fe-
conds, Heraclite a foutenu qu'elle étoit
une terre entourée de broüillards ; Xeno-
phon, qu'elle étoit habitable ; Anaxago-
ras, qu'elle avoit des collines, des val-
lées, des forêts, des maifons, des rivieres, & des mers; & Lucien, qu'il y avoit
vu des hommes, avec lefquels il avoit
converfé, & fait la guerre contre les habitans du Soleil ; ce qu'il conte toutefois a-
vec beaucoup moins de vrai-femblance
& de gentilleffe d'imagination, que Monfieur de Bergerac. En quoy certainement
les modernes l'emportent fur les anciens,
puifque les Ganfars qui y porterent l'Ef-
pagnol, dont le Livre parut icy, il y a
douze ou quinze ans ; les bouteilles pleines de rosée, les fusées volantes, & le
chariot d'acier de Monfieur de Bergerac,
font des machines bien plus agreablement
imaginées, que le vaiffeau dont fe fervit
Lucien pour y monter. Enfin, entre les
derniers, le Pere de Merfenne (dont la
grande pieté & la fcience profonde ont
été également admirées de ceux qui l'ont
connu) a douté fi la Lune n'étoit pas une
terre, à caufe des eaux qu'il y remarquoit,
& que celles qui environnent la terre où
nous fommes, en pourroient faire conje-
cturer la même chofe à ceux qui en feroient éloignez de foixante demis diamet-
tres terreftres, comme nous fommes de la
Lune. Ce qui peut paffer pour une efpece

d'affirmation , parce que le doute dans un
si grand Homme , est toujours fondé sur
une bonne raison , au moins sur plusieurs
apparences qui y équipolent. Gilbert se
déclare plus précisément sur le même sujet ; car il veut que la Lune soit une terre,
mais plus petite que la nôtre ; & il s'efforce de le prouver par les convenances
qui sont entre celle-cy & celle-là. Henry
le Roy, & François Patrice sont de ce sentiment , & expliquent fort au long , sur
quelles apparences ils se fondent , soûte-
nant enfin que notre terre & la Lune se
servent de Lunes reciproquement.

Je sçai que les Peripateticiens ont été
d'opinion contraire, & qu'ils ont soûtenu
que la Lune ne pouvoit être une terre ,
parce qu'elle ne portoit point d'animaux,
qu'ils n'y auroient pû être que par la generation & la corruption, que la Lune est
incorruptible, qu'elle a toujours été portée d'une situation stable & constante, &
qu'on n'y a remarqué aucun changement
depuis le commencement du Monde jusqu'à present : Mais Hevelius leur répond,
que notre terre , quelque corruptible qu'-
elle nous paroisse, n'a pas laissé de durer
autant que la Lune, où il s'est pû faire des
corruptions dont nous ne nous sommes
jamais apperçûs, parce qu'elles s'y sont
faites dans ses moindres parties , & sur sa
simple surface ; comme celles qui se font
sur la surface de notre terre , où nous ne
les pourrions découvrir, si nous en étions
aussi éloignez que de la Lune. Il ajoûte

plufieurs autres raifonnemens , qu'il confirme par un Telefcope de fon invention;
avec quoy il dit (& l'experience en eft facile & familiere) qu'il a découvert dans
la Lune , que les parties plus luifantes &
plus épaiffes , ls grandes & les petites, ont
un jufte rapport avec nos mers , nos rivieres , nos lacs, nos plaines , nos montagnes & nos forêts.

Enfin , notre divin Gaffendi , fi fage , fi
modefte , & fi fçavant en toutes ces chofes , ayant voulu fe divertir , comme je
croy qu'ont voulu faire les autres , a écrit
fur ce fujet de même qu'Hevelius , ajoûtant qu'il y a des montagnes dans la Lune , hautes quatre fois comme le Mont
Olympe , à prendre fa hauteur fur celle
que luy donne Xenagoras , c'eft à dire de
quarante ftades, qui reviennent environ à
cinq milles d'Italie.

Tout cela , Lecteur , te peut faire connoître que Monfieur de Bergerac ayant eu
tant de grandsHommes de fon fentiment,
il eft d'autant plus à loüer , qu'il a traitté
plaifamment une chimere dont ils ont
traitté trop ferieufement : auffi avoit-il
cela de particulier,qu'il croyoit qu'on devoit rire , & douter de tout ce que certaines gens affurent bien fouvent auffi opi-
niâtrément que ridiculement:en forte que
je lui ai fouvent ouï dire qu'il avoit autant
de farceurs , qu'il rencontroit de Sidias,
(c'eft le nom d'un Pedant que Theophile
dans fes fragmens fait battre à coups de
poings contre un jeune homme, à qui le

Pedant opiniätroit qu'*odor in pomo non erat forma sed accidens,*) parce qu'il croyoit qu'on pouvoit donner ce nom à ceux qui difputent avec la même opiniâtreté de chofes auffi inutiles.

L'éducation que nous avions eu enfemble chez un bon Prêtre de la Campagne qui tenoit de petits Penfionnaires, nous avoit fait amis dés notre plus tendre jeuneffe, & je me fouviens de l'averfion qu'il avoit dés ce temps-là pour ce qui luy paroiftoit l'ombre d'un Sidias, parce que dans la penfée que cet homme en tenoit un peu, il le croyoit incapable de luy enfeigner quelque chofe; de forte qu'il faifoit fi peu d'état de fes leçons & de fes corrections, que fon pere qui étoit un bon vieil Gentil-homme, affez indifferent pour l'éducation de fes enfans, & trop credule aux plaintes de celuy-cy, l'en tira un peu trop brufquement; & fans s'informer fi fon fils feroit mieux autre part, il l'envoya en cetteVille, où il le laiffà jufqu'à dix-neuf ans fur fa bonne foy. Cet âge où la Nature fe corrompt plus aifément, & la grande liberté qu'il avoit de ne faire que ce que bon luy fembloit, le porterent fur un dangereux penchant, où j'ofe dire que je l'arrêtai; parce qu'ayant achevé mes études, & mon Pere voulant que je serviffe dans les Gardes, je l'obligeai d'entrer avec moy dans la Compagnie de Monfieur de Carbon Caftel-jaloux. Les Duels qui fembloient en ce temps-là l'unique & le plus prompt

moyen de se faire connoître, le rendirent
en peu de jours si fameux, que le Gascons
qui composoient presque seuls cette Compagnie, le consideroient comme le démon
de la Bravoure, & en comptoient autant
de combats que de jours qu'il y étoit en-
tré. Tout cela cependant ne le détour-
noit point de ses études; & je le vis un
jour dans un Corps de Garde, travailler à
une Elegie, avec aussi peu de distraction,
que s'il eût été dans un cabinet fort éloigné du bruit. Il alla quelque temps après
au Siege de Mouzon, où il reçut un coup
de mousquet au travers du corps; & depuis, un coup d'épée dans la gorge, au
Siege d'Arras en 1640. Mais les incom-
moditez qu'il souffrit pendant ces deux
Sieges, celles que luy laisserent ces deux
grandes playes, les frequens combats que
luy attiroit la reputation de son courage
& de son adresse, qui l'engagerent plus
de cent fois à être second (car il n'eut jamais une querelle de son chef,) le peu
d'esperance qu'il avoit d'être consideré,
faute d'un patron, auprés de qui son genie
tout libre le rendoit incapable de s'assu-
jettir, & enfin le grand amour qu'il avoit
pour l'étude, le firent entierement re-
noncer au mêtier de la guerre, qui veut
tout un homme, & qui le rend autant ennemi des Lettres, que les Lettres le font
ami de la paix. Je t'en particulariserois
quelques combats qui n'étoient point des
duels; comme fut celui où de cent Hommes attroupez pour insulter en plein jour

à un de ſes amis ſur le foſſé de la porte de
Neſle, deux par leur mort, & ſept autres
par de grandes bleſſures, payerent la peine
de leur mauvais deſſein : mais outre que
cela paſſeroit pour fabuleux, quoy que
fait à la vuë de pluſieurs perſonnes de
qualité, qui l'ont publié aſſez hautement
pour empêcher qu'on en puiſſe douter,
je croy n'en devoir pas dire davantage,
puiſqu'auſſi-bien en ſuis-je à l'endroit où
il quitta Mars pour ſe donner à Minerve ;
je veux dire qu'il renonça ſi abſolument
à toutes ſortes d'emplois depuis ce tems-
là, que l'étude fut l'unique auquel il s'a-
donna juſqu'à la mort.

Au reſte, il ne portoit pas ſa haine pour
la ſujetion, à celle qu'exigent les Grands
auprés deſquels on s'attache ; il l'éten-
doit encore plus loin ; & même juſqu'aux
choſes qui luy ſembloient contraindre les
penſées & les opinions dans leſquelles il
vouloit être auſſi libre, que dans les plus
indifferentes actions ; & il traitoit de ridicules certaines gens, qui avec l'autorité
d'un paſſage, ou d'Ariſtote, ou de tel autre,
tre, prétendent auſſi audacieuſement que
les Diſciples de Pytagore avec leur, *Ma-*
giſter non dixit, juger des queſtions im-
portantes, quoy que des preuves ſenſi-
bles & familieres les démentent tous les
jours. Ce n'eſt pas qu'il n'eût toute la veneration qu'on doit avoir pour tant de ra-
res Philoſophes, anciens & modernes ;
mais la grande diverſité de leurs ſectes, &
l'étrange contrarieté de leurs opinions, lui

perfuadoient qu'on ne devoit être d'aucun party.

Nullius addictus jurare in verba Magistri.

Démocrite & Pyrrhon luy fembloient,
aprés Socrate, les plus raifonnables de
l'antiquité ; encore n'étoit-ce qu'à caufe
que le premier avoit mis la verité dans
un lieu fi obfcur, qu'il étoit impoffible
de la voir ; & que Pyrrhon avoit été fi
genereux, qu'aucun des Sçavans de fon
fiecle n'avoit pû mettre fes fentimens en
fervitude, & fi modefte qu'il n'avoit jamais voulu rien décider, ajoûtant à propos de ces Sçavans, que beaucoup de nos
modernes ne luy fembloient que les échos
d'autres Sçavans,& que beaucoup de gens
paffent pour tres-doctes, qui auroient
pafsé pour tres-ignorans, fi des Sçavans
ne les avoient precedez. De forte que
quand je luy demandois pourquoy donc
il lifoit les ouvrages d'autruy, il me ré-
pondoit, que c'étoit pour connoître les
larcins d'autruy ; & que s'il eût été Juge
de ces fortes de crimes, il y auroit établi
des peines plus rigoureufes, que celles
dont on punit les voleurs de grands chemins ; à caufe que la gloire étant quelque chofe de plus précieux qu'un habit,
qu'un cheval, & même que de l'or, ceux
qui s'en acquierent par des Livres qu'ils
compofent de ce qu'ils dérobent chez les
autres, étoient comme des voleurs de
grands chemins, qui fe parent aux dépens
de ceux qu'ils dévalifent ; & que fi chacun eût travaillé à ne dire que ce qui n'eût

point été dit, les Bibliotheques euſſent
été moins groſſes, moins embaraſſantes,
plus utiles, & la vie de l'homme (quoy
que tres-courte) eût preſſi ſuffi pour
lire & ſçavoir toutes les bonnes choſes; au
lieu que pour en trouver une qui ſoit paſ-
ſable; il en faut lire cent mille, ou qui ne
valent rien, ou qu'on a luës ailleurs une
infinité de fois, & qui ſont cependant
conſommer le temps inutilement & deſa-
greablement.

Neanmoins il ne blâmoit jamais un ouvrage abſolument, quand il y trouvoit
quelque choſe de nouveau; parce qu'il di-
ſoit que c'étoit un accroiſſement de bien,
auſſi grand pour la Republique des Lettres, que la découverte des Terres nouvelles eſt utile aux anciennes; & la nation
des Critiques luy ſembloit d'autant plus
inſuportable, qu'il attribuoit à l'envie, &
au dépit qu'ils avoient de ſe voir incapa-
bles d'aucune entrepriſe (qui eſt toûjours
loüable quand bien l'effet n'y répondroit
pas entierement) la paſſion qu'ils ſont
paroître à reprendre les autres.

Non ego paucis, diſoit-il,
Offendar maculis, quas aut incuria fudit,
Aut humana parum cavit natura.

En effet, ſi on ſouffre bien des ombres
dans un tableau, pourquoy ne pas ſouffrir dans un Livre quelques endroits
moins forts que d'autres, puiſque par la
regle des contraires, le noir ſert quelquefois à faire davantage briller le blanc?

Cependant comme il n'avoit que des

PREFACE.

fentimens extraordinaires , aucun de fes
ouvrages n'a été mis entre les communs.
Son Agrippine commence , continuë , &
finit d'une maniere que d'autres n'avoient
point encore pratiquée. L'elocution y eft
toute Poëtique , le fujet bien choifi , les
rôles fort beaux , les fentimens Romains
dans une vigueur digne d'un fi grand nom,
l'intrigue merveilleux , la furprife agreable , le démêlé clair , & la regle des vingt-
quatre heures fi regulierement obfervée ,
que cette Piece peut paffer pour un modele de Poëme dramatique.

Mais en quoy particulierement il étoit
admirable , c'eft que du ferieux il paffoit
au plaifant , & y reüffiffoit également. Sa
Comedie du Pedant Joüé en eft une preuve & tres-forte & tres-agreable ; de même que plufieurs de fes autres ouvrages,
un témoignage tres-fidele de l'univerfalité
de fon bel efprit. Son Hiftoire de l'Etin-
celle & de la Republique du Soleil , où
en même ftyle qu'il a prouvé la Lune habitable , il prouvoit le fentiment des Pierres , l'inftinct des Plantes , & le raifonnement des Brutes, étoit encore au deffus de
tout cela , & j'avois refolu de la joindre à
celle-cy : mais un voleur qui pilla fon coffre pendant fa maladie, m'a privé de cette
fatifaction, & toy de ce furcroît de diver-
tiffement.

Enfin, Lecteur , il paffa toûjours pour
un homme d'efprit tres-rare ; à quoy la
Nature joignit tant de bonheur du côté
des fens, qu'il fe les foûmit toujours au-

tant qu'il voulut : de forte, qu'il ne but
du vin que rarement, à caufe, difoit-il,
que fon excés abrutit, & qu'il falloit être
autant fur la précaution à fon égard, que
de l'arfenic (c'étoit à quoi il le comparoit)
parce qu'on doit tout apprehender de ce
poifon, quelque préparation qu'on y apporte ; quand même il n'y auroit à en
craindre que ce que le vulgaire nomme
qui pro quo, qui le rend toûjours dangereux. Il n'étoit pas moins moderé dans
fon manger, dont il banniffoit les ragoûts
tant qu'il pouvoit, dans la croyance que
le p'us fimple vivre, & le moins mixtion-
né, etoit le meilleur : Ce qu'il confirmoit
par l'exemple des hommes modernes, qui
vivent fi peu ; au contraire de ceux des
premiers fiecles, qui femblent n'avoir vécu fi long-temps, qu'à caufe de la fimpli-
té de leurs repas.

Quippe aliter tunc orbe novo cæloque recenti
Vivebant homines.

Il accompagnoit ces deux qualitez d'u-
ne fi grande retenuë envers le beau Sexe,
qu'on peut dire qu'il n'eft jamais forti du
refpect que le nôtre luy doit ; & il avoit
joint à tout cela une fi grande averfion
pour tout ce qui luy fembloit intereffé,
qu'il ne put jamais s'imaginer ce que c'é-
toit de poffeder du bien en particulier, le
fien étant bien moins à luy qu'à ceux de
fa connoiffance qui en avoient befoin.
Auffi le Ciel, qui n'eft point ingrat, voulut que d'un grand nombre d'amis qu'il
eut pendant fa vie, plufieurs l'aimaffent
jufqu'à

jusqu'à la mort, & quelques-uns même par de là.

Je me doute, Lecteur, que ta curiosité, pour sa gloire & ma satisfaction, passionne que j'en consigne les noms à la Posterité: & j'y défere d'autant plus volontiers, que je ne t'en nommerai aucun qui ne soit d'un merite extraordinaire, tant il les avoit bien sçû choisir. Plusieurs raisons, & principalement l'ordre du temps, veulent que je commence par M. de Prade, en qui la belle science égale un grand cœur & beaucoup de bonté; que son admirable Histoire de France fait si justement nommer le Corneille Tacite des François, & qui sçut tellement estimer les belles qualitez de M. de Bergerac, qu'il fut, aprés moy, le plus ancien de ses Amis, & un de ceux qui le lui a témoigné plus obligeamment en une infinité de rencontres. L'Illustre Cavois, qui fut tué à la bataille de Lens, & le vaillant Brissailles Enseigne de Gens-d'armes de Son Altesse Royale, furent non-seulement les justes estimateurs de ses belles actions, mais encore ses glorieux témoins, & ses fideles compagnons en quelques-unes. J'ose dire que mon Frere, & M. de Zeddé, qui se connoissent en braves, & qui l'ont servi & en ont été servis dans quelques occasions souffertes en ce temps-là aux gens de leur métier, égaloient son courage à celui des plus vaillans; & si ce témoignage étoit suspect, à cause de la part qu'y a mon Frere, je citerois encore un Brave de la plus hau-

te Claſſe, je veux dire Monſieur Duret de
Monchenin, qui l'a trop bien connu &
trop eſtimé, pour ne pas confirmer ce que
j'en dis. J'y puis ajoûter M. de Bourgogne,
Meſtre de Camp du Regiment d'Infante-
rie de Monſeigneur le Prince de Conty,
puiſqu'il vit le combat ſur-humain dont
j'ay parlé, & que le témoignage qu'il en
rendit, avec le nom d'intrépide qu'il luy
en donna toûjours depuis, ne permet pas
qu'il en reſte l'ombre du moindre doute,
au moins à ceux qui ont connu M. de
Bourgogne, qui étoit trop ſçavant à bien
faire le diſcernement de ce qui merite de
l'eſtime, d'avec ce qui n'en merite point,
& dont le genie étoit univerſellement trop
beau, pour ſe tromper dans une choſe de
cette nature. M. de Chavagne, qui court
toûjours avec une ſi agreable impetuoſité
au devant de ceux qu'il veut obliger; Cet
Illuſtre Conſeiller Monſieur de Longe-
ville Gontier, qui a toutes les qualitez
d'un homme achevé; M. de S. Gilles, en
qui l'effet ſuit toûjours l'envie d'obliger,
& qui n'eſt pas un petit témoin de ſon
courage & de ſon eſprit; M. de Lignieres,
dont les productions ſont les effets d'un
parfaitement beau feu; M. de Chaſteau-
fort, en qui la memoire & le jugement
ſont ſi admirables, & l'application ſi heu-
reuſe d'une infinité de belles choſes qu'il
ſçait; M. des Billettes, qui n'ignore rien
à vingt-trois ans, de ce que les autres font
gloire de ſçavoir à cinquante; M. de la
Morliere, dont les mœurs ſont ſi belles, &

la façon d'obliger si charmante ; M. le
Comte de Brienne, de qui le bel esprit répond si bien à sa grande naissance, eurent
pour luy toute l'estime qui fait la veritable amitié, dont à l'envi ils prirent plaisir
de luy donner des marques tres-sensibles.
Je ne particulariserai rien de ce fort Esprit,
de ce tout-sçavant, de cet infatigable à
produire tant de bonnes & si utiles choses,
M. l'Abbé de Villeloin, parce que je n'ay
pas eu l'honneur de le hanter ; mais je
puis assurer que M. de Bergerac s'en loüoit
extrémement, & qu'il en avoit reçu plusieurs témoignages de beaucoup de bonté.

J'aurois aioûté que pour complaire à ses
amis, qui luy conseilloient de se faire un
Patron qui l'appuyât à la Cour, ou ailleurs, il vainquit le grand amour qu'il
avoit pour sa liberté, & que jusqu'au jour
qu'il reçut à la tête le coup dont j'ai parlé,
il demeura auprès Monsieur le Duc d'Arpajon, à qui même il dédia tous ses Ouvrages : mais parce que dans sa maladie
il se plaignit d'en avoir été abandonné, j'ai
crû ne pas devoir decider, si ce fut par un
effet du malheur general pour tous les petits, & commun à tous les Grands, qui ne
se souviennent des services qu'on leur
rend, que dans le temps qu'ils les reçoivent : Ou si ce n'étoit point un secret du
Ciel, qui voulant l'ôter si-tôt du monde,
vouloit aussi luy inspirer le peu de regret
qu'on doit avoir de quitter ce qui nous y
semble de plus beau, & qui pourtant ne
l'est pas toujours.

PREFACE.

Je ferois tort à M. Rohault, si je n'ajoû-
tois son Nom sur une Liste si glorieuse,
puisque cet Illustre Mathematicien qui a
tant fait de belles épreuves Physiques, &
qui n'est pas moins aimable pour sa bonté
& sa modestie, que relevé au dessus du
commun par sa science, eut tant d'amitié
pour M. de Bergerac, & s'interessa de telle
sorte pour ce qui le touchoit, qu'il fut le
premier qui découvrit la veritable cause
de sa maladie, & qui rechercha soigneusement, avec tous ses amis, les moyens
de l'en délivrer. Mais M. des Boisclairs,
qui jusques dans ses moindres actions
n'ayant rien que d'heroïque, crut trouver
en M. de Bergerac une trop belle occasion
de satisfaire sa generosité pour en laisser
la gloire aux autres, il resolut de le prévenir, & le prévint en effet dans une con-
jončture d'autant plus utile à son amy,
que l'ennuy de sa longue captivité, le
menaçoit d'une prompte mort, dont une
violente fiévre avoit même déja commencé le triste prélude. Cet ami sans pair l'in-
terrompit par un intervale de quatorze
mois qu'il le garda chez luy ; & il eût eu
avec la gloire que meritent tant de grands
soins & tant de bons traittemens qu'il luy
fit, celle de luy avoir conservé la vie, si
ses jours n'eussent été comptez & bornez
à la trente-cinquiéme année de son âge,
qu'il finit à la campagne chez M. de Cyrano son Cousin, dont il avoit reçu de
grands témoignages d'amitié, de qui les
conversations si sçavantes dans l'Histoire

du temps prefent & du paffé, luy plai-
foient extrememement, & chez qui par une
affectation de changer d'air qui precede
la mort, & qui en eft un fimptome prefque certain dans la plufpart des malades,
il fe fit porter cinq jours avant que de
mourir.

Je croy que c'eft rendre à Monfieur le
Maréchal de Gaffion une partie de l'honneur qu'on doit à fa memoire, de dire
qu'il aimoit les gens d'efprit & de cœur,
parce qu'il fe connoiffoit en tous les deux,
& que fur le recit que Meffieurs de Cavois & de Cuigy luy firent de M. de Bergerac, il le voulut avoir auprés de luy;
mais la liberté dont il étoit encore idolâtre, (car il ne s'attacha que long-temps
aprés à Monfieur d'Arpajon) ne put jamais lui faire confiderer un fi grand Homme, que comme un Maître : de forte qu'il
aima mieux n'en être pas connu & être libre, que d'en être aimé & être contraint:
& même cette humeur fi peu foucieufe
de la Fortune, & fi peu des gens du tems,
luy fit negliger plufieurs belles connoif-
fances que la Reverende Mere Margueri-
te, qui l'eftimoit particulierement, voulut luy procurer; comme s'il eût preffenti
que ce qui fait le bonheur de cette vie,
luy eût été inutile pour s'affurer celuy de
l'autre. Ce fut la feule penfée qui l'occu-
pa fur la fin de fes jours d'autant plus ferieufement, que Madame de Neuvillette,
cette femme toute pieufe, toute charita-
ble, toute à fon prochain, parce qu'elle

est toute à Dieu, & de qui il avoit l'honneur d'être parent du côté de la Noble Famille des Berangers, y contribua de sorte, qu'enfin le libertinage dont les jeunes gens sont pour la plupart soupçonnez, luy parut un Monstre, pour lequel je puis témoigner qu'il eut depuis cela toute l'aversion qu'en doivent avoir ceux qui veulent vivre Chrétiennement.

J'augurai ce grand changement quelque temps avant sa mort, de ce que luy ayant un jour reproché la mélancolie qu'il témoignoit dans les lieux où il avoit accoûtumé de dire les meilleures & les plus plaisantes choses, il me répondit, que c'étoit à cause que commençant à connoître le monde, il s'en desabusoit, & qu'enfin il se trouvoit dans un état où il prévoyoit que dans peu la fin de sa vie seroit celle de ses disgraces ; mais qu'en verité son plus grand déplaisir étoit, de ne l'avoit pas mieux employée.

Jam juvenem vides, me dit-il, *instet cum serior atas,*
Mœrentem stultos prateriisse dies.

Et en verité, ajouta-t-il, je croy que Tibulle prophetisoit de moy, quand il parloit de la sorte ; car personne n'eut jamais tant de regret que j'en ai de tant de beaux jours passez si inutilement.

Tu me dois pardonner cette disgression, Lecteur ; & si je me suis si fort étendu sur le merite d'un ami, sa mort m'exempte du blâme que j'aurois encouru de l'avoir voulu flatter : outre que de si belles choses ne sçauroient jamais déplaire. Pour donc reprendre la suite des autoritez sur lesquelles il s'est fondé, je dis que le Démon dont il se fait servir si utilement pendant son séjour dans la Lune, n'est pas une chose inoüie, puisque Thalés & Heraclite ont dit que le Monde en étoit rempli ; outre ce qu'on a publié de ceux de Socrate, de Dion, de Brutus, & de plusieurs autres. La pluralité des Mondes dont il a parlé, est appuyée sur le sentiment de Democrite qui l'a soûtenuë, de même que l'infini & les petits corps ou atomes dont il a discouru en quelques endroits aprés ce Philosophe, Epicure, & Lucrece.

Le mouvement qu'il donne à la terre n'est pas nouveau, puisque Pytagore, Philolaüs, & Aristarque soutinrent autrefois qu'elle tournoit autour du Soleil, qu'ils mettoient le centre du monde. Leucippe, & plusieurs autres, ont presque dit la même chose : mais Copernic dans le dernier siecle l'a soûtenuë plus hautement que tous, puisqu'il a changé le Système de Ptolomée, auparavant suivi de tous les Astronomes, dont la plupart approuvent aujourd'huy celui de Copernic, d'autant plus simple & plus aisé, qu'il met le Soleil au centre du Monde, la Terre entre les Planettes, à la place que Ptolomée y donne au Soleil, c'est à dire qu'il fait mouvoir autour du Soleil, la Sphere de Mercure, puis celle de Vénus, puis celle de la Terre, au bord de laquelle il met un épicicle, sur lequel il fait tourner la Lune autour de la Terre, & achever fa revolution en vingt-fept jours, ontre celle qu'il luy fait faire avec la même Terre autour du Soleil en un an.

Je te confefferai toutefois, Lecteur, que ce changement m'eft indifferent, parce que je ne profeffe point ces Sciences qui font trop abftraites pour moy; & je te protefte que tout ce que j'en fçay, ne confifte qu'en quelques termes que me fournit la memoire de quelque lecture des Ouvrages qui en traittent. C'eft pourquoi je declare, que par ce que j'ai dit de Copernic, je n'ai point prétendu offenfer Ptolomée; il me fuffit que *Cœli enarrant gloriam Dei*, & que leur admirable ftructure me prouve qu'ils ne font point l'ouvrage de la main des hommes. Quoy qu'en ait dit Ptolomée, ils ne font que ce qu'ils ont toûjours été; & quelque changement qu'y ait apporté Copernic, ils font demeurez dans le même lieu & dans la même fonction que leur a donné l'Eftre Souverain, qui fans changer peut feul changer toutes chofes. J'ay dit au commencement de ce difcours, le fujet qui me l'a fait entreprendre; & dans la fuite on peut connoître comment & pourquoy j'ay cité tous ces Sçavans. Je te prie, Lecteur, de t'en fouvenir, afin de juftifier le peu ou point de déference que j'ay pour tout ce qui peut commettre la verité de ma croyance avec les imaginations d'autruy.

LETTRES

La terre me fut importune,
Je pris mon essort vers les Cieux,
J'y vis le Soleil et la Lune,
Et maintenant j'y vois les Dieux.

LETTRES
DE MONSIEUR
DE CYRANO
BERGERAC.

A MONSIEUR LE BRET,
Avocat au Conseil.

CONTRE L'HYVER.
LETTRE I.

ONSIEUR,

C'est à ce coup que l'Hyver a noué l'é-
guillette à la Terre ; il a rendu la matiere
impuissante ; & l'esprit même, pour être
incorporel, n'est pas en sûreté contre sa
tyrannie. Mon ame a tellement reculé sur
elle-même, qu'en quelque endroit aujour-
d'huy que je me touche, il s'en faut plus

Tome I.   A

de quatre doigts, que je n'atteigne où je
suis. Je me tâte sans me sentir; & le fer auroit ouvert cent portes à ma vie, auparavant que de frapper à celle de la douleur.
Enfin nous voila presque paralytiques ; &
cependant pour creuser sur nous une plaie
dans une blessure, Dieu n'a creé qu'un
Baûme à notre mal : encore le Medecin
qui le porte ne sçauroit arriver chez nous
qu'après avoir délogé de six maisons. Ce
paresseux est le Soleil. Vous voyez comme il marche à petites journées : il se met
en chemin à huit heures, & prend gîte à
quatre. Je croi qu'à mon exemple, il trouve qu'il fait trop froid pour se lever si matin : mais Dieu veuille que ce soit seulement la paresse qui le retienne, & non pas
le dépit : car il me semble que depuis plusieurs mois il nous regarde de travers.
Pour moy, je n'en puis deviner la cause, si
ce n'est qu'ayant vû la terre endurcie par
la gelée, il n'ose plus monter si haut, de
peur de blesser ses rayons en les précipitant. Ainsi nous ne sommes pas prêts de
nous vanger des outrages que la Saison
nous fait. Il ne sert quasi de rien au feu de
s'échauffer contre elle, sa rage n'aboutit,
(après avoir bien petillé) qu'à le contraindre à se dévorer soi-même plus vîte. Nous
avons beau prendre le bouclier, l'Hyver
est une mort de six mois répanduë sur tout
un côté de cette boule, que nous ne sçaurions éviter : c'est une courte vieillesse de
choses animées, c'est un être qui n'a point
d'action, & qui cependant (tout braves

que nous foïons) ne nous approche jamais
fans nous faire trembler. Notre corps po-
reux, delicat, étendu, fe ramaffe, s'endur-
cit, & s'empreffe à fermer fes avenuës, à
barricader un million d'invifibles portes,
& à les couvrir de petites montagnes. Il fe
meut, s'agite, fe debat, & dit pour excufe, en rougiffant, que ces fremiffemens
font des forties qu'il fait à deffein de re-
pouffer l'ennemi qui gagne fes dehors. Enfin ce n'eft pas merveille que nous fubiff-
fions le deftin de tous les vivans. Mais le
barbare ne s'eft pas contenté d'avoir ôté la
langue à nos oifeaux, d'avoir deshabillé
nos arbres, d'avoir coupé les cheveux à
Cerès, & d'avoir mis notre Grand'mere
toute nuë. Afin que nous ne puffions nous
fauver par eaux dans un climat plus doux,
il les a toutes renfermées fous des murailles de diamant ; & de peur même que les
riviéres n'excitaffent par leur mouvement
quelque chaleur qui nous pût foulager, il
les a clouées contre leur lit. Mais il fait encore bien pis : car pour nous effrayer par
l'image même des prodiges qu'il invente
à notre deftruction, il nous fait prendre
la glace pour une lumiere endurcie, un
jour petrifié, un folide neant, ou quelque
Monftre épouvantable, dont le corps n'eft
qu'un œil. La Seine au commencement
effrayée des larmes du Ciel, s'en troubla;
& apprehendant une fuite plus funefte à
la fortune de fes habitans, elle s'eft roidie
contre le poids qui l'entraîne, s'eft fufpen-
duë, & s'eft liée elle-même pour s'arrêter,

afin d'être toujours presente aux besoins
que nous pourrions avoir d'elle. Les hommes épouvantez à leur tour des prodiges
de cette effroyable Saison , en tirent des
présages proportionnez à leur crainte. S'il
neige , ils s'imaginent que c'est peut-être
au Firmament le chemin de lait qui se dis-
sout ; que cette perte fait de rage écumer
le Ciel, & que la Terre tremblant pour ses
enfans, en blanchit de frayeur. Ils se figurent que l'Univers est une tarte, que l'hyver , ce grand Monstre , sucre pour l'avaler : que peut-être la neige est l'écume des
Plantes qui meurent enragées , & que les
vents qui souflent le froid, sont les derniers
soupirs de la Nature agonisante. Moi-même qui n'explique gueres les choses qu'en
ma faveur, & qui dans une autre saison
me serois persuadé que la neige est le lait
vegetatif que les Astres font teter aux
Plantes, ou les miettes qui tombent aprés
Graces de la Table des Dieux ; me laissant
emporter au torrent de l'exemple : S'il
grêle, je m'écrie : Quels maux nous sont
reservez, puis que le Ciel innocent est réduit à pisser la gravelle ! Si je veux définir
ces vents glacez tellement solides, qu'ils
renversent des tours, & tellement déliez,
qu'on ne les voit point, je ne saurois soupçonner ce que c'est, sinon une brouïne de
Diables échappez, qui s'étant morfondus
sous terre , courent icy pour s'échauffer.
Tout ce qui me represente l'Hyver, me
fait peur. Je ne sçaurois supporter un miroir à cause de sa glace : je fuis les Mede-

cins, parce qu'on les nomme des Medi-
cins de neige ; & je puis convaincre le
froid de quantité de meurtres, sur ce que
dans toutes les maisons de Paris on rencontre fort peu de gelée, qu'on n'y trouve
un malade auprés. En verité, Monsieur, je
ne pense pas que la S. Jean me guerisse en-
tiérement des maux de Noël, quand je
songe qu'il me faudra voir encore aux fenêtres de grandes vitres, qui ne seront autres choses que des tapisseries de glaçons
endurcis au feu. Ouy, cet impitoyable m'a
mis en si mauvaise humeur, que le hâle du
mois d'Août ne me purgera peut-être pas
du flegme de Janvier. La moindre chaleur
me fera dire que l'Hyver est le frisson de
la Nature, & que l'Eté en est la fievre : car
jugez si je me plains à tort, & si les morfondus, malgré l'humeur liberale de cette
saison qui leur donne autant de perles que
de roupies, ne me prendront pas pour un
Hercule qui poursuit ce Monstre leur ennemi ? Quelles rigueurs n'exerce-t-il point
en tous lieux ? Là, sous le robinet d'une
Fontaine, le gelé Porteur d'eau contraint
son cœur, en soufflant, de rendre à ses mains
la vie qu'il leur a dérobée. Là contre le pavé le soulier du marcheur fait plus de
bruit qu'à l'ordinaire, parce qu'il a des
cloches aux pieds. Là l'Ecolier fripon, une
pelote de neige entre les doigts, attend au
passage son compagnon pour lui noyer le
visage dans un morceau de riviere. Enfin
de quelque côté que je me tourne, la gelée
est si grande, que tout se prend, jusqu'aux

manteaux. A dix heures du soir, le Filou morfondu sous un auvent, grelote, & se console, lorsqu'il regarde le premier passant, comme un Tailleur qui luy apporte son habit. Lors qu'il prendra fantaisie à l'Hyver, ce vieil endurci, d'aller à confesse, voila, Monsieur, l'examen de sa conscience, à un peché prés, car c'est un cas reservé, dont il n'aura jamais l'absolution. Vous-même jugez s'il est pardonnable : il me vient d'engourdir les doigts, afin de vous persuader que je suis un froid Amy, puisque je tremble quand il est question de me dire, Monsieur,

Votre Serviteur.

AU MESME.

POUR LE PRINTEMPS.

LETTRE II.

Monsieur,

Ne pleurez plus, le beau temps est revenu, le Soleil s'est reconcilié avec les hommes ; & sa chaleur a fait trouver des jambes à l'Hyver, quelque engourdi qu'il fût ; il ne luy a prêté de mouvement que ce qu'il luy en falloit pour fuir ; & cependant ces longues nuits qui sembloient ne faire qu'un pas en une heure (à cause que pour être dans l'obscurité elles n'osoient courir à tâtons) sont aussi loin de nous que la premiere qui fit dormir Adam. L'air n'agueres si condensé par la gelée, que les

Oiseaux n'y trouvoient point de place,
semble n'être aujourd'huy qu'un grand
espace imaginaire, où les Musiciens, à peine soutenus de notre pensée, paroissent au
Ciel de petits Mondes balancez par leur
propre centre. Le serein n'enrhumoit pas
au pays d'où ils viennent, car ils font icy
beau bruit. O Dieux ! quel tintamarre !
Sans doute ils sont en procés pour le partage des Terres dont l'Hyver par sa mort
les a faits heritiers. Ce vieux Jaloux non
content d'avoir bouclé presque tous les
animaux, avoit gelé jusques aux rivieres,
afin qu'elles ne produisissent pas même
des images. Il avoit malicieusement tourné vers eux la glace de ses miroirs qui
coulent du côté du vif argent ; & ils y seroient encore, si le Printemps à son retour
ne les eût renversez. Aujourd'hui le Bêtail
s'y regarde nâger en courant : la Linote &
le Pinson s'y reproduisent sans perdre leur
unité, s'y ressuscitent sans mourir, & s'é-
tonnent qu'un nid si froid leur fasse éclore
en un moment des petits aussi grands qu'-
eux-mêmes. Enfin nous tenons la Terre en
bonne humeur ; nous n'avons dorênavant
qu'à bien choyer ses bonnes graces. A la
verité, dépitée de s'être vuë au pillage de
l'Automne, elle s'étoit tellement endurcie contre nous avec les forces que lui prê-
ta l'Hyver, que si le Ciel n'eût pleuré deux
mois sur son sein, elle ne se fût jamais at-
tendrie : mais Dieu mercy, elle ne se souvient plus de nos larcins : toute son attention n'est aujourd'hui qu'à mediter quel-

que fruit nouveau. Elle se couvre d'herbe molle, afin d'être plus douce à nos pieds; elle n'envoye rien sur nos tables, qui ne regorge de son lait. Si elle nous offre des Chenilles, c'est en guise de Vers à soie sauvages; & les Hannetons sont de petits Oiseaux qu'elle a eu soin d'inventer pour servir de jouëts à nos enfans. Elle s'étonne elle-même de sa richesse : elle s'imagine à peine être la Mere de tout ce qu'elle produit; & grosse de quinze jours, elle avorte de mille sortes d'insectes : parce que ne pouvant toute seule goûter tant de plaisir, elle ébauche des enfans à la hâte, pour avoir à qui faire du bien. Ne semble-t-il pas, en attachant aux branches de nos Forêts des feuilles si toufuës, que pour nous faire rire elle se soit égayée à porter un pré sur un arbre ? Mais parce qu'elle sçait que les contentemens excessifs sont préjudiciables, elle force en cette saison les Féves de fleurir, pour moderer notre joie, par la crainte de devenir fous. C'est le seul mauvais présage qu'elle n'a point chassé de dessus l'Hemisphere. Par-tout on voit la Nature accoucher, & ses enfans, à mesure qu'ils naissent, jouër dans leur berceau. Considerez le Zephyre qui n'ose quasi respirer qu'en tremblant, comme il agite les bleds, & les caresse. Ne diriez-vous pas que l'herbe est le poil de la terre, & que ce vent est le peigne qui a soin de le démêler ? Je pense même que le Soleil fait l'amour à cette Saison : car j'ay remarqué qu'en quelque lieu qu'elle se retire, il s'en approche toujours. Ces insolens Aquilons qui nous bravoient en l'absence de ce Dieu de tranquillité (surpris de sa venuë) s'unissent à ses rayons, pour obtenir la paix par leurs caresses ; & les plus coupables se cachent dans les Atomes, & se tiennent coys sans bouger, de peur d'être reconnus. Tout ce qui ne peut nuire par sa vie, est en pleine liberté. Il n'est pas jusqu'à notre ame qui ne se répande plus loin que sa prison, afin de montrer qu'elle n'en est pas contenuë. Je pense que la Nature est aux Nôces : on ne voit que danses, que concerts, que festins ; & qui voudroit chercher dispute, n'auroit pas le contentement d'en trouver, sinon de celles qui pour la beauté surviennét entre les fleurs. Là possible, au sortir du combat un œillet tout sanglant tombe de lassitude : là un bouton de Rose, enflé du mauvais succés de son Antagoniste, s'épanouït de joie. Là le Lys, ce Colosse entre les fleurs, ce geant de lait caillé, glorieux de voir ses images triompher au Louvre, s'éleve sur ses compagnes, les regarde de haut en bas, & fait devant soy prosterner la Violette, qui jalouse & fâchée de ne pas monter aussi haut, redoublent ses odeurs, afin d'obtenir de notre nez la préference que nos yeux luy refusent. Là le gason de Thin s'agenouille humblement devant la Tulipe, à cause qu'elle porte un Calice. Là d'un autre côté la Terre dépitée que les arbres portent si haut & si loin d'elle les bouquets dont elle les couronne, refuse de leur en-

voyer des fruits, qu'ils ne luy ayent re-
donné ses fleurs. Cependant je ne trouve
pas pour ces disputes, que le Printemps en
soit moins agreable. Mathieu Gareau sau-
te de tout son cœur au broüet de sa Tan-
te : le plus mauvais garçon du Village jure par sa foy qu'il fera cette année grand'
peur au Papegay : le Vigneron appuyé sur
un échalas, rit dans sa barbe à mesure
qu'il voit pleurer sa vigne : enfin l'exemple de la Nature me persuade si bien le
plaisir, que toute sujétion étant doulou-
reuse, je suis presqu'à regret, Monsieur,

Votre Serviteur.

AU MESME.

POUR L'ESTE'.

LETTRE III.

MONSIEUR,

Que ne diriez-vous point du Soleil, s'il
vous avoit rôti vous-même, puisque vous
vous plaignez de luy, lorsqu'il hâte l'as-
saisonnement de vos viandes ? De toute
la terre il n'a fait qu'une grand marmite ;
il a dessous attisé l'Enfer pour la faire
bouillir, il a disposé les Vents tout autour
comme des soufflets, afin de l'empêcher
de s'éteindre ; & lors qu'il rallume le feu
de votre cuisine, vous vous en formali-
sez ! Il échauffe les eaux, il les distile, il
les rectifie, de peur que leur crudité ne
vous nuise, & vous luy chantez pouille,

pendant même qu'il boit à votre fanté.
Pour moy, je ne fçai pas en quelle poftu-
re dorênavant fe pourra mettre ce pauvre
Dieu, pour être à notre gré. Il envoye à
notre lever les Oifeaux nous donner la
Mufique ; il échauffe nos bains, & ne
nous y invite point qu'il n'en ait effayé le
peril en s'y plongeant le premier. Que
pouvoit-il ajouter à tant d'honneur, finon
de manger à notre table ? Mais jugez ce
qu'il demande, quand il n'eft jamais plus
proche de nos maifons qu'à Midy ? Plai-
gnez-vous, Monfieur, après cela, qu'il def-
feche l'humeur des rivieres ! Helas ! fans
cette attraction, que ferions-nous deve-
nus ? Les fleuves, les lacs, les fontaines,
ont fucé toute l'eau qui rendoit la terre
feconde ; & l'on fe fâche qu'au hazard d'en
faire gagner l'hydropifie à la moyenne region, il prenne la charge de la repuifer,
& de promener par le Ciel les nuës, ces
grands arrofoirs, dont il éteint la foif de
nos campagnes alterées, encore dans une
faifon où il eft fi fort épris de notre beauté, qu'il nous veut voir tout nuds. J'ay
bien de la peine à m'imaginer, s'il n'attiroit à foy beaucoup d'eau pour y mouil-
ler & rafraichir fes rayons, comment il
nous baiferoit fans nous brûler. Mais quoi
qu'on dife, nous en avons toujours de refte : car au temps même que la Canicule,
par fon ardeur, ne nous en laiffe précifé-
ment que pour la neceffité, n'a-t-il pas foin
de faire enrager les Chiens, de peur qu'ils
n'en boivent ? Vous fulminez encore con-

tre lui , sur ce qu'il dérobe (dites-vous)
jusqu'à nos ombres : il nous les ôte (je l'a-
voüe) & il n'a garde de les laisser auprés
de nous , voyant qu'à toute heure elles se
divertissent à nous effrayer. Voyez comme il monte au plus haut de notre horison , pour les mettre à nos pieds , & pour
les recogner sous terre , d'où elles sont
parties. Quelque haine cependant qu'il
leur porte , quelque proche de leur fin
qu'elles se trouvent , il leur donne la vie
quand nous nous mettons entre deux ;
c'est pourquoi ces filles de la nuit courent
tout à l'entour de nous , pour se tenir à
couvert des armes du Soleil : sçachant bien
qu'il aimera mieux s'abstenir de la victoire , que de se resoudre à les tuer au travers
de nos corps. Ce n'est pas que durant toute l'année il ne soit pour nous tout en feu ;
& il le montre assez , n'en reposant ni nuit
ni jour : mais en Eté toutefois sa passion
devient bien autre ; il brûle , il court , il
semble descendre de son cercle ; & se voulant jetter à notre col , il en tombe si prés ,
que pour legere que soit l'essence d'un
Dieu , la moitié des hommes dégoute de
sueur , en le portant. Nous ne laissons pas
toutefois de nous affliger quand il nous
quitte. Les nuits même sympatisant à sa
complexion , deviennent claires & chaudes , à cause qu'à son départ il a laissé sur
l'Horison une partie de son équipage ,
comme ayant à y revenir bien-tôt. Le
mois de Mai veritablement fait germer
les fruits , les noüe & les grossit ; mais il

leur laiſſe une âpreté mortelle, qui nous
étrangleroit, ſi celui de Juin n'y paſſoit
du ſucre. Poſſible m'objectera-t-on que
par ſes chaleurs exceſſives, il met les herbes en cendre, & qu'enſuite il fait couler
deſſus des orages de pluye : mais penſez-
vous qu'il ait grand tort (nous voyant
tout ſalis du hâle) de nous mettre à la leſ-
ſive? Je veux qu'il fût brûlant juſqu'à nous
conſommer, ce ſeroit au moins une marque de notre paix avec Dieu ; puis qu'autrefois chez ſon peuple il ne faiſoit deſ-
cendre le feu du Ciel que ſur les Victimes purifiées. Encore s'il nous vouloit
brûler, il n'envoyeroit pas la roſée pour
nous rafraîchir ; cette belle roſée, qui
nous fait croire par ſes infinies goutes de
lumiere, que le flambeau du monde eſt en
poudre dans nos prez ; qu'un million de
petits Cieux ſont tombez ſur la terre ; ou
que c'eſt l'ame de l'Univers, qui ne ſçachant quel honneur rendre à ſon Pere,
ſort au devant lui, & le va recevoir juſques ſur la pointe des herbes. Les Villageois s'imaginent, tantôt que ce ſont des
poux d'argent tombez au matin de la tête
du Soleil qui ſe peigne ; tantôt la ſueur
de l'air, corrompuë par le chaud, où des
Vers luiſans ſe ſont mis ; tantôt la ſalive
des Aſtres, qui leur tombe de la bouche
en dormant : mais enfin, quoi que ce
puiſſe être, il n'importe, fuſſent les larmes de l'Aurore, elle s'afflige de trop bonne grace, pour ne nous en pas réjouïr ; &
puis c'eſt le temps où la Nature nous met

à même ses tresors. Le Soleil en personne
assiste aux Couches de Cerés, & chaque
épi de bleds paroît une boulangerie de petits pains de lait qu'il a pris la peine de
cuire. Que si quelques-uns se plaignent
que sa trop longue demeure avec nous
jaunit les feüilles après les fruits, qu'ils
sçachent que ce Monarque des Etoiles en
use ainsi, pour composer de notre climat
le Jardin des Hesperides, en attachant aux
arbres des feüilles d'or aussi-bien que des
fruits: toutefois il a beau dans son Zodia-
que s'échauffer avec le Lion, il n'aura pas
demeuré vingt-quatre heures chez la
Vierge, qu'il lui fera les doux yeux, il deviendra tous les jours plus froid ; & enfin,
quelque nom de Pucelle qu'il laisse à la
pauvre fille, il sortira de son lit tellement
énervé, que six mois à peine le gueriront
de cette impuissance. O ! que j'ay cependant peur de voir croître l'Eté, parce que
j'ay peur de le voir diminuer! C'est lui qui
débarrasse l'eau, le bois, le métail, l'herbe,
la pierre, & tous les corps differens, que
la gelée avoit fait venir aux prises ; il appaise leurs froideurs, il démêle leurs an-
tipathies, il moyenne entr'eux un échange
de prisonniers, il reconduit paisiblement
chacun chez soi ; & pour vous montrer
qu'il separe les natures les plus jointes,
c'est que n'étant vous & moi qu'une même chose, je ne laisse pas aujourd'hui de
me considerer separément de vous, pour
éviter l'impertinence qu'il y auroit de me
mander à moi-même : Je suis, Monsieur,
Votre Serviteur.

AU MESME.

CONTRE L'AUTOMNE.

LETTRE IV.

MONSIEUR,

Il me semble que j'aurois maintenant bien du plaisir à pester contre l'Automne, si je ne craignois de fâcher le Tonnerre, lui qui non content de nous tuer, n'est pas satisfait s'il n'assemble trois Bourreaux differens dans une mort, & s'il ne nous massacre tout à la fois par les yeux, par les oreilles, & par le toucher ; c'est-à-dire, par l'éclair, le tonnerre, & le carreau. L'éclair s'allume, pour éteindre notre vûë à force de lumiere, & précipitant nos paupieres sur nos prunelles, il nous fait passer de deux petites nuits de la largeur d'un double, dans une autre aussi grande que l'Univers. L'air en s'agitant enflâme ses aposthumes ; en quelque part que nous tournions la vûë, un nuage sanglant semble avoir déplié entre nous & le jour, une tenture de gris brun, doublé de tafetas cramoisy. Le Foudre engendré dans la nuë, créve le ventre de sa mere, & la nuë grosse, en travail, s'en délivre avec tant de bruit, que les roches les plus sauvages s'ouvrent aux cris de cet accouchement. Il ne sera pourtant pas dit que cette orgueilleuse Saison me parle si haut,

& que je n'ose lui répondre ; cette insolente, aux crimes de laquelle il ne manquoit plus que de faire imputer à son Createur les vîces de la Nature. Mais quand l'injustice de cent mille coups de Tonnerre seroit une production de la Sagesse inscrutable de Dieu, il ne s'ensuit pas pour cela que la Saison du Tonnerre, c'est-à-dire la Saison destinée à châtier les coupables, soit plus agreable que les autres; ou bien il faut conclure que le temps le plus doux de la vie d'un Criminel, est celui de son execution. Je croi qu'ensuite de ce funeste Meteore nous pouvons passer au vin, puis que c'est un Tonnerre liquide, un courroux potable, & un trépas qui fait mourir les Yvrognes de santé. Il est cause, le furieux, que la définition qu'Aristote a donnée pour l'homme, d'animal raisonnable, est fausse, au moins pour ceux qui en boivent trop : mais ne vous semble-t'il pas qu'on peut dire du Cabaret, que c'est un lieu où l'on vend la folie par bouteilles ? & je doute même s'il n'est point allé jusques dans les Cieux faire sentir ses fumées au Soleil, voyant comme il se couche tous les jours de si bonne heure. Quelques Philosophes de ce Siecle en ont tant avalé, qu'ils en ont fait piroüetter la terre dessous eux; & si véritablement elle se meut, je pense que ce sont des *s s* que l'yvrognerie lui fait faire. Pour moi je porte tant de haine à ce poison, qu'encore que l'eau de vie soit un venin beaucoup plus furieux, je ne laisse pas de lui pardonner, à cause que ce

m'eſt un témoignage qu'elle lui a fait rendre l'eſprit. Nous voila donc en ce temps
condamnez à mourir de ſoif, puis que notre breuvage eſt empoiſonné. Voyons ſi
notre manger que l'Automne nous étend
ſur la terre, comme ſur une table, eſt
moins dangereux que ſa boiſſon. Helas !
pour un ſeul fruit qu'Adam mangea, cent
millions de perſonnes moururent, qui
n'étoient pas encore; l'arbre même eſt forcé par la Nature de commencer le ſuppli-
ce de ſes enfans criminels ; il les jette contre terre, la tête en bas; le vent les ſecoüe,
& le Soleil les précipite. Aprés cela, Monſieur, ne trouvez pas mauvais que je dé-
ſaprouve qu'on diſe: Voila du fruit en bon
état. Comment pourroit-il y être, lui qui
s'eſt pendu ſoi-même ? Auſſi à conſiderer
comme les cailloux y vont à l'offrande,
n'eſt-ce pas une occaſion de douter de leur
innocence, puis qu'ils ſont lapidez à chaque bout de champ. Ne voyez-vous pas
même que les arbres en produiſant les
fruits, ont ſoin de les enveloper de feüilles pour les cacher, comme s'ils n'avoient
pas aſſez d'éfronterie pour montrer à nud
leurs parties honteuſes ? Mais admitez
encore comment cette horrible Saiſon
traite les arbres en leur diſant Adieu.
Elle les charge de Vers, d'Araignées,
& de Chenilles ; & tout chauves qu'elle les a rendus, elle ne laiſſe pas de leur
mettre de la vermine à la tête. Nom-
mez-vous cela des preſens d'une bonne
mere à ſes enfans: & merite-t'elle que

nous la remercions, après nous avoir ôté presque tous les alimens utiles ? Mais son dépit passe encore plus outre, car elle tâche d'empoisonner ceux qui ne sont pas morts de faim, & je n'avance rien que je ne prouve. N'est-il pas vrai que ne nous restant plus rien de pur entre tant de choses dont l'usage nous est necessaire, sinon l'air, la Marâtre l'a suffoqué de Contagion ? Ne voyez-vous pas comme elle traîne la peste, cette maladie sans queuë, qui tient la mort penduë à la sienne en toutes les Villes de ce Royaume ? comme elle renverse toute l'œconomie de l'Univers & de la societé des hommes, jusqu'à couvrir de poupre des miserables sur un fumier ; & jugez si le feu dont elle s'allume contre nous, est ardent, quand il suffit d'un charbon sur un homme pour le consumer.

Voila, Monsieur, les tresors & l'utilité de cette adorable Saison, par qui vous pensiez avoit trouvé le secret de la Corne d'abondance. En verité ne merite-t'elle pas bien mieux des Satyres que des Eloges, & ne devrions-nous pas même detester les autres, à cause qu'elles sont en sa compagnie, & qu'elles la suivent toûjours & la precedent ? Pour moi, je ne doute point qu'un jour cette enragée ne pervertisse toutes ses compagnes ; & en effet, nous observons qu'elles ont déja toutes, à son exemple, leur façon particuliere d'estropier, & que pour les maux dont elles nous accablent, l'Hyver nous

contraint de reclamer S. Jean, le Printemps S. Mathurin, l'Eté S. Hubert, &
l'Automne S. Roch, puisque l'un cause le
mal caduc, l'autre la folie, l'autre la rage, l'autre la peste. Pour moi, je ne sçay
qui me tient que je ne me procure la
mort, de dépit que j'ay de ne pouvoir
vivre que dessous leur regne; mais principalement de ce que la maudite Automne me passe tous les ans sur la tête pour
me faire enrager. Il semble qu'elle tâche
d'embarasser ses Sœurs dans ses crimes;
car enfin, Monsieur, grosse de foudre
comme nous la voyons, n'induit-elle pas
à croire que toutes ensemble elles composent un Monstre qui aboye par les
pieds; que pour elle, elle est une Harpie
affamée, qui mord de la glace pendant
que sa queuë est au feu; qui se sauve d'un
embrasement par un déluge, & qui vieille à quatre-vingt jours, est si passionnée
d'amour pour l'Hyver à cause qu'il nous
tuë, qu'elle expire en le baisant? Mais ce
qui me semble encore plus étrange, est
que je me sois abstenu de luy reprocher
son plus grand crime, je veux dire le
sang, dont elle souille depuis tant d'années la face de toute l'Europe; car je le
devois faire, pour la punir de ce qu'ayant
prodigué des fruits à tout le monde, elle
ne m'en a pas encore donné un qui puisse vous dire après ma mort: Je suis, Monsieur,

Votre Serviteur.

B 2

DESCRIPTION II.
DE L'AQUEDUC
OU DE LA
FONTAINE D'ARCUEIL.
LETTRE V.
A MES AMIS LES BEUVEURS D'EAU.

Cette Lettre d'Arcüeil ayant été perduë, l'Auteur long-temps après en fit une autre; mais comme il ne se souvenoit presque plus de la premiere, il ne rencontra pas les mêmes pensées. Depuis il retrouva la premiere; & comme il est assez ennemi du travail, il ne crut pas que le sujet fût digne d'épurer chaque Lettre en ôtant de chacune les imaginations qui se pourroient rencontrer dans l'autre.

MESSIEURS,

Pied-là, pied-là : ma tête sert de Pont à une Riviere, je suis dessous, tout au fonds, sans nager ; & toutefois j'y respire à mon aise. Vous jugez bien que c'est d'Arcueil que je vous écris. Ici l'eau conduite en triomphe, marche en haye d'un Regiment de pierre : on lui a dressé cent Portiques pour la recevoir ; & le Roy la jugeant fatiguée d'être venuë à pied de si loin, envoya l'appuyer, de peur

qu'elle ne tombât. Ces excés d'honneur
l'ont renduë si glorieuse, qu'elle n'iroit
pas à Paris, si l'on ne l'y portoit. S'étant
morfonduë d'avoir si long-temps couché
contre terre, elle s'est fait dresser un lit
plus haut ; & l'on tient par tradition que
cet Aqueduc lui sembla si pompeux & si
beau, qu'elle vint d'elle-même s'y promener pour son plaisir : Cependant elle
est renfermée entre quatre murailles ; seroit-ce qu'on l'eût convaincuë de s'être
jadis trouvée en la compagnie de celle de
la mer pendant quelque naufrage ? Il le
faut bien : car la Justice est ici tellement
severe, qu'on contraint jusqu'aux Fontaines de marcher droit ; & l'air de la
Ville est si contagieux, qu'elles n'en sçauroient approcher sans gagner la pierre.
Ces obstacles toutefois n'ont point em-
pêché qu'il n'ait pris à celle-ci une telle
demangeaison de la voir, qu'elle s'en
gratte demie lieuë durant contre les roches ; il lui tarde qu'elle ne contrefasse
l'Hypocrene entre les Muses de l'Université : elle n'en peut tenir son eau.
Voyez comme des Montagnes de Rungis, elle pisse en l'air jusqu'au Fauxbourg
S. Germain. Elle va recevoir de S. A. R.
l'ordre des visites qu'elle a à faire ; &
quelque sourdes menaces qu'elle murmure en chemin, quelque formidable
qu'elle paroisse, Luxembourg ne l'a pas
plûtôt apperçuë, que d'un seul regard il
la disperse de tous côtez. En verité l'a-
mour pouvoit-il joindre Arcueil & Paris

par un lien plus fort que celui de la vie ?
Ce reptile est un morceau pour la bouche
du Roy : c'est une grande épée, qui va
faire mettre par les Porteurs d'eau des
bouts de bois à son fourreau ; c'est une
Couleuvre immortelle, qui s'enfonce
dans son écaille, à mesure qu'elle en sort ;
c'est un aposteme artificiel, qu'on ne
sçauroit crever sans mettre Paris en danger de mort ; c'est un pâté dont la sauce
est vive ; c'est un os, dont la moüelle
chemine ; c'est un Serpent liquide, dont
la queüe va devant la tête : Enfin je pense qu'elle a résolu de ne rien faire ici que
des choses impossibles à croire ; elle ne va
droit qu'à cause qu'elle est voûtée ; elle ne
se corrompt point, encore qu'elle soit au
tombeau ; elle est vive depuis qu'elle est
en terre ; elle passe par dessus des murs
dont les portes sont ouvertes ; elle marche
droit à tâtons, & court de toute sa force
sans tomber. Hé bien, Messieurs, après
tant de miracles, ne meriteroit-elle pas
bien d'être canonisée à Paris sous le nom
de S. Cosme, S. Benoist, S. Michel, &
S. Severin ? Qui diroit cependant que la
largeur de deux pieds, mesure le destin
de tout un peuple? Connoissez par là quel
honneur ce vous est, que moi, qui puis,
quand bon me semble, arrêter la liqueur
qui desaltere tant d'honnêtes gens à Paris, & qui tous les jours me fait servir devant le Roy, je m'abaisse jusqu'à me dire,
Messieurs,

Votre Serviteur.

AUTRE

SUR LE MESME SUJET,

LETTRE VI.

M ESSIEURS,

Miracle, miracle, je ſuis au fonds de l'eau : & je n'ay pas de quoi boire ; j'ay un Fleuve ſur la tête, & je n'ay point perdu pied ; & enfin je me trouve en un Païs où les Fontaines volent, & où les Rivieres ſont ſi délicates, qu'elles paſſent par deſſus des Ponts de peur de ſe moüiller. Ce n'eſt point hyperbole : car à conſiderer les grands Portiques ſur leſquels celle-ci va comme en triomphe, il ſemble qu'elle ſe ſoit montée ſur des échaſſes pour voir de plus loin, & pour remarquer dans Paris les lieux où elle eſt neceſſaire ; ce ſont comme des arcs avec leſquels elle décoche un million de fleches d'argent liquide contre la ſoif : Tout à l'heure elle étoit aſſiſe à cul nud contre terre ; mais la voila maintenant qui ſe promene dans des galeries : elle porte ſa tête à l'égal des Montagnes ; & croyez toutefois qu'elle n'eſt pas de moins belle taille pour être voutée : Je ne ſçai pas ſi nos Bourgeois prennent cette Arche pour l'Arche d'Alliance, je ſçay ſeulement que ſans elle ils ſeroient du vieux Teſtament. Elle encherit en leur faveur au deſsus des forces de la Nature: Elle fait pour eux l'impossible, jusqu'à courir deux lieuës durant avec des jambes mortes qu'elle ne peut remuer. On diroit, à la voir jaillir en haut comme elle fait, qu'après avoir long-temps poussé contre le Globe de la terre qui pesoit sur elle, s'en trouvant tout à coup déchargée, elle ne se peut plus retenir, & continuë en l'air malgré soi la secousse qu'elle s'étoit donnée. Mais d'où vient qu'à Rungis pour un peu de sable qu'elle a dans les reins, elle n'urine que goutte à goutte, & que dans Arcueil où elle est atteinte de la pierre, elle pisse par dessus des Montagnes? encore ce ne sont là que des coups d'essay, elle fait bien d'autres miracles : elle se glisse éternellement hors de sa peau, sans jamais achever d'en sortir ; & plus sçavante que les Docteurs de la Faculté d'Hipocrate, tous les jours à Paris elle guerit d'un regard plus de quatre cens mille alterez. Elle se morfond à force de courir : elle s'enterre toute vive dans un tombeau, pour vivre plus long-temps ; n'est-ce point que sa beauté l'oblige à se cacher du Soleil, de peur d'en être enlevée ? ou que pour s'être entenduë cajoler au Village, elle devienne si glorieuse qu'elle ne veüille plus marcher si on ne la porte ? Je sçais bien que dans ce long bocal de pierre (où ne sçauroit même entrer un filet de lumiere) on ne peut pas dire qu'elle soit éventée ; & je sçay bien pourtant qu'elle n'est pas sage de passer par

dessus

deſſus des portes ouvertes : cependant
peut-être que je la blâme à tort;car je parle de ce mole d'Architecture, ſans ſçavoir
encore au vrai ce que c'eſt; c'eſt poſſible
une nuë pétrifiée, un grand os dont la
moüelle chemine, un Arc-en-Ciel ſolide,
qui puiſe de l'eau dans Arcueil pour la
verſer en cette Ville, un pâté de poiſſon
qui a trop de ſauce, une Nayade au lit qui
a le cours de ventre,un Apoticaire de l'U-
niverſité qui lui donne des cliſteres; enfin
la Mere nourrice de toute une Ville,dont
les robinets ſont les mammelles qu'elle
lui preſente à teter. Puis donc qu'une ſi
longue priſon la rend méconnoiſſable, allons un peu plus loin la voir au ſortir du
ventre de ſa mere. O Dieux ! qu'elle eſt
gentille, qu'elle a l'air frais , & la face
unie ! Je l'entends qui gazoüille avec le
gravier , & qui ſemble par ſes bégaye-
mens, vouloir étudier la langue du Païs.
Conſiderez-la de prés; ne la voyez-vous
pas qui ſe couche tout de ſon long dans
cette couppe de marbre ? Elle repoſe,&
ne laiſſe pas de s'enfler ſous l'égoût de ſa
ſource , comme ſi elle tâchoit de ſucer
en dormant le tetin de ſa Nourrice. Au
reſte vous ne trouverez pas auprés d'elle
le moindre poiſſon ,car la pauvre petite
eſt encore trop jeune pour avoir des enfans : ce n'eſt pas toutefois manque de
connoiſſance : elle a reçû avec le jour une
lumiere naturelle & du bien & du mal ;
& pour vous le montrer, c'eſt qu'on ne
l'approche jamais qu'elle ne faſſe voir à

l'œil la laideur ou la beauté de celui qui
la consulte. A son âge pourtant, à cause
que ses traits sont encore informes, on a
de la peine à discerner si ce n'est point un
jour de quatre pieds en quarré, ou bien
un œil de la terre qui pleure: mais non, je
me trompe, elle est trop vive pour res-
sembler à des choses mortes; c'est sans
doute la Reine des Fontaines de ce Païs;
& son humeur royale se remarque en ce
que par une liberalité toute extraordinaire, elle ne reçoit visite de personne, qu'elle ne lui donne son portrait. En recom-
pense elle a reçu du Ciel le don de faire
des miracles; ce n'est pas une chose que
j'avance pour aider à son panegyrique;
approchez-vous du bord, & vous verrez
qu'à l'exemple de cette Fontaine sacrée qui
deïfioit ceux qui s'y baignoient, elle fait
des corps sans matiere, les plonge dans
l'eau sans les moüiller, & nous montre
chez soi des hommes qui vivent sans aucun usage de respiration. Encore ne sont-
ce-là que des coups qu'elle fait en dormant; à peine a-t-elle reposé autant de
temps qu'il en faut pour mesurer quatre
ajambées, qu'elle part de son Hôtellerie,
& ne s'arrête point qu'elle n'ait reçu de
Paris un favorable regard. Sa premiere
visite c'est à Luxembourg: si-tôt qu'elle est
arrivée, elle se jette en terre, & va tomber aux pieds de S. A. R. à qui par son
murmure elle semble demander, en langage de Ruisseau, les maisons où il lui plaît
qu'elle s'aille loger. Elle est venuë avec

tant de hâte , qu'elle est encore toute en
eau ; & pour n'avoir pas eu le loisir sur les
chemins de mettre pied à terre , elle est
contrainte , jusques dans le Palais d'Orleans, d'aller au bassin en presence de tout
le monde. Cependant elle a beau gronder
à nos Robinets , & verser des torrens
de larmes pour nous exciter à com-
passion de sa peine, l'ingratitude en ce
temps est si prodigieuse, que les alterez
luy font la mouë ; quantité de Coquins
lui donnent les Seaux , & tout le monde
est ravi de la voir pisser sous elle ; l'un dit
qu'elle est bien mal apprise, de venir avec
tant de hâte se loger parmi des Bourgeois
pour leur pisser dans la bouche ; l'autre ,
que c'est en vain qu'elle marche avec
tant de pompe , pour ne faire à Paris que
de l'eau toute claire ; ceux-cy disent , que
son impudence est bien grande , d'allonger le col de si loin à dessein de nous cra-
cher au nez ; ceux-là qu'elle est bien malade , de ne pouvoir retenir son eau :
enfin il n'est pas jusqu'à ceux qui font
semblant de la baiser , qui ne lui montrent les dents. Pour moi je m'en lave les
mains , car j'ai devant les yeux trop
d'exemples de la punition des Yvrognes
qui la méprisent. La Nature même , qui
est la mere de cette Belle, a, ce semble, eu si
peur que quelque chose ne manquât aux
pompes de sa reception, qu'elle a donné à tous les hommes un Palais pour la
recevoir. Mais cette Belle n'abuse point

des honneurs qu'on lui fait ; au contraire
à peine est-elle arrivée à Paris , que pour
les fatigues d'une trop longue course , se
sentant à l'extrêmité , & prévoyant sa fin,
elle court à Saint Cosme , Saint Benoist ,
& S. Severin, pour obtenir leur benediction. Voila tout ce que je puis dire à
la loüange de ce bel Aqueduc , & de
son Hôtesse ma bonne amie : ça donc,
qui veut de l'eau , en voulez-vous , Messieurs ; je vous la garantis de fontaine, sur
la vie ; & puis, vous sçavez que je suis,
Messieurs,

Votre Serviteur.

AUTRE,

SUR L'OMBRE QUE FAISOIENT
des Arbres dans l'eau.

LETTRE VII.

MONSIEUR,

Le ventre couché sur le gazon d'une
Riviere, & le dos étendu sous les branches d'un Saule qui se mire dedans, je voi
renouveller aux Arbres l'Histoire de Nar-
cisse. Cent Peupliers précipitent dans
l'onde cent autres Peupliers ; & ces aquatiques ont été tellement épouvantez de
leur chute , qu'ils tremblent encore tous
les jours du vent qui ne les touche pas. Je

m'imagine que la nuit ayant noirci toutes choses, le Soleil les plonge dans l'eau
pour les laver : mais que diray-je de ce
miroir fluide, de ce petit monde renversé,
qui place les Chênes au dessous de la
mousse, & le Ciel plus bas que les Chênes ? Ne sont-ce point de ces Vierges de
jadis metamorphosées en arbres, qui dé-
sesperées de sentir violer leur pudeur par
les baisers d'Apollon, se precipitent dans
ce Fleuve la tête en bas ? Ou n'est-ce point
qu'Apollon lui-même, offensé qu'elles
ayent osé proteger contre lui la fraicheur,
les ait ainsi pendües par les pieds ? Aujourd'hui le poisson se promene dans les
bois, & des forêts entieres sont au milieu
des eaux sans se moüiller ; un vieil Orme
entr'autres vous feroit rire, qui s'est quasi
couché jusques dessus l'autre bord, afin
que son image prenant la même posture,
il fist de son corps & de son portrait un
hameçon pour la pêche. L'onde n'est pas
ingrate de la visite que ces Saules lui rendent ; elle a percé l'Univers à jour, de peur
que le vase de son lit ne soüillât leurs ra-
meaux ; & non contente d'avoir formé
du cristal avec de la bourbe, elle a voûté
des Cieux & des Astres par dessous, afin
qu'on ne pût dire que ceux qui l'étoient
venus voir, eussent perdu le jour qu'ils
avoient quitté pour elle. Maintenant nous
pouvons baisser les yeux au Ciel, & par
elle le Jour se peut vanter que tout foible
qu'il est à quatre heures du matin, il a
pourtant la force de précipiter le Ciel

C 3

dans des abîmes. Mais admirez l'empire
que la baſſe region de l'ame exerce ſur la
haute. Aprés avoir découvert que tout ce
miracle n'eſt qu'une impoſture des ſens,
je ne puis encore empêcher ma vûë de
prendre au moins ce Firmament imaginaire pour un grand lac ſur qui la terre
flote ; le Roſſignol qui du haut d'une
branche ſe regarde dedans, croit être tombé dans la Riviere : Il eſt au ſommet d'un
Chêne, & toutefois il a peur de ſe noyer ;
mais lors qu'aprés s'être affermi de l'œil
& des pieds, il a diſſipé ſa frayeur, ſon
portrait ne lui paroiſſant plus qu'un rival à combattre, il gazoüille, il éclate,
il s'égoſille ; & cet autre Roſſignol, ſans
rompre le ſilence, s'égoſille en apparence
comme lui, & trompe l'ame avec tant de
charmes, qu'on ſe figure qu'il ne chante
que pour ſe faire oüir de nos yeux ; je
penſe même qu'il gazoüille du geſte, &
ne pouſſe aucun ſon dans l'oreille, afin
de répondre en même temps à ſon ennemi ; & pour n'enfraindre pas les loix du
Païs, dont le peuble eſt muet, la Perche,
la Dorade, & la Truite qui le voyent, ne
ſçavent ſi c'eſt un Poiſſon vêtu de plumes, ou ſi c'eſt un Oiſeau dépoüillé de
ſon corps ; elles s'amaſſent autour de lui,
le conſiderent comme un Monſtre ; & le
Brochet (ce Tyran des Rivieres) jaloux
de rencontrer un Etranger ſur ſon Trône, le
cherche en le trouvant, le touche & ne
le peut ſentir, court aprés lui au milieu
de lui-même, & s'étonne de l'avoir tant

de fois traverſe ſans le bleſſer. Moi-même j'en demeure tellement conſterné, que
je ſuis contraint de quitter ce tableau. Je
vous prie de ſuſpendre ſa condamnation,
puis qu'il eſt mal-aiſé de juger d'une
Ombre : car quand mes enthouſiaſmes
auroient la réputation d'être fort éclairez,
il n'eſt pas impoſſible que la lumiere de
celui-ci ſoit petite, ayant été priſe à
l'ombre. Et puis, quelle autre choſe pour-
rois-je ajouter à la deſcription de cette
Image enluminée, ſinon que c'eſt un rien
viſible, un cameleon ſpirituel, une nuit
que la nuit fait mourir, un procés des
yeux & de la raiſon, une privation de
clarté que la clarté met au jour ; enfin
que c'eſt un eſclave qui ne manque non
plus à la matiere, qu'à la fin de mes
Lettres,

       Votre Serviteur, &c.

DESCRIPTION

D'UN CYPRE'S.

LETTRE VIII.

MONSIEUR,

J'avois envie de vous envoyer la deſcription d'un Cyprés, mais je ne l'ai qu'é-
bauchée, à cauſe qu'il eſt ſi pointu, que
l'eſprit même ne ſçauroit s'y aſſeoir. Sa
couleur & ſa figure me font ſouvenir d'un
Lezard renverſé, qui pique le Ciel en
mordant la terre. Si entre les Arbres il y

a comme entre les Hommes, différence
de métiers ; à voir celui-ci chargé d'alaî-
nes au lieu de feüilles, je croi qu'il est le
Cordonnier des Arbres. Je n'ose presque
pas même approcher mon imagination
de ses éguilles, de peur de me piquer de
trop écrire ; de vingt mille lances il n'en
fait qu'une sans les unir ; On diroit d'u-
ne flèche que l'Univers revolté darde contre le Ciel, ou d'un grand clou dont la
Nature attache l'empire des vivans à celui des morts. Cet obelisque, cet Arbre
dragon, dont la queuë est à la tête, me
semble une Pyramide bien plus commo-
de que celle de Mausolée ; car au lieu
qu'on portoit les Trépassez dans celle-là,
on porte celle-ci à l'enterrement des Trépassez. Mais je prophane l'avanture du
jeune Cyparisse, les amours d'Apollon,
de lui faire jouer des personnages indi-
gnes de lui dans le monument : ce pauvre metamorphosé se souvient encore du
Soleil ; il crève sa sepulture, & s'éguise
en montant, afin de percer le Ciel, pour
se joindre plûtôt à son ami : il y seroit
déja, sans la Terre sa Mere, qui le retient
par le pied. Phœbus en fait en récompen-
se un de ses vegetaux, à qui toutes les
Saisons portent respect. Les chaleurs de
l'Eté n'osent l'incommoder, comme
étant le mignon de leur Maître : les ge-
lées de l'Hyver l'apprehendent, comme
la chose du monde la plus funeste ; de
sorte que sans couronner le front des
Amans ni des Vainqueurs, il n'est non

plus obligé que le Laurier ou le Myrthe, de se decoëffer quand l'année lui dit Adieu. Les Anciens mêmes qui connoissoient cet Arbre pour le siege de la Parque, le traînoient aux funerailles, afin d'intimider la mort par la crainte de perdre ses meubles. Voila ce que je vous puis mander du tronc & des bras de cet Arbre : je voudrois bien achever par le sommet, afin de finir par une pointe; mais je suis si malheureux, que je ne trouverois pas de l'eau dans la mer. Je suis dessus une pointe, & je ne la puis voir, à cause possible qu'elle m'a crevé les yeux. Considerez, je vous prie, comme pour échaper à ma pensée, elle s'aneantit en se formant, & diminuë à force de croître ; & je dirois que c'est une Riviere fixe qui coule dans l'air, si elle ne s'étreciffoit à mesure qu'elle chemine, & s'il n'étoit plus probable de penser que c'est une pique allumée, dont la flâme est verte : ainsi je force le Cyprés, cet Arbre fatal, qui ne se plaît qu'à l'ombre des Tombeaux, de representer du feu, car c'est bien la raison qu'il soit au moins une fois de bon présage, & que par lui, je me souvienne tous les jours, quand le verray, qu'il a été cause, en me fourniffant matiere d'une Lettre, que j'ay eu l'honneur de me dire, pour finir, Monsieur,

Votre Serviteur.

DESCRIPTION
D'UNE TEMPESTE.
LETTRE IX.

Monsieur,

Quoi que je sois ici couché fort mollement, je n'y suis pas fort à mon aise. Plus on me berce, moins je dors. Tout au tour de nous les Côtes gemiffent du choc de la tourmente ; la Mer blanchit de courroux ; le vent fiffle contre nos cables ; l'eau feringue du fel fur notre tillac ; & cependant l'ancre & les voiles font levées. Deja les Litanies des paffagers fe mêlent aux blafphêmes des Matelots; nos vœux font entrecoupez de hoquets, Ambaffadeurs tres-certains d'un dégobillis tres-penible. Bon Dieu ! nous fommes attaquez de toute la Nature : Il n'eft pas jufqu'à notre cœur qui ne fe fouleve contre nous; la Mer vomit fur nous, & nous vomiffons fur elle. Une feule vague quelquefois nous envelope fi generalement, que qui nous contempleroit du rivage, prendroit notre Vaiffeau pour une Maifon de verre où nous fommes enchâffez ; l'eau femble exprés fe boffuer, pour nous faire un tableau de Cimetiere : & quand je prête un peu d'attention, je m'imagine difcerner (comme s'ils partoient de

deſſous l'Ocean) parmi les effroyables
mugiſſemens de l'Onde, quelques verſets
de l'Office des Morts. Encore l'eau n'eſt
pas notre ſeule partie ; le Ciel a ſi peur
que nous échapions , qu'il aſſemble contre nous un bataillon de Météores. Il ne
laiſſe pas un atome de l'air, qui ne ſoit
occupé d'un boulet de grêle ; les Comêtes
ſervent de torches à celebrer nos funerailles ; tout l'Horiſon n'eſt plus qu'un grand
morceau de fer rouge ; les Tonnerres te-
naillent l'oüye par l'aigre imagination
d'une piece de Camelot qu'on déchire ; &
l'on diroit, à voir la nuë ſanglante &
groſſe comme elle eſt , qu'elle va ébouler
ſur nous, non la foudre , mais le Mont
Ætna tout entier. O Dieu ! ſommes-
nous tant de choſe, pour avoir excité de
la jalouſie entre les Elemens , à qui nous
perdra le premier ? C'eſt donc à deſſein ,
que l'eau va juſques aux mains de Jupiter , éteindre la flâme des éclairs, pour
arracher au feu l'honneur de nous avoir
brûlez. Mais non contente de cela , nous
faiſant engloutir aux abîmes qu'elle creu-
ſe dans ſon ſein ; comme elle voit notre
Vaiſſeau tout proche de ſe caſſer contre
un écueil, elle ſe jette vîtement deſſous ,
& nous releve , de peur que cet autre
Element ne participe à la gloire qu'elle
prétend toute ſeule : Ainſi nous avons le
créve-cœur de voir diſputer à nos ennemis , l'honneur d'une défaite où nos vies
feront les dépoüilles. Elle prend bien quelquefois la hardieſſe , l'inſolente , de ſoüil-

ler avec son écume l'azur du Firmament,
& de nous porter si haut entre les Astres,
que Jason peut penser que c'est le Navire
Argo qui commence un second Voyage :
puis dardez que nous sommes jusqu'au
sablon de son lit, nous rejaillissons à la lumiere d'un tour de main si promt, qu'il
n'y en a pas un de nous qui ne croye,
quand notre Nef est remontée, qu'elle a
passé à travers la masse du monde, sur la
mer de l'autre côté. Helas ! où sommes
nous ? L'impudence de l'orage ne pardonne pas même au nid des Alcions : les
Baleines sont étouffées dans leur propre
Element ; la mer essaye à nous faire un
couvre-chef de notre Chaloupe. Il n'y a
que le Soleil qui ne se mêle point de cet
assassinat ; la Nature l'a bandé d'un tor-
chon de grosses nuées, de peur qu'il ne le
vît ; ou bien c'est que ne voulant pas par-
ticiper à cette lâcheté, & ne la pouvant
empêcher, il est au bord de ces Rivieres
volantes, qui s'en lave les mains. O vous
toutefois, à qui j'écris, sçachez qu'en me
noyant je bois ma faute : car je serois encore à Paris plein de santé, si quand vous
me commandâtes de suivre toûjours le
plancher des Vaches, j'eusse été, Monsieur,

Votre obéïssant Serviteur.

POUR
UNE DAME ROUSSE.

LETTRE X.

MADAME,

Je sçay bien que nous vivons dans un païs où les sentimens du vulgaire sont si déraisonnables, que la couleur rousse, dont les plus belles chevelures sont honorées, ne reçoit que beaucoup de mépris ; mais je sçay bien aussi que ces stupides qui ne sont animez que de l'écume des ames raisonnables, ne sçauroient juger comme il faut des choses excellentes, à cause de la distance qui se trouve entre la bassesse de leur esprit, & la sublimité des ouvrages dont ils portent jugement sans les connoître ; mais quelle que soit l'opinion mal saine de ce monstre à cent têtes, permettez que je parle de vos divins cheveux comme un homme d'esprit. Lumineux dégorgement de l'essence du plus beau des êtres visibles ; intelligente reflexion du feu radical de la Nature ; Image du Soleil la mieux travaillée, je ne suis point si brutal de méconnoître pour ma Reine, la fille de celui que mes peres ont connu pour leur Dieu. Athenes pleura sa Couronne tombée sous les Temples abbatus d'Apollon ; Rome cessa de commander à la Terre , quand elle refusa de l'encens à la lumiere ; & Bisance est entrée en possession de mettre aux fers le Genre humain, aussi-tôt qu'elle a pris pour ses armes celles de la Sœur du Soleil. Tant qu'à cet esprit universel le Perse fit hommage du rayon qu'il tenoit de lui, quatre mille ans n'ont pû vieillir la jeunesse de sa Monarchie : mais sur le point de voir briser ses Simulacres, il se sauva dans Pequin des outrages de Babylone. Il semble maintenant échauffer à regret d'autres terres que celles des Chinois. Et j'apprehende qu'il ne se fixe dessus leur Hemisphere, s'il peut un jour sans venir à nous leur donner les quatre Saisons. La France toutefois, Madame, a des mains en votre visage, qui ne sont pas moins fortes que les mains de Josué pour l'enchaîner. Vos triomphes, ainsi que les Victoires de ce Heros, sont trop illustres pour être cachez de la nuit ; il manquera plutôt de promesse à l'homme, qu'il ne se tienne toûjours en lieu, d'où il puisse contempler à son aise l'ouvrage de ses ouvrages le plus parfait. Voyez comme par son amour l'Eté dernier il échauffa les Signes d'une ardeur si longue & si vehemente, qu'il en pensa brûler la moitié de ses Maisons ; & sans consulter l'Almanach, nous n'avons pû jamais distinguer l'Hyver de l'Automne, pour sa benignité, à cause qu'impatient de vous revoir ; il n'a pû se resoudre à continuer son voyage jusqu'au Tropique. Hé ne pensez point que ce discours soit une hyper-

bole. Si jadis la beauté de Climene l'a fait
descendre du Ciel, la beauté de M.....
est assez considerable pour le faire un peu
détourner de son chemin. L'egalité de vos
âges, la conformité de vos corps, la res-
semblance peut-être de vos humeurs,
peuvent bien rallumer en lui ce beau feu.
Mais si vous êtes fille du Soleil, adorable Alexie, j'ai tort de dire que votre
Pere soit amoureux de vous : Il vous aime veritablement, & la passion dont il
s'inquiete pour vous, est celle qui lui fit
soûpirer le malheur de son Phaëton & de
ses Sœurs, non pas celle qui lui fit répandre des larmes à la mort de sa Daphné.
Cette ardeur dont il brûle pour vous, est
l'ardeur dont il brûla jadis tout le Monde ; non pas celle dont il fut lui-même
brûlé. Il vous regarde tous les jours avec
les frissons & les tendresses que lui donne
la memoire du desastre de son Fils aîné:
il ne voit sur la terre que vous où il se re-
connoisse. S'il vous considere marcher :
Voilà, dit-il, la genereuse insolence dont
je marchois contre le Serpent Python.
S'il vous entend discourir sur des matieres délicates : C'est ainsi que je parle, dit-
il, sur le Parnasse avec mes Sœurs. Enfin
ce pauvre Pere ne sçait en quelle façon
exprimer la joie que lui cause l'imagination de vous avoir engendrée. Il est jeune
comme vous, vous êtes belle comme
lui ; son temperament & le vôtre sont
tout de feu. Il donne la vie & la mort aux
hommes, & vos yeux comme les siens

font la même chose. Comme lui vous avez les cheveux roux. J'en étois là de ma Lettre, adorable M.... lors qu'un Censeur à contre-sens m'arracha la plume, & me dit que c'étoit mal se prendre au Panegyrique, de loüer une jeune personne de beauté, parce qu'elle étoit rousse. Moi ne pouvant punir cet orgueilleux plus sensiblement que par le silence, je pris une autre plume, & continuai ainsi. Une belle tête sous une perruque rousse, n'est autre chose que le Soleil au milieu de ses rayons, ou le Soleil lui-même n'est autre chose qu'un grand œil sous la perruque d'une rousse ; cependant tout le monde en médit, à cause que peu de monde a la gloire de l'être ; & cent femmes à peine en fournissent une, parce qu'étant envoyé du Ciel pour commander, il est besoin qu'il y ait plus de Sujets que de Seigneurs. Ne voyons-nous pas que toutes choses en la Nature, sont ou plus ou moins nobles, selon qu'elles sont ou plus ou moins rousses ? Entre les Elemens, celui qui contient le plus d'essence & le moins de matiere, c'est le feu, à cause de sa rousse couleur : l'or a reçu de la beauté de sa teinture, la gloire de regner sur les metaux ; & de tous les Astres, le Soleil n'est le plus considerable, que parce qu'il est le plus roux. Les Cometes chevelus, qu'on voit voltiger au Ciel à la mort des grands Hommes, sont-ce pas les rousses moustaches des Dieux, qu'ils s'arrachent de regret ? Castor & Pollux,

ces

ces petits feux qui font prédire aux Matelots la fin de la Tempête, peuvent-ils
être autre chose que les cheveux de Ju-
non, qu'elle envoye à Neptune en signe
d'amour? Enfin, sans le désir qu'eurent
les hommes de posséder la Toison d'une
Brebis rousse, la gloire de trente Demi-
Dieux seroit au berceau des choses qui
ne sont pas nées ; & un Navire n'étant
encore qu'un être de raison, Americ ne
nous auroit pas conté que la Terre a
quatre Parties. Apollon, Vénus, & l'A-
mour, les plus belles Divinitez du Pan-
théon, sont roussès en cramoisy ; & Jupiter n'est brun que par accident, à cause de
la fumée de son foudre qui l'a noirci.
Mais si les exemples de la Mythologie
ne satisfont pas les aheurtez, qu'ils con-
frontent l'Histoire. Samson qui tenoit
toute sa force penduë à ses cheveux, n'a-
voit-il pas reçu l'énergie de son miraculeux être dans le roux coloris de sa perruque? Les Destins n'avoient-ils pas attaché la conservation de l'Empire d'Athenes à un seul cheveu rouge de Nisus? Et
Dieu n'eût-il pas envoyé aux Ethiopiens
la lumiere de la Foi, s'il eût trouvé parmi eux seulement un Rousseau? On ne
douteroit point de l'éminente dignité de
ces personnes-là, si l'on consideroit que
tous les hommes qui n'ont point été faits
d'hommes, & pour l'ouvrage de qui
Dieu lui-même a choisi & pétri la matiere, ont toûjours été Rousseaux. Adam
qui creé par la main de Dieu même, de-

voit être le plus accompli des hommes, fut Rousseau ; & toute Philosophie bien correcte doit apprendre que la Nature qui tend au plus parfait, essaye toûjours en formant un homme, de former un Rousseau, de même qu'elle aspire à faire de l'or en faisant du mercure : car quoi qu'elle rencontre, un Archer n'est pas estimé mal adroit, qui lâchant trente fléches, en adresse cinq ou six au but : comme le temperament le mieux balancé est celui qui fait le milieu du flegme & de la mélancolie, il faut être bien-heureux pour frapper justement un point indivisible : Au deçà sont les blonds, au delà sont les noirs, c'est la raison qui fait que les Rousseaux blanchissent plus tard que les noirs, comme si la nature se fâchoit de détruire ce qu'elle a pris plaisir à faire. En verité je ne vois jamais de chevelure blonde, que je ne me souvienne d'une touffe de filasse mal habillée ; mais je veux que les femmes blondes, quand elles sont jeunes, soient agreables ; ne semble-t'il pas, si-tôt que leurs joües commencent à cotoner, que leur chair se divise par filamens, pour leur faire une barbe ? Je ne parle point des barbes noires : car on sçait bien que si le Diable en porte, elle ne peut être que fort brune. Puis donc que nous avons tous à devenir esclaves de la beauté, ne vaut-il pas bien mieux que nous perdions notre franchise sous des chaînes d'or, que sous des cordes de chanvre, ou des entraves de fer ? Pour

moi. tout ce que je fouhaite, ô ma belle
M.... eft qu'à force de promener ma liberté dedans ces petits labyrinthes d'or,
qui vous fervent de cheveux, je l'y perde bien-tôt; & tout ce que je fouhaite,
c'eft de ne la jamais recouvrer quand je
l'auray perduë. Voudriez-vous bien me
promettre que ma vie ne fera point plus
longue que ma fervitude; & que vous ne
ferez point fâchée, que je me dife jufqu'à
la mort, Madame,

Votre je ne fçay quoi.

AUTRE.

LE CAMPAGNARD.

LETTRE XI.

MONSIEUR,

J'ay trouvé le Paradis d'Edem, j'ay
trouvé l'âge d'or, j'ay trouvé la jeuneffe
perpetuelle, enfin j'ay trouvé la Nature
au maillot; on rit ici de tout fon cœur,
nous fommes grands Coufins le Porcher
du Village & moi; & toute la Paroiffe
m'affure que j'ay la mine, avec un peu
de travail, de bien chanter un jour au
Lutrin. O Dieux! un Philofophe comme
vous, peut-il préferer au repos d'une fi
agreable retraite, la vanité, les chagrins,
& les embarras de la Cour? Ah! Monfieur, fi vous fçaviez qu'un Gentilhomme Champêtre eft un Prince inconnu,

D 2

qui n'entend parler du Roy qu'une fois l'année, & ne le connoît que par quelque vieux cousinage ; & si de la Cour où vous êtes, vous aviez des yeux assez bons pour appercevoir jusques ici ce gros Garçon qui garde vos Cocqs-d'inde, le ventre couché sur l'herbe, ronfler paisiblement un somme de dix heures tout d'une piéce, se guerir d'une fiévre ardente en devorant un quartier de lard jaune ; vous confesseriez que la douceur d'un repos tranquille, ne se goûte point sous les lambris dorez. Revenez donc, je vous prie, à votre solitude. Pour moi, je pense que vous en avez perdu la memoire : Oui sans doute vous l'avez perduë. Mais en verité reste-t'il encore quelque sombre idée dans votre souvenir de ce Palais enchanté dont vous vous êtes banni ? Ah ! je vois bien que non, il faut que je vous en envoye le Tableau dans ma Lettre. Ecoutez-le donc, le voici : car c'est un Tableau qui parle. On rencontre à la porte de la Maison une allée de cinq avenuës ; tous les Chênes qui la composent, font admirer avec extase l'enorme hauteur de leurs cimes ; en élevant les yeux depuis la racine jusqu'au faîte, puis les précipitant du sommet jusques aux pieds, on doute si la terre les porte, ou si eux-mêmes ne portent point la terre penduë à leurs racines. Vous diriez que leur front orgueilleux plie comme par force sous la pesanteur des globes celestes, dont ils ne soûtiennent la charge qu'en gemissant.

Leurs bras étendus vers le Ciel, semblent
en l'embraſſant demander aux Etoiles la
benignité toute pure de leurs influences,
& les recevoir auparavant qu'elles ayent
rien perdu de leur innocence au lit des
Elemens. Là de tous côtez les fleurs ſans
avoir eu d'autre Jardinier que la Nature, reſpirent une haleine douce qui réveille, & ſatisfait l'odorat ; la ſimplicité
d'une roſe ſur l'églantier, & l'azur éclat-
tant d'une violette ſous des ronces, ne
laiſſant point de liberté pour le choix,
font juger qu'elles ſont toutes deux plus
belles l'une que l'autre. Là le Printemps
compoſe toutes les Saiſons ; là ne germe
point de plante venimeuſe, que ſa naiſſan-
ce auſſi-tôt ne trahiſſe ſa conſervation ;
là les ruiſſeaux racontent leurs voyages
aux cailloux ; là mille petites voix em-
plumées font retentir la Forêt du bruit
de leurs Chanſons ; & la trémouſſante
aſſemblée de ces gorges melodieuſes eſt ſi
generale, qu'il ſemble que chaque feüille
dans les bois ait pris la figure & la langue d'un Roſſignol : tantôt vous leur oyez
gazoüiller un Concert, tantôt traîner &
faire languir leur muſique, tantôt paſ-
ſionner une Elegie par des ſoûpirs entrecoupez, & puis amolit l'éclat de leurs
ſons, pour exciter plus tendrement la pitié ; tantôt auſſi reſſuſciter leur harmonie, & parmi les roulades & les fugues
rendre l'ame & la voix tout enſemble.
Echo même y prend tant de plaiſir, qu'elle ſemble ne repeter leurs airs que pour

les apprendre , & les ruiſſeaux jaloux
grondent en fuyant, irritez de ne les pouvoir égaler. A côté du Château ſe dé-
couvrent deux promenoirs, dont le gazon
vert & continu, forme une émeraude à
perte de vûë ; le mélange confus des couleurs que le Printemps attache à cent petites fleurs, égare les nuances l'une de
l'autre ; & leur teint eſt ſi pur, qu'on juge
bien qu'elles ne courent ainſi aprés elles-
mêmes, que pour échapper aux amoureux baiſers des vents, qui les careſſent.
On prendroit maintenant cette Prairie
pour une mer fort calme ; mais aux moindres zephyrs qui ſe preſentent pour y fo-
lâtrer, ce n'eſt plus qu'un ſuperbe Ocean,
coupé de vagues & de flots , dont le viſage orgueilleuſement renfrogné , menace d'engloutir ces petits temeraires ;
mais parce que cette mer n'offre point
de rivage, l'œil comme épouvanté d'a-
voir couru ſi loin ſans découvrir le bord,
y envoie vîtement la penſee ; & la penſee doutant encore que ce terme qui finit
ſes regards, ne ſoit celui du monde ,
veut quaſi nous perſuader que des lieux
ſi charmans auront forcé le Ciel de ſe
joindre à la Terre. Au milieu d'un tapis
ſi vaſte & ſi parfait, court à boüillons
d'argent , une fontaine ruſtique , qui voit
les bords de ſon lit émaillez de Jaſmins ,
d'Orangers & de Myrthes ; & ces petites fleurs qui ſe preſſent tout à l'entour,
font croire qu'elles diſputent à qui ſe mi-
rera la premiere. A conſiderer ſa face jeu-

ne & polie comme elle est, qui ne montre pas la moindre ride, il est bien aisé
de juger qu'elle est encore dans le sein de
sa mere ; & les grands cercles dont elle se
lie, & s'entortille soi-même, temoignent
que c'est à regret qu'elle se sent obligée
de sortir de sa maison natale. Mais j'admire sur toutes choses sa pudeur, quand
je vois que comme si elle étoit honteuse
de se voir caresser si proche de sa mere,
elle repousse avec murmure les mains
audicieuses qui la touchent. Le Voya-
geur qui s'y vient rafraichir, courbant
sa tête dessous l'onde, s'étonne qu'il soit
grand jour sur son Horison, pendant
qu'il voit le Soleil aux Antipodes, & ne
se panche jamais sur le bord, qu'il n'ait
peur de tomber au Firmament. Je me lais-
serois cheoir avec cette Fontaine au ventre de l'Etang qui la devore ; mais il est si
vaste & si profond, que je doute si mon
imagination s'en pourroit sauver à nage.
J'obmettrai les autres particularitez de
votre petit Fontainebleau, puis qu'autrefois elles vous ont charmé comme moi,
& que vous les connoissez encore mieux:
mais sçachez cependant que je vous y
montrerai quelque chose qui sera nouveau, même aux inventions de votre
Peintre. Resolvez-vous donc une bonne
fois à vous dépêtrer des embarras de Paris ; votre Concierge vous aime tant,
qu'il jure de ne point tuer son grand Co-
chon, que vous ne soyez de retour ; il
se promet bien de vous faire dépoüiller

cette gravité dont vous morguez les gens avec vos illustres emplois. Hier au soir il nous disoit à table, après avoir un peu trinqué, que si vous lui parliez par *tu*, il vous répondroit par *toi* : & n'en doutez point, puis qu'il eut la hardiesse de me soûtenir que j'étois un sot, de ce que moi qui ne suis point à vos gages, je me disois, Monsieur,

Votre obeïssant Serviteur.

AUTRE

POUR LES SORCIERS.

LETTRE XII.

MONSIEUR,

Il m'est arrivé une si étrange avanture depuis que je n'ay eu l'honneur de vous voir, que pour y ajoûter foi, il en faut avoir beaucoup plus que ce personnage, qui par la force de la sienne, transporta des Montagnes. Afin donc de commencer mon Histoire, vous sçaurez qu'hier, lassé sur mon lit de l'attention que j'avois prêtée à ce sot Livre que vous m'aviez autrefois tant vanté, je sortis à la promenade, pour dissiper les sombres & ridicules imaginations dont le noir galimathias de sa science m'avoit rempli ; & comme je m'efforçois à déprendre ma pensée de la memoire de ses contes obscurs, m'étant enfoncé dans votre petit bois

bois après un quart d'heure, ce me semble, de chemin, j'apperçus un manche de balai qui se vint mettre entre mes jambes à califourchon, & bon-gré mal-gré que j'en eusse, je me sentis envolé par le vague de l'air. Or sans me souvenir de la route de mon enlevement, je me trouvai sur mes pieds au milieu d'un desert où ne se rencontroit aucun sentier ; je repassay cent fois sur mes brisées : mais cette solitude m'étoit un nouveau Monde, je resolus de penetrer plus loin ; mais sans appercevoir aucun obstacle, j'avois beau pousser contre l'air, mes efforts ne me faisoient rencontrer par-tout que l'impossibilité de passer outre. A la fin fort harassé, je tombai sur mes genoux ; & ce qui m'étonna davantage, ce fut d'avoir passé en un moment de midi à minuit. Je voyois les Etoiles luire au Ciel avec un feu bluetant ; la Lune étoit en son plein, mais beaucoup plus pâle qu'à l'ordinaire : Elle éclipsa trois fois, & trois fois dévala de son cercle ; les vents étoient paralytiques, les fontaines étoient muettes, les Oiseaux avoient oublié leur ramage, les Poissons se croyoient enchâssez dans du verre, tous les Animaux n'avoient de mouvement que ce qu'il leur en falloit pour trembler, l'horreur d'un silence effroyable regnoit par-tout, & par-tout la Nature sembloit être en suspens de quelque grande avanture. Je mêlois ma frayeur à celle dont la face de l'Horison paroissoit agitée, quand au clair de la Lune, je vis fortir du fond d'une Caverne, un grand & venerable Vieillard vêtu de blanc, le vifage bafané, les fourcils touffus & relevez, l'œil effrayant, la barbe renverfée pardeffus les épaules; il avoit fur la tête un chapeau de Verveine, & fur le dos une ceinture tiffuë de fougere de Mai, faite en treffes. A l'endroit du cœur, étoit attachée fur fa robe une Chauve-Souris à demi-morte, & autour du col un carcan chargé de fept differentes pierres précieufes, dont chacune portoit le caractere du Planete qui le dominoit. Ainfi myfterieufement habillé, portant à la main gauche un Vafe fait en triangle, plein de rofée, & de la droite une houffine de Sureau en féve, dont l'un des bouts étoit ferré d'un mélange de tous les metaux, l'autre fervoit de manche à un petit encenfoir ; il baifa le pied de fa grote ; puis après s'être déchauffé, & attaché en grommelant certains mots du creux de fa poitrine, il aborda le couvert d'un vieux Chêne à reculons, à quatre pas duquel il creufa trois cernes l'un dans l'autre ; & la terre obéïffant aux ordres du Negromantien, prenoit elle-même en fremiffant les figures qu'il vouloit y tracer. Il y grava les noms des Intelligences, tant du Siécle que de l'Année, de la Saifon, du Mois, de la Semaine, du Jour & de l'Heure ; de même ceux de leurs Rois, avec leurs Chiffres differens, chacun en fa place propre, & les encenfa tous, chacun avec leurs ceremonies

particulieres. Ceci achevé, il pofa fon
Vafe au milieu des cercles, le découvrit,
mit le bout pointu de fa baguette entre
fes dents, fe coucha la face tournée vers
l'Orient, & puis il s'endormit. Environ
au milieu de fon fommeil, j'apperçus
tomber dans le Vafe cinq graines de fougere. Il les prit toutes quand il fut éveillé, en mit deux dans fes oreilles, une
dans fa bouche, l'autre qu'il replongea
dans l'eau, & la cinquiéme il la jetta hors
des cercles. Mais à peine celle-là fut-elle
partie de fa main, que je le vis environné
de plus d'un million d'animaux de mauvais augure, tant d'infectes que de par-
faits. Il toucha de fa baguette un Chat-
Huant, un Renard & une Taupe, qui
auffi - tôt entrerent dans les cernes, en
jettant un formidable cri. Avec un coûteau d'airain, il leur fendit l'eftomach ;
puis leur ayant arraché le cœur, & en-
veloppé chacun dans trois feüilles de
Lauriers, il les avala. Il fepara le foye,
qu'il épreignit dans un vaiffeau de figure
exagone : Cela fini, il recommença les
fuffumigations ; Il mêla la rofée & le fang
dans un baffin, il trempa un Gand de
Parchemin Vierge, qu'il mit à fa main
droite, & après quatre ou cinq hurle-
mens horribles, il ferma les yeux, &
commença les invocations.

Il ne remuoit prefque point les lévres ;
j'entendois neanmoins dans fa gorge un
broüiffement comme de plufieurs voix
entremêlées. Il fut élevé de terre à la hau-

teur d'une palme, & de fois à autre il at-
tachoit fort attentivement la vûë fur l'ongle indice de fa main gauche. Il avoit le
vifage enflâmé, & fe tourmentoit fort.
En fuite de plufieurs contorfions épouvantables, il cheut en gemiffant fur fes
genoux. Mais auffi-tôt qu'il eut articulé
trois paroles d'une certaine Oraifon, devenu plus fort qu'un homme, il foûtint
fans vaciller les monftrueufes fecouffes
d'un vent épouvantable qui fouffloit contre lui, tantôt par bouffées, tantôt par
tourbillons; ce vent fembloit tâcher à le
faire fortir des cernes. Aprés ce figne, les
trois ronds tournerent fous lui. Cet autre fut fuivi d'une grêle rouge comme du
fang, & celui-ci fit encore place à un
quatriéme beaucoup plus effroyable:
C'étoit un torrent de feu, qui broüiffoit
en tournant, & fe divifoit par globes,
dont chacun fe fendoit en éclats, avec un
grand coup de tonnerre. Il fut le dernier:
car une belle lumiere blanche & claire,
diffipa ces triftes Meteores. Tout au
milieu, parut un jeune homme, la jam-
be droite fur un Aigle, l'autre fur un
Linx, qui donna au Magicien trois phioles pleines de je ne fçai quelle liqueur. Le
Magicien lui prefenta trois cheveux, l'un
pris au devant de fa tête, les deux autres
aux tempes; il fut frappé fur l'épaule,
d'un petit bâton que tenoit le Fantôme,
& puis tout difparut. Ce fut alors que
les Etoiles blêmies à la venuë du Soleil,
s'unirent à la couleur des Cieux. Je m'al-

lois remettre en chemin pour trouver mon Village; mais sur ces entrefaites, le Sorcier m'ayant envisagé, s'approcha du lieu où j'étois. Encore qu'il cheminât à pas lents, il fut plutôt à moi que je ne l'apperçus bouger. Il étendit sous ma main une main si froide, que la mienne en demeura fort long-temps engourdie. Il n'ouvrit ni la bouche ni les yeux; & dans ce profond silence, il me conduisit à travers des mazures, sous les effroyables ruines d'un vieux Château inhabité; où les siecles depuis mille ans, travailloient à mettre les chambres dans les caves.

Aussi-tôt que nous fûmes entrez: Vante-toi, me dit-il, en se tournant vers moi, d'avoir contemplé face à face le Sorcier Agrippa, & dont l'ame (par metemsycose) est celle qui jadis animoit le sçavant Zoroastre, Prince des Bactriens. Depuis près d'un siecle que je disparus d'entre les hommes, je me conserve ici, par le moyen de l'or potable, dans une santé, qu'aucune maladie n'a jamais interrompuë. De vingt ans en vingt ans, j'avale une prise de cette Medecine universelle, qui me rajeunit, restituant à mon corps, ce qu'il a perdu de ses forces. Si tu as consideré trois phioles que m'a presenté le Roy des Démons ignées, la premiere en est pleine; la seconde, de poudre de projection; & la troisième, d'huile de Talc. Au reste, tu m'és bien obligé, puis qu'entre tous les mortels je t'ay choisi

E 5

pour aſſiſter à des Myſteres, que je ne celebre qu'une fois en vingt ans. C'eſt par mes charmes, que ſont envoyez quand il me plaît, les ſterilitez ou les abondances. Je ſuſcite les Guerres, en les allumant entre les Genies qui gouvernent les Rois. J'enſeigne aux Bergers la Patenôtre du Loup. J'apprens aux Devins la façon de tourner le Sas. Je fais courir les Ardens ſur les Marais, & ſur les Fleuves, pour noyer les Voyageurs. J'excite les ... es à danſer au clair de la Lune. Je pouſſe les Joüeurs à chercher le Trefle à quatre feüilles ſous les Gibets. J'envoye à minuit les Eſprits hors du Cimetiere, entortillez d'un drap, demander à leurs heritiers l'accompliſſement des vœux qu'ils ont faits à la mort. Je commande aux Démons d'habiter les Châteaux abandonnez, d'égorger les Paſſans qui y viendront loger, juſqu'à ce que quelque réſolu les contraigne de lui montrer le treſor. Je fais trouver des Mains de Gloire aux miſerables que je veux enrichir. Je fais brûler aux Voleurs des Chandelles de graiſſe de Pendu, pour endormir les Hôtes, pendant qu'ils executent leur vol. Je donne la Piſtole volante, qui vient reſſauter dans la pochette, quand on l'a employée. Je donne aux Laquais ces Bagues, qui les font aller & revenir de Paris à Orleans en un jour. Je fais tout renverſer dans une Maiſon par des eſprits folets, qui font culbuter les bouteilles, les verres, les plats, quoi que rien ne ſe caſse , rien ne se répande , & qu'on ne voye personne. Je montre aux Vieilles à guerir la fièvre avec des paroles. Je réveille les Villageois , la veille de la Saint Jean, pour cueillir son herbe à jeun & sans parler. J'enseigne aux Sorciers à devenir Loups-garoux. Je les force à manger les enfans sur le chemin , & puis les abandonne , quand quelque Cavalier , leur coupant une paté (qui se trouve la main d'un homme) ils sont reconnus , & mis au pouvoir de la Justice. J'envoye aux personnes affligées un grand homme noir , qui leur promet de les faire riches, s'ils se veulent donner à lui. J'aveugle ceux qui prennent des cedules , en sorte que quand ils demandent 30. ans de terme , je leur fais voir le 3. devant le zero , que j'ay mis après. Je tors le col à ceux qui lisant dans un Grimoire sans le sçavoir, me font venir, & ne me donnent rien. Je m'en retourne paisiblement d'avec ceux qui m'ayant appellé , me donnent seulement une savate , un cheveu , ou une paille. J'emporte des Eglises qu'on dédie, les prieres qui n'ont pas été payées. Je ne fais paroître aux personnes ennuitées , qui rencontrent les Sorciers allans au Sabat , qu'une troupe de Chats, dont le Prince est Marcou. J'envoie tous les Confederez à l'offrande, & leur presente à baiser le cul du Bouc, assis dessus une escabelle. Je le traite splendide.nét, mais avec des viandes sans sel. Je fais tout évanoüir, si quelque étranger ignorant des coûtumes, fait la benediction; & je le laisse dans un desert, au milieu des épines, à trois cens lieuës de son Païs. Je fais trouver dans les lit des ribauts, aux Femmes des Incubes, aux hommes des Succubes. J'envoye dormir le Cochemard, en forme d'une longue piece de marbre, avec ceux qui ne se font pas signez en se couchant. J'enseigne aux Negromanciens à se défaire de leurs ennemis, faisant une image de cire, & la piquant, ou la jettant au feu, pour faire sentir à l'original, ce qu'ils font souffrir à la copie. J'ôte sur les Sorciers le sentiment, aux endroits où le Belier les a marquez de son Sceau. J'imprime une vertu secrette à *Nolitefieri,* quand il est recité à rebours, qui empêche que le beurre ne se fasse. J'instruis les Païsans à mettre sous le seüil de la Bergerie qu'ils veulent ruiner, une touppe de cheveux, ou un Crapaut avec trois maudissons, pour faire mourir étiques les Moutons qui passent dessus. Je montre aux Bergers à noüer l'éguillette le jour des Nopces, lors que le Prestre dit *Conjungo vos.* Je donne de l'argent qui se trouve aprés des feüilles de Chêne. Je prête aux Magiciens un Démon familier, qui les accompagne, & leur défend de rien entreprendre sans le congé de Maistre Martinet. J'enseigne pour rompre le sort d'une personne charmée, de faire pêtrir le gâteau triangulaire de S. Loup, & le donner par aumône, au premier pauvre qu'il trouvera. Je gueris les malades du

Loup-garou, leur donnant un coup de fourche, justement entre les deux yeux. Je fais sentir les coups aux Sorciers, pourveu qu'on les batte avec un bâton de Sureau. Je délie le Moine-bourru aux Advents de Noël, luy commande de rouler comme un tonneau, ou traîner à minuit les chaînes dans les ruës, afin de tordre le col à ceux qui mettront la teste aux fenêtres. J'enseigne la composition des Brevets, des Sorts, des Charmes, des Sigilles, des Talismans, des Miroirs magiques, & des Figures constellées. Je leur apprens à trouver le Guy de l'an neuf, l'herbe de fourvoyement, les Gamahez, l'emplâtre magnetique. J'envoye le Gobelin, la Mulle ferrée, le Filourdy, le Roy Hugon, le Connêtable, les Hommes noirs, les Femmes blanches, les Lemures, les Farfadets, les Larves, les Lamies, les Ombres, les Manes, les Spectres, les Fantômes: Enfin je suis le Diable Vauvert, le Juif errant, & le grand Veneur de la Forest de Fontainebleau. Avec ces paroles le Magicien disparut, les couleurs des objets s'éloignerent; une large & noire fumée couvrit la face du climat, & je me trouvay sur mon lit, le cœur encore tout palpitant, & le corps tout froissé du travail de l'ame; mais avec une si grande lassitude, qu'alors que je m'en souviens, je ne croy pas avoir la force d'écrire au bas de ma Lettre, Je suis, Monsieur,

Votre Serviteur.

CONTRE LES SORCIERS.
LETTRE XIII.

MONSIEUR,

En bonne foy, ma derniere Lettre ne vous a-t'elle point épouvanté ? Quoy que vous en difiez, je pense que le grand homme noir aura pû faire quelque émotion, si non dans votre ame, au moins dans quelqu'un de vos sens. Voila ce que c'est que de m'avoir autrefois voulu faire peur des Efprits ; ils ont eu leur revanche , & je me fuis vangé malicieufement de l'importunité dont tant de fois j'ay efté perfecuté de reconnoiftre les veritez de la Magie. Je fuis pourtant fâché de la fiévre qu'on m'a écrit que cet horrible tableau vous a caufée; mais pour effacer ma faute, je le veux effacer à fon tour, & vous faire voir fur la même toile, la tromperie de fes couleurs , de fes traits , & de fes ombres. Imaginez-vous donc qu'encore que par tout le monde on ait tant brûlé de Sorciers , convaincus d'avoir fait pact avec le Diable ; que tant de miferables ayent avoüé fur le Bucher d'avoir efté au Sabat, & que mefme quelques-uns dans l'interrogation , ayent confeffé aux Juges qu'ils avoient mangé à leurs feftins des enfans, qu'on a , depuis la mort des Condamnez, trouvez pleins de vie, & qui ne fçavoient ce qu'on leur vouloit dire ,

quand on leur en parloit ; on ne doit pas
croire toutes choses d'un homme, parce
qu'un homme peut dire toutes choses; car
quand mesme par une permission particuliere de Dieu, une ame pourroit revenir sur la terre, demander à quelqu'un le
secours de ses prieres, est-ce à dire que
des Esprits ou des Intelligences, s'il y en
a, soient si badines que de s'obliger aux
quintes écervelées d'un Villageois ignorant ; de s'apparoistre à chaque bout de
champ, selon que l'humeur noire sera
plus ou moins forte dans la teste mal tim-
brée d'un ridicule Berger ; de venir au
leure comme un Faucon sur le poing du
Giboyeur qui le reclame, & selon le caprice de ce maraut danser la guimbarde
ou les matassins ? Non, je ne croy point
de Sorciers, encore que plusieurs grands
Personnages n'ayent pas esté de mon avis,
& je ne defere à l'authorité de personne,
si elle n'est accompagnée de raison, ou si
elle ne vient de Dieu, Dieu qui tout seul
doit estre crû de ce qu'il dit, à cause qu'il
le dit. Ny le nom d'Aristote plus sçavant
que moy, ny celuy de Platon, ny celuy
de Socrate, ne me persuadent point, si
mon jugement n'est convaincu par raison, de ce qu'ils disent : La raison seule est
ma Reine, à qui je donne volontairement les mains ; & puis, je sçay par experience, que les esprits les plus sublimes
ont choppé le plus lourdement : comme
ils tombent de plus haut, ils font de plus
grandes chutes. Enfin nos peres se sont

trompez jadis, leurs neveux se trompent maintenant, les nôtres se tromperont quelque jour. N'embrassons donc point une opinion, à cause que beaucoup la tiennent, ou parce que c'est la pensée d'un grand Philosophe; mais seulement à cause que nous voyons plus d'apparence qu'il soit ainsi, que d'estre autrement. Pour moy, je me moque des Pedans, qui n'ont point de plus forts argumens pour prouver ce qu'ils disent, sinon d'alleguer que c'est une maxime; comme si leurs maximes estoient bien plus certaines, que leurs autres propositions. Je les en croiray pourtant, s'ils me montrent une Philosophie, dont les principes ne puissent estre revoquez en doute, desquels toute la Nature soit d'accord, ou qui nous ayent esté revelez d'enhaut : autrement je m'en moque : car il est aisé de prouver tout ce qu'on veut, quand on ajuste les principes aux opinions, & non pas les opinions aux principes. Outre cela, quand il seroit juste de déferer à l'autorité de ces grands Hommes, & quand je serois contraint d'avoüer que les premiers Philosophes ont établi ces principes, je les forcerois bien d'avoüer à leur tour, que ces Anciens-là, non plus que nous, n'ont pas toûjours écrit ce qu'ils ont crû. Souvent les Loix & la Religion de leurs Païs, les ont contraints d'accommoder leurs preceptes à l'interest & au besoin de la Politique. C'est pourquoy on ne doit croire d'un homme que ce qui est humain, c'est

à dire , poſſible & ordinaire ; Enfin je
n'admets point de Sorciers , à moins qu'-
on ne me le prouve. Si quelqu'un , par
des raiſonnemens plus forts & plus preſ-
ſans que les miens, me le peut démontrer,
ne doutez point que je ne luy diſe: Soyez,
Monſieur , le bien venu , c'eſt vous que
j'attendois, je renonce à mes opinions, &
& j'embraſſe les vôtres. Autrement ,
qu'auroit l'habile pardeſſus le ſot , s'il
penſoit ce que penſe le ſot ? Il doit ſuffire
au peuple qu'une grande ame faſſe ſemblant d'acquieſcer aux ſentimens du plus
grand nombre , pour ne pas reſiſter au
torrent ; ſans entreprendre de donner des
menotes à ſa raiſon : au contraire un Phi-
loſophe doit juger le vulgaire, & non pas
juger comme le vulgaire. Je ne ſuis point
pourtant ſi déraiſonnable, qu'aprés m'ê-
tre ſouſtrait à la tyrannie de l'autorité, je
veüille établir la mienne ſans preuve ;
c'eſt pourquoy vous trouverez bon que
je vous apprenne le motifs que j'ay eu de
douter de tant d'effets étranges qu'on raconte des Eſprits. Il me ſemble avoir ob-
ſervé beaucoup de choſes bien conſide-
rables , pour me débaraſſer de cette chimere. Premierement , on ne m'a jamais
recité aucune Hiſtoire de Sorciers, que je
n'aye pris garde qu'elle eſtoit ordinairement arrivée à 3. ou 4. cent lieuës de là.
Cét éloignement me fit ſoupçonner qu'-
on avoit voulu dérober aux curieux, l'envie & le pouvoir de s'en informer. Joi-
gnez à cela , que cette bande d'Hommes

habillez en Chats, se trouvant au milieu
d'une Campagne, sans témoin; la foy
d'une personne seule doit estre suspecte
en chose si miraculeuse. Prés d'un Village, il en a esté plus facile de tromper des
Idiots. C'estoit une pauvre Vieille, elle
estoit pauvre; la necessité l'a pû contraindre à mentir pour de l'argent. Elle estoit
Vieille, l'âge affoiblit la raison, l'âge rend
babillard; Elle a inventé ce conte, pour
entretenir ses voisines; l'âge affoiblit la
veuë, elle a pris un Lievre pour un Chat;
l'âge rend timide, elle en a crû voir 50. au
lieu d'un; car enfin il est plus facile qu'u-
ne de ces choses soit arrivée, qu'on voit
tous les jours arriver, qu'une avanture
surnaturelle, sans raison & sans exemple.
Mais de grace, examinons ces Sorciers
pris. Vous trouverez que c'est un Païsan
grossier, qui n'a pas l'esprit de se démêler
des filets, dont on l'embarrasse; à qui la
grandeur du peril assomme l'entendement en telle sorte, qu'il n'a plus l'ame assez presente pour se justifier; qui n'oseroit même répondre pertinemment, de
peur de donner à conclurre aux préoccu-
pez, que c'est le Diable qui parle par sa
bouche. Si cependant il ne dit mot, chacun crie qu'il est convaincu de sa conscience, & aussi-tôt le voila jetté au feu.
Mais le Diable est-il fou, luy qui a bien
pû autrefois le changer en Chat, de ne le
pas maintenant changer en Mouche, afin
qu'il s'envole? Les Sorciers (disent-ils)
n'ont aucune puissance, dés qu'ils sont

entre les mains de la Juſtice. O par ma
foy, cela eſt bien trouvé! Donc Maiſtre
Jean Guillot, de qui le pere a volé les
biens de ſon Pupille, s'eſt acquis, par le
moyen de vingt mille écus dérobez que
luy couſta ſon Office de Juge, le pouvoir
de commander aux Diables. Vraiment les
Diables portent grand reſpect aux Larrons. Mais ces Diables au moins devoient
éloigner ce pauvre malheureux leur tres-
humble ſerviteur, quand ils ſçurent
qu'on étoit en campagne pour le prendre; Car ce n'eſt pas donner courage à
perſonne de le ſervir, d'abandonner ainſi les ſiens, Pour des Natures qui ne ſont
qu'eſprit, elles font de grand pas deClerc.
J'ai auſſi remarqué, que tous ces Magiciens prétendus, ſont gueux comme des
Diogènes. O Ciel! eſt-il donc vrai-ſem-
blable, qu'un homme s'expoſât à brûler
éternellement, ſous l'eſperance de demeurer pauvre, haï, affamé, & en crainte
continuelle de ſe voir griller en Place publique? Satan luy donneroit, non des
feüilles de Chêne, mais des piſtoles de
poids, pour acheter des Charges qui le
mettroient à couvert de la Juſtice. Mais
vous verrez que les Démons de ce temps-
cy ſont extrêmement niais, & qu'ils n'ont
pas l'eſprit d'imaginer tant de fineſſe. Ce
malautru Berger, que vous tenez dans vos
priſons, à la veille d'eſtre boüilli, ſur
quelles convictions le condamnez-vous?
On l'a ſurpris recitant la Patenôtre du
Loup? Ah! de grace, qu'il la repete; vous

n'y remarquerez que de grandes sottises, & moins de mal qu'il n'y en a dedans une Mort-diable, pour laquelle cependant on ne fait mourir personne. Outre cela, dit-on, il a ensorcelé des Troupeaux ? Ou ce fut par paroles, ou par la vertu cachée de quelques poisons naturels. Par paroles, je ne croy pas que les vingt-quatre Lettres de l'Alphabet, couvent dans la Grammaire, la malignité occulte d'un venin si présent; ny que d'ouvrir la bouche, serrer les dents, appuyer la langue au palais, de telle ou telle façon, ait la force d'empester les Moutons, ou de les guerir. Car si vous me répondez que c'est à cause du pact : Je n'ay point encore lû dans la Chronologie, le temps auquel le Diable accorda avec le Genre humain, que quand on articuleroit certains mots qui doivent avoir été specifiez au Contract, il tueroit; qu'à d'autres il gueriroit, & qu'à d'autres il viendroit nous parler; & je veux qu'il en eût passé le Concordat avec un particulier, ce particulier-là n'auroit pas le consentement de tous les hommes, pour nous obliger à cet accord. A quelques syllabes toutefois, qu'un Lourdaut sans y penser aura proferées, il avolera incontinent pour l'effrayer, & ne rendra pas la moindre visite à une personne puissante, illustre, spirituelle, qui se donne à lui de tout son cœur, & qui par son exemple seroit cause de la perte de cent mille ames ? Vous m'avoüerez peut-être que les paroles magiques n'ont

aucun

aucun pouvoir, mais qu'elles couvrent
sous des mots barbares, la maligne vertu
des simples, dont tous les enchanteurs
empoisonnent le bétail. Hé bien, pourquoi
donc ne les faites-vous mourir en qualité d'empoisonneurs & non pas de Sorciers ? Ils confessent (ditesvous) d'avoir
été au Sabat, d'avoir envoyé des Diables
dans les corps de quelques personnes, qui
se sont trouvées démoniaques. Pour les
voyages du Sabat, voici ma creance; c'est
qu'avec des huiles assoupissantes, dont
ils se graissent, comme alors qu'ils veillent, ils se figurent estre bien-tôt emportez à califourchon sur un balai par la cheminée, dans une sale où l'on doit festiner,
danser, faire l'amour, baiser le cul au Bouc;
l'imagination fortement frappée de ces
Fantômes, leur represente dans le sommeil ces mêmes choses, comme un balay
entre les jambes, une campagne qu'ils
passent en volant, un Bouc, un festin, des
Dames ; c'est pourquoi quand ils se re-
veillent, ils croyent avoir veu ce qu'ils
ont songé. Quant à ce qui concerne la
possession, je vous en dirai aussi ma pensée, avec la même franchise. Je trouve en
premier lieu, qu'il se rencontre dix mille
femmes pour un homme. Le Diable se-
roit-il un ribaud, de chercher avec tant
d'ardeur l'accouplement des femmes ?
Non, non, mais j'en devine la cause ; une
femme a l'esprit plus leger qu'un homme, & plus hardi par conséquent à resoudre des Comedies de cette nature : Elle

espere que pour peu de latin qu'elle écor-
chera, pour peu qu'elle fera de grimaces,
de sauts, de caprioles, & de postures, on
les croira toûjours beaucoup au dessus de
la pudeur, & de la force d'une fille; Et
enfin elle pense être si forte de sa foiblesse, que l'imposture étant découverte, on
attribuera ses extravagances, à quelques
suffocations de matrice, ou qu'au pis aller on pardonnera à l'infirmité de son
sexe. Vous répondrez peut-être, que
pour y en avoir de fourbes, cela ne con-
clud rien contre celles qui font veritablement possedées. Mais si c'est là votre
nœud gordien, j'en serai bien-tôt l'Alexandre. Examinons donc, sans qu'il nous
importe de choquer les opinions du vulgaire, s'il y a autrefois eu des Démoniaques, & s'il y en a aujourd'hui. Qu'il y
en ait eu autrefois, je n'en doute point,
puis que les Livres sacrez assurent qu'une
Caldéenne par Art magique, envoya un
Démon dans le Cadavre du Prophete Sa-
muël, & le fit parler : Que David conjuroit avec sa Harpe, celui dont Saül étoit
obsedé; Et que notre Sauveur Jesus-Christ
chassa les Diables des corps de certains
Hebreux, & les envoya dans des corps de
Pourceaux : Mais nous sommes obligez
de croire que l'Empire du Diable cessa
quand Dieu vint au monde; que les Oracles furent étouffez sous le berceau du
Messie, & que Sathan perdit la parole en
Bethléem; l'influence alterée de l'Etoile
des trois Rois, lui ayant sans doute cau-

sé la pupie. C'est pourquoi je me moque
de tous les Energumenes d'aujourd'hui,
& m'en moquerai jusqu'à ce que l'Eglise
me commande de les croire : car de m'i-
maginer que cette Penitente de Godefroy,
cette Religieuse de Loudun, cette fille
d'Evreux, soient endiablées, parce qu'elles font des culbutes, des grimaces, &
des gambades ; Scaramouche, Colle, &
Cardelin les mettront *à quia.* Comment ?
elles ne sçavent pas seulement parler Latin ! Lucifer a bien peu de soin de ses
Diables, de ne les pas envoyer au College ! Quelques-unes répondent assez pertinemment, quand l'Exorciste déclame
une Oraison de Breviaire, dont en quelque façon elles écorchent le sens, à force
de le reciter ; à moins que cela, vous les
voyez contrefaire les enragées, feindre
à tout ce qu'on leur presche une distraction d'esprit perpetuelle ; & cependant
j'en ay surpris d'attentives à guetter au
passage quelque Verset de leur Office,
pour répondre à propos, comme ceux qui
veulent chanter à Vespres, & ne les sçachant pas, attendent à l'affut le *Gloria Pa-
tri,* pour s'y égosiller. Ce que je trouve
encore de bien divertissant, ce sont les
méprises où elles s'embarrassent, quand
il faut obéïr ou n'obéïr pas. Le Conjura-
teur commandoit à une, de baiser la terre toutes les fois qu'il articuleroit le sacré
Nom de Dieu : Ce Diable d'obéïssance
le faisoit fort devotement ; mais comme il
vint encore un coup à lui ordonner la mê-

me chofe en autres termes, que ceux dont
il ufoit ordinairement (car il lui commanda par le FilsCoéternel du Souverain
Eftre,) ce Novice Démoniaque , qui
n'étoit pas Théologien , demeura plat ,
rougit , & fe jetta aux injures, jufqu'à ce
que l'Exorcifte l'ayant appaifé par des
mots plus ordinaires, il fe remit à raifon-
ner. J'obfervai outre cela , que felon que
le Prêtre hauffoit fa voix, le Diable augmentoit fa colere, bien fouvent à des paroles de nul poids , à caufe qu'il les avoit
prononcées avec plus d'éclat , & qu'au
contraire il avaloit doux comme lait ,
des Exorcifmes qui faifoient trembler, à
caufe qu'étant las de crier, il les avoit prononcez d'une voix bafle. Mais ce fut bien
pis, quelque temps aprés, quand un Abbé les conjura ; elles n'étoient point faites
à fon ftyle, cela fut caufe que celles qui
voulurent répondre , répondirent fi fort
à contre fens, que ces pauvres Diables ,
au front de qui reftoit encore quelque
pudeur , devinrent tout honteux ; & depuis , en toute la journée, il ne fut pas
poffible de tirer un méchant mot de leur
bouche. Ils crierent à la verité fort long-
temps , qu'ils fentoient là des Incredules ,
qu'à caufe d'eux ils ne vouloient rien
faire de miraculeux , de peur de les convertir : Mais la feinte me fembla bien
groffiere ; car s'il étoit vrai , pourquoi les
en avertir ? Ils devoient au contraire ,
pour nous endurcir en notre incredulité ,
fe cacher dans ces corps, & ne pas faire

des choses qui puffent nous desaveugler.
Vous répondez que Dieu les force à cela, pour manifefter la Foy. Oui, mais je
ne fuis point convaincu, ni obligé de
croire que ce foit le Diable qui fafle toutes ces fingeries, puis qu'un homme les
peut faire naturellement. De fe contour-
ner le vifage vers les épaules; je l'ai veu
pratiquer aux Bohemiens. De fauter; qui
ne le fait point, hors les Paralytiques? De
jurer; il ne s'en rencontre que trop. De
marquer fur la peau certains caractères;
ou des eaux, ou des pierres, colorent ainfi fans prodige notre chair. Si les Diables
font forcez, comme vous dites, de faire
des miracles afin de nous illuminer, qu'ils
en faffent de convaincants, qu'ils prennent les Tours de Notre-Dame de Paris,
où il y a tant d'incredules; & les portent
fans fraction dans la Campagne S. Denys
danfer une Sarabande Efpagnolle: Alors
nous ferons convaincus. J'ai pris garde
encore, que le Diable, qu'on dit être fi
médifant, n'induit jamais ces perfonnes
Démoniaques, (au milieu de leurs plus
grandes fougues) à médire l'une de l'autre: au contraire, elles s'entreportent un
tres-grand refpect, & n'ont garde d'agit
autrement, parce que la premiere offenfée découvriroit le myftere. Pourquoi,
mon Reverend Pere, n'inftruit-on point
votre procés, en confequence des crimes
dont le Diable vous accufe? Le Diable,
dites-vous, eft pere de menfonge. Pourquoi donc l'autre jour fiftes-vous brûler

ce Magicien, qui ne fut accusé que par le Diable ? Car je répons comme vous, le Diable est pere de mensonge. Avoüez, avoüez, mon Reverendissime, que le Diable dit vrai, ou faux, selon qu'il est utile à votre malicieuse Paternité. Mais, bons Dieux ! je vois tressaillir ce Diable, quand on lui jette de l'Eau benîte. Est-ce donc une chose si sainte, qu'il ne la puisse souffrir sans horreur ? Certes cela fait que je m'étonne qu'il ait osé s'enfermer dans un Corps humain, que Dieu a fait à son Image, capable de la vision du Tres-Haut, reconnu son Enfant par la régeneration baptismale, marqué des Saintes Huiles, le Temple du S. Esprit, & le Tabernacle de la Sainte Hostie. Comment a-t'il eu l'impudence d'entrer en un lieu qui lui doit être bien plus venerable que de l'eau, sur laquelle on a simplement recité quelques prieres. Mais nous en aurons bonne issuë, je vois le Démoniaque qui se tempere fort, à la veuë d'une Croix qu'on lui presente. O Monsieur l'Exorciste, que vous êtes bon ! ne sçavez-vous pas qu'il n'y a aucun endroit dans la Nature, où il n'y ait des Croix, puis que par toute la matiere, il y a longueur & largeur, & que la Croix n'est autre chose qu'une longueur consideréé avec une largeur. Qu'ainsi ne soit, cette Croix que vous tenez, n'est pas une Croix, à cause qu'elle est d'ebeine, cette autre n'est pas une Croix, à cause qu'elle est d'argent ; mais l'une & l'autre sont des Croix, à cause que sur une longueur, on a mis une largeur qui la traverse. Si donc cette Energumene a cent mille longueurs & cent mille largeurs, qui sont tout autant de Croix, pourquoi lui en presenter de nouvelles? Cependant vous voyez cette Femme, qui pour en avoir approché les levres par force, contrefait l'interdite. O quelle piperie! Prenez, prenez une bonne poignée de verges, & me la foüettez en ami: Car je vous engage ma parole, que si on condamnoit d'être jettez à l'eau tous les Energumenes que cent coups d'étrivieres par jour n'auroient pû guerir, il ne s'en noyeroit point. Ce n'est pas, comme je vous ai dit, que je doute de la puissance du Createur sur ses Creatures; mais à moins d'être convaincu par l'autorité de l'Eglise, à qui nous devons donner aveuglément les mains, je nommerai tous ces grands effets de Magie, la Gazette des Sots, ou le *Credo* de ceux qui ont trop de Foy. Je m'apperçoi bien que ma Lettre est un peu trop longue, c'est le sujet qui m'a poussé au delà de mon dessein; mais vous pardonnerez cette importunité à une personne qui fait vœu d'être jusqu'à la mort, de vous, & de vos contes d'Esprit, Monsieur,

Le Serviteur tres-humble.

A MONSIEUR GERZAN

Sur son Triomphe des Dames.

LETTRE XIV.

MONSIEUR,

Aprés les Eloges que vous donnez aux Dames, resolument je ne veux plus être homme. Je m'en vais tout à l'heure tâcher d'obtenir de la dexterité des Chirurgiens, ce que l'Empereur Heliogabale impetra du Rasoir de ses Empiriques. Si vous vous donnez patience encore huit jours, vous allez voir en moi un miracle tout contraire à celui qui se passe dans la Fable d'Iphis & d'Iante. Resolument je vais me faire tronçonner d'un coup de serpe ce qui m'oblige à porter un caleçon, & m'empêche de me masquer en autre temps qu'au Carnaval. Que je porte envie au bonheur de Tiresias, qui sans souffrir tous les maux où je me prepare, eut l'avantage de changer d'espece, pour avoir frappé sur un Serpent! La Sagesse de Dieu, qui d'ordinaire agit par progrés, & fait monter par degrez les choses les moins nobles aux plus hautes, a bien fait voir la prééminence que les Femmes ont au dessus des Hommes, quand elle n'a pas voulu faire Eve, qu'elle n'eût fait Adam auparavant. Aussi est-ce une marque évidente de l'estime que la Nature

ture a toûjours faite des Femmes, de dire qu'elle les a choisies pour nous porter,
ne s'étant pas voulu fier de notre jeunesse
à nous-mêmes ; mais la nature aussi nous
fait connoître par le partage de ses biens,
qu'elle a voulu avantager la cadette au
préjudice de l'aînée, lui donnant la beauté, dont chaque trait est une Armée qui
va quand il lui plaît bouleverser des Trônes, déchirer des Diadêmes, & traîner
en servitude les orgueilleuses Puissances
de la Terre. Que si comme nous elles ne
vaquent pas à massacrer des hommes, si
elles ont horreur de porter au côté, ce qui
nous fait detester un Bourreau ; c'est à
cause qu'il seroit honteux que celles qui
nous donnent à la lumiere, portassent de
quoi nous la ravir ; & parce aussi qu'il
est beaucoup plus honnête de s'appliquer
à la construction, qu'à la destruction de
son espece : Donc en matiere de visage,
nous sommes de grands gueux ; & sur ma
foi, de tous les biens de la Terre en general, je les voi plus riches que nous,
puis que si le poil fait la principale dis-
tinction de la brute & du raisonnable, les
hommes sont au moins par l'estomach,
les jouës & le menton, plus bêtes que les
femmes. Malgré toutefois ces muettes,
mais convaincantes prédications de Dieu
& de la Nature ; sans vous, Monsieur, ce
déplorable Sexe alloit tomber sous le nôtre; vous qui tout caduc, & prest à cheoir
de cette vie, avez relevé cent mille
Dames qui n'avoient point d'appuy,

Qu'elles se vantent aprés cela , de vous
avoir donné le jour! Quand elles vous
auroient enfanté plus douloureusement
que la mere d'Hercule , elles vous devroient encore beaucoup, à vous qui non
content de les avoir enfantées toutes ensemble , les avez fait triompher en naissant. Une femme à la verité , vous a porté neuf mois , mais vous les avez toutes
portées sur la tête de leurs ennemis. Pendant vingt siecles , elles avoient combattu, elles avoient vaincu pendant vingt autres ; & vous, depuis quatre mois seulement , leur avez decerné le Triomphe.
Oui , Monsieur , chaque periode de votre Livre est un Char de Victoire , où elles triomphent plus superbement que les
Scipions , ny les Cesars n'ont jamais fait
dans Rome. Vous avez fait de toute la
Terre un Païs d'Amazones, & vous nous
avez reduits à la quenoüille. Enfin l'on
peut dire qu'avant vous , toutes les Femmes n'étoient que des Pions , que vous
avez mis à Dames. Nous voyons cependant que vous nous trahissez , que vous
tournez casaque au genre masculin, pour
vous ranger de l'autre : Mais comment
vous punir de cette faute? Comment se
resoudre à diffamer une personne qui a
fait entrer nos Meres & nos Sœurs dans
son parti? Et puis, on ne sçauroit vous
accuser de poltronnerie , vous étant rangé du côté le plus foible ; ni votre plume
d'être interessée , ayant commencé l'Elo-
ge des Dames en un âge où vous êtes incapable d'en recevoir des faveurs. Con-

feſſez pourtant, après les avoir fait triompher, & avoir triomphé de leur Triomphe même, que leur Sexe n'eût jamais
vaincu ſans le ſecours du nôtre. Ce qui
m'étonne à la verité, c'eſt que vous ne
leur avez point mis en main, pour nous
détruire, les armes ordinaires ; Vous n'a-
vez point cloüé des Etoiles dans leurs
yeux ; vous n'avez point dreſſé des montagnes de neige à la place de leur ſein ;
l'or, l'yvoire, l'azur, le corail, les roſes
& les lys, n'ont point été les materiaux de
votre bâtiment, ainſi que tous nos Ecrivains modernes, qui malgré la diligence
que fait le Soleil pour ſe retirer de bonne
heure, ont l'impudence de le dérober en
plein jour. Ny le feu, ny la flâme, ne
vous ont point donné de froides imaginations. Vous nous avez porté des bottes, dont nous ignorons la parade : Enfin
je rencontre dans ce Livre des choſes ſi
divinement conçües, que j'ai de la peine
à croire que le Saint Eſprit fût à Rome,
quand vous le compoſâtes. Jamais les
Dames n'ont ſorti de la preſſe en meilleu-
re poſture ; ny moi, jamais mieux reſolu
de ne plus aller au Tombeau du Pere Ber-
nard, pour voir un miracle ; puis que
Monſieur de Gerzan loge à la Porte de
l'Egliſe. O Dieu ! encore une fois, la belle choſe que vos Dames ! Ah, Monſieur,
vous avez tellement obligé le Sexe par ce
Panegyrique, que pour meriter aujour-
d'hui l'affection d'une Reine, il ne faut
être, Monſieur, que   Votre Serviteur,
G 2

AUTRE.
LE DUELISTE.
LETTRE XV.

MONSIEUR,

Quoy que je me porte en homme
qui creve de fanté, je ne laiffe pas d'être
malade depuis trois femaines, que ma Phi-
lofophie eft tombée à la merci des Gladiateurs. Je fuis inceffâmment travaillé de la
tierce & de la quarte. J'aurois perdu la
connoiffance du papier, fi les Cartels s'é-
crivoient fur autre chofe. Je ne difcerne
déja plus l'encre d'avec le noir à noircir;
Et enfin pour vous faire réponfe, j'ay prefque été forcé de vous écrire avec mon é-
pée, tant il eft glorieux d'écrire mal parmi
des perfonnes dont les plumes ne fe tail-
lent point. Il faudroit, je penfe, que Dieu
accomplît quelque chofe d'auffi miraculeux que le fouhait de Caligula, s'il vouloit finir mes querelles. Quand tout le
Genre humain feroit érigé en une tête,
quand de tous les vivans il n'en refteroit
qu'un, ce feroit encore un Duel qui me
refteroit à faire. Vrayment vous auriez
grand tort de m'appeller maintenant le
premier des hommes; car je vous protefte
qu'il y a plus d'un mois que je fuis le fecond de tout le monde : Il faut bien que
votre départ ait deferté Paris, l'herbe eft

crûë par toutes les ruës, puisqu'en quelque lieu que j'aille, je me trouve toûjours
sur le Pré. Cependant ce n'est pas sans risque ; Mon Portrait que vous fîtes faire,
a été trouvé si beau, qu'il a pris possible
envie à la Mort d'en avoir l'Original ; elle
me fait à ce dessein mille querelles d'Allemand. Je m'imagine quelquefois être devenu Porc-épic, voyant que personne ne
m'approche sans se piquer, & l'on n'ignore
plus, quand quelqu'un dit à son ennemy,
qu'il s'aille faire piquer, que ce ne soit de
la besogne que l'on me taille : Ne voyez-
vous pas aussi qu'il y a maintenant plus
d'ombre sur notre Horison, qu'à votre départ ; c'est à cause que depuis ce temps-
là ma main en a tellement peuplé l'Enfer,
qu'elles regorgent sur la Terre. A la verité, ce m'est une consolation bien grande
d'être haï, parce que je suis aimé ; de trouver par-tout des ennemis, à cause que j'ay
des amis par-tout, & de voir que mon
malheur vient de ma bonne fortune ;
mais j'ay peur que cette demangeaison
de gloire ne m'invite à porter mon nom
jusqu'en Paradis : C'est pourquoy, pour
éviter de si dangereuses Propheties, je
vous conjure de venir promptement remettre mon Ame en son assiette de Philosophe ; car il me fâcheroit fort qu'à votre retour, au lieu de me trouver dans
mon Cabinet, vous trouvassiez dans une
Eglise : Cy gist, Monsieur,

Votre Serviteur.
G. 4

AUTRE.

SUR UN RECOUVREMENT DE SANTE'.

LETTRE XVI.

MONSIEUR,

Vous me permettrez bien de railler maintenant avec votre fiévre, puisqu'elle vous a tourné les talons. Par ma foy, je m'étonne qu'elle ait osé jetter le gand à un hardy Chevalier comme vous ; aussi quelques bravoures dont elle ait triomphé entrant dans la carriere, j'ay prévu la honte de sa défaite. Cependant tout le monde vous croyoit party pour les Champs Elisées ; & déja quelques-uns, qui ne sont pas les plus chers de vos Amis, vous publioient arrivé dans l'affreuse Cité, dont vous n'étiez pas encore aux Fauxbourgs. J'admire en verité, comment vous qui choisissiez toujours les choses les plus faciles, n'y ayant qu'une ajambée à faire de votre Chambre à la Chappelle où dorment vos Ancêtres, vous ayez tourné bride avec tant de précipitation. Cependant je soûtiendray à la barbe de votre grand cœur, que vous avez agi en habile homme ; le giste n'est pas bon, l'Hoste n'y change point de draps ; & quoy que le lit soit appuyé si ferme, qu'il ne puisse trembler que par un tremblement de terre, la chambre est froide & caterreuse, les

jeûnes s'y obfervent perpetuels, & quoy
qu'à la Flamande on ait de la Bierre jufques par deffus les yeux, on n'y boit que
de l'Eau benite. Au refte vous n'y euffiez
pas trouvé une perfonne raifonnable, ny
de l'un, ny de l'autre Sexe ; car on n'y reçoit point d'hommes, à moins qu'ils
n'ayent perdu l'efprit, & pour les femmes,
encore qu'elles ayent là une bonne qualité qu'elles n'ont pas icy, qui eft de fe taire, elles y font fi laides en récompenfe,
que la plus belle eft camufe. Ne vous re-
pentez donc point, quelque genereux que
nous vous croyions, d'avoir ufé fi à propos du privilege de Normandie. Les ombres de là-bas ne font pas fi charmantes
que celles de vos allées couvertes ; & je
vous protefte qu'en moins d'un clin d'œil
vous alliez faire un voyage fi éloigné,
que vous n'euffiez pas été de retour avant
la Refurrection ; & moy-même en ce
Païs, je n'aurois pas trouvé un homme
qui eft voulu fe charger de vous aller dire de ma part, que je fuis, Monfieur,

Votre Serviteur.

LETTRES
SATYRIQUES
DE MONSIEUR
DE CYRANO
BERGERAC.

CONTRE UN POLTRON.
LETTRE XVII.

ONSIEUR,

Je sçay que vous êtes trop sage pour conseiller jamais un Duel; c'est pourquoy je vous demande votre avis sur celui que j'ai resolu de faire ; car enfin, comme vous sçavez, l'honneur sali ne se lave qu'avec du sang. Hier je fus appellé sot , & l'on s'émancipa de me donner un soufflet

en ma presence. Il est vray que ce fut en
une compagnie fort honorable. Certains
stupides en matiere de démélez, disent
qu'il faut que je perisse, ou que je me van-
ge. Vous, Monsieur, dites-moy, vous
mon plus cher Amy, & que j'estime trop
sage pour m'exciter à aucune action cruelle; ne suis-je pas assez maltraité de la langue & de la main de ce Poltron, sans irri-
ter encore son épée? Car quoy que je sois
marri d'être appellé sot, je serois bien
plus fâché qu'on me reprochât d'être défunt. Si j'étois enfermé dans un sepulchre,
il pourroit à son aise, & en seureté, mal
parler de mon courage. Ne ferai-je donc
pas mieux de demeurer au monde, afin
d'être toûjours present pour le châtier,
quand sa temerité m'en donnera sujet?
Infailliblement ceux qui me conseillent
la tragedie, ne jugent pas que si j'en suis
la catastrophe, il se moquera de ma valeur. Si je le tuë, on croira que je l'ay
chassé du monde, parce que je n'osois y
demeurer tant qu'il y seroit. Si je luy ôte
la rapiere, on dira que j'apprehendois
qu'il demeurât armé. Si nous demeurons
égaux, à quoy bon se mettre au hazard
du plus grand de tous les malheurs, qui
est la mort, pour ne rien decider? Et puis,
quand j'aurois lettre du Dieu Mars de sortir de ce combat à mon honneur, il pourroit au moins se vanter de m'avoir contraint à commettre une insigne folie. Non
non, je ne déguaîne point; c'est craindre
son ennemi, de vouloir par le moyen de la

mort, ou l'éloigner de foy, ou s'éloigner de lui. Pour moy, je n'apprehende pas qu'il foit où je ferai. Il tient à gloire de n'avoir jamais redouté les Parques ; s'il veut que je le croye, qu'il fe tuë, j'irai confulter tous les Sages pendant foixante ou quatre-vingts ans, pour fçavoir s'il a bien fait ; & fi l'on me répond qu'ouy, alors je tâcherai d'en vivre encore autant, pour faire le refte de mes jours penitence de ma poltronnerie. Vous trouverez peut-être ce procedé fort étrange, dans un homme de cœur comme moy : mais, Monfieur, à parler franc, je trouve que j'aime mieux me tenir à ma carte, que de me mettre au hazard en les broüillant, d'en avoir une pire. Ce Monfieur le Matamore veut peut-être mourir bien-tôt, afin d'en être quitte de bonne heure ; mais moy qui fuis plus genereux, je tâche de vivre plus long-temps, au rifque d'être long-temps en état de pouvoir mourir. Penfe-t-il fe rendre fort recommandable, pour témoigner qu'il s'ennuye de ne pas retourner à la nuit, fa premiere maifon ? Eft-ce qu'il a peur du Soleil ? Helas ! le pauvre bufle ! s'il fçavoit ce que c'eft que d'être trepaffé, rien ne le preffteroit. Un homme ne fait rien d'illuftre, qui devant trente ans met fa vie en danger, parce qu'il expofe ce qu'il ne connoift pas : mais lorfqu'il la hazarde depuis cet âge-là, je foûtiens qu'il eft enragé de la rifquer, l'ayant connuë. Quant à moy je trouve le jour très-beau, & je n'aime point à dormir

sous terre, à cause qu'on n'y voit goutte,
Qu'il ne s'enfle point pourtant de ce refus, car je veux bien qu'il sçache que
je sçay une botte à tuer même un Geant
charmé, & qu'à cause de cela je ne veux
point me battre, de peur qu'on ne l'apprenne. Il y a encore cent autres raisons
qui me font abhorrer le Duel. Moy? j'irois
sur le pré, & là fauché parmi l'herbe,
m'embarquer possible pour l'autre monde? Helas! mes creanciers n'attendent
que cela, pour m'accuser de banqueroute. Mais penseroit-il même m'a-
voir mis à jubé, quand il m'auroit
ôté la vie? Au contraire j'en deviendrois
plus terrible, & je suis assuré qu'il ne
pourroit me regarder quinze jours après,
sans que je lui fisse peur. S'il aspire à la
gloire de m'avoir égorgé; pourvû que
je me porte bien, je lui permets de se
vanter par-tout d'être mon bourreau;
aussi-bien quand il m'auroit tué, la gloire
ne seroit pas grande; une poignée de cy-
guë en feroit bien autant. Il va s'imaginer peut-être que la Nature m'a fort mal-
traitté en me refusant du courage; mais
qu'il apprenne que la Nature ne sçauroit
nous jouër un plus vilain trait que de se
servir contre nous de celui du fort; que
la moindre Puce en vie, vaut mieux que
le grand Alexandre decedé; & qu'enfin
je me sens indigne d'obliger des torches
benistes à pleurer sur mes armoiries.
J'aime veritablement qu'on me flate de
toutes les qualitez d'un bel esprit, hors-

mis de celle d'heureuse memoire, qui m'est insupportable, & pour cause. Une autre raison me défend encore les batailles ; J'ay composé mon Epitaphe, dont la pointe est fort bonne, pourveu que je vive cent ans; & j'en ruinerois la rencontre heureuse, si je me hazardois de mourir plus jeune. Ajoutez à cela, que j'abhorre sur toutes choses les maladies, & qu'il n'y a rien de plus nuisible à la santé que la mort. Ne vaut-il donc pas bien mieux s'encourager à devenir Poltron, que de se rendre la cause de tant de desastres? Ainsi, forts de notre foiblesse, on ne nous verra jamais ni pâlir, ni trembler, que d'apprehension d'avoir trop de cœur. Et toi, ô salutaire poltronnerie ! je te vouë un Autel, & je promets de te servir avec un culte si devot, que pour commencer dés aujourd'hui, je dédie cette Epître au Lâche le plus confirmé de tes enfans, de peur que quelque Brave, à qui je l'eusse envoyée, ne se fût imaginé que j'étois homme à le servir, pour ces quatre méchans mots qu'on est obligé d'écrire à la fin de toutes les Lettres ; Je suis, Monsieur,   Votre Serviteur.

CONTRE UN MEDISANT.

LETTRE XVIII.

MONSIEUR,

Je sçai bien qu'une ame basse comme

la vôtre, ne fçauroit naturellement s'empêcher de médire ; auffi n'eft-ce pas une
abftinence où je vous veüille condamner.
La feule courtoifie que je veux de vous,
c'eft de me déchirer fi doucement , que
je puiffe faire femblant de ne le pas fentir. Vous pouvez connoître par là qu'on
m'envoye la Gazette du Païs Latin. Re-
merciez Dieu , de ce qu'il m'a donné une
ame affez raifonnable , pour ne croire
pas tout le monde de toutes chofes, à caufe que tout le monde peut dire toutes
chofes ; autrement j'aurois appliqué à
vos maux de ratte un plus folide & plus
puiffant antidote que le difcours. Ce n'eft
pas que j'aye jamais attendu des actions
fort humaines d'une perfonne qui fortoit
de l'humanité : mais je ne pouvois croire, que votre cervelle eût fi generalement
échoué contre les bancs de la Rhetorique , que vous euffiez porté en Philofo-
phie un homme fans tête. On auroit à la
verité trouvé fort étrange , que dans un
corps fi vafte , votre petit efprit ne fe fût
pas perdu ; auffi ne l'a-t'il pas fait longue,
& j'ai oüi dire qu'il y a de bonnes années
que vous ne fçauriez plus abandonner la
vie, que votre trépas accompagné de miracles ne vous faffe canonifer. Oüi , prenez congé du Soleil quand il vous plaira , vous êtes affuré d'une ligne dans nos
Litanies, quand le Confiftoire apprendra
que vous ferez mort fans avoir rendu l'efprit. Mais confolez-vous , vous n'en du-
rerez pas moins pour cela. Les Cerfs &

les Corbeaux, dont l'esprit est taillé à la mesure du vôtre, vivent quatre cens ans ; & si le manque de genie est la cause de leur durée, vous devez être celui qui fera l'Epitaphe du Genre humain. C'est sans doute en consequence de ce brutal instinct de votre nature, que vous choisissez l'or & les pierres precieuses, pour répandre dessus votre venin. Souffrez donc, encore que vous pretendiez vous soustraire de l'empire que Dieu a donné aux hommes sur les bêtes, que je vous commande de vomir sur quelque chose de plus sale que mon nom, & de vous ressouvenir (car je croi que les animaux comme vous, ont quelque reminiscence) que le Createur n'a donné à ceux de votre espece une langue que pour avaler, & non pas pour parler : Souvenez-vous-en donc ; c'est le meilleur conseil que vous puissiez prendre ; car quoi que votre foiblesse fasse pitié, celle des Poux & des Puces qui nous importunent, ne nous oblige pas à leur pardonner. Enfin cessez de mordre, Simulacre de l'envie ; car quoi que je sois peu sensible à l'injure, je suis severe à la punir ; rien n'empêcheroit la vertu d'un Ellebore, qu'on appelle en François Tricot, duquel, pour vous montrer que je suis Philosophe, (ce que vous ne croyez pas) je vous châtierois avec si peu d'animosité, que le chapeau dans une main, & dans l'autre un bâton, je vous dirois en vous brisant les os : Je suis, Monsieur,

Votre tres-humble.

CONTRE UNE DEMOISELLE
Avare.

LETTRE XIX.

MADEMOISELLE,

Si tout le monde étoit obligé comme
moi, pour faciliter la lecture de ses Lettres, d'envoyer de l'argent, les Balzacs
n'auroient jamais écrit, & les Aveugles
sçauroient lire. Mais quoi ? si les miennes
ne sont éclairées par la reflexion de l'or
de quelque Loüis, vous n'y voyez que du
noir de Grimoire ; & quand même je les
aurois prises dans Polexandre, je suis assuré d'avoir pour vous écrit en Hebreu.
Ouvrir la bouche, & mouvoir les levres
en toutes les façons necessaires à l'expression de notre langue, ne vous fait entendre que de l'Arabe : Pour vous parler
François, il faut ouvrir la main. Ainsi ma
bourse devient chez moi le seul organe,
par lequel je vous puisse éclaircir les difficultez de la Bible, & vous rendre les
Centuries de Nostradamus aussi faciles
que le *Pater*. Enfin, Mademoiselle, c'est
de vous seule que l'on peut dire avec verité, *Point d'argent, point de Suisse*. Je me
console aisément de votre humeur, parce
que tant que vous ne changerez point, je
suis assuré d'être en puissance, avec la
Croix de quelques pistoles, de chasser

plus facilement qu'avec l'eau benîte &
l'exorcifme, le Demon d'avarice. Mais
j'ai tort de vous reprocher une fi grande
baffeffe; ce font au contraire des motifs
de vertu qui vous font agir de la forte;
car fi vous tombez plus fouvent fous la
Croix, que les malfaicteurs de Judée,
c'eft parce que vous croyez pieufement
que les Juftes ne vous fçauroient rien demander injuftement, & que l'or, ce fym-
bole de la pureté, ne vous fçauroit être
donné qu'avec des intentions tres-pures.
Je penfe même, comme vous êtes, auffi-
bien que bonne Chrêtienne, encore meil-
leure Françoife, que vous vous abaiffez
devant tous ceux qui vous prefentent les
Images de nos Rois; & que même, comme vous êtes d'une probité exemplaire,
qui ne veut faire tort à perfonne, vous
êtes tellement fcrupuleufe à la diftribu-
tion de vos faveurs, que vous vous ap-
puyez davantage fur les baifers de dix
piftoles, que fur ceux de neuf. Cette œ-
conomie ne me déplaît pas, car je fuis affuré, tenant ma bourfe dans une main,
de tenir votre cœur dans l'autre. Tout ce
qui me fâche, c'eft de ce que cette chere
Image, que vous juriez autrefois avoir
imprimée fort avant dans votre cœur,
vous la mettez hors de chez vous par les
épaules, fi-tôt qu'elle y a demeuré trois
jours fans payer fon gîte. Pour moi, je
penfe que vous avez oublié la définition
de l'homme; car toutes vos actions me
prouvent que vous ne me prenez que
pour

pour un animal donnant : cependant je
croyois être , par l'opinion d'Aristote, un
animal raisonnable ; mais je vois bien
qu'il me faut resoudre à cesser d'être ce
que je suis , du moment que je cesse de
fouiller à ma poche. Corrigez , je vous
prie , cette humeur , qui convient fort
mal à votre jeunesse, & à cette generosité
dont vous vous faites toute blanche ; car
il vous est honteux d'être à mes gages ,
moi qui suis , Mademoiselle ,

Votre Serviteur.

CONTRE UN INGRAT.

LETTRE XX.

MONSIEUR,

Par l'affection que je vous ay portée, &
dont vous êtes indigne, je vous ai fait meriter d'être mon ennemi. Si les Philistins
autrefois n'eussent laissé leurs vies sous
le bras de Samson, nous ne sçaurions pas
aujourd'hui que la Terre eût porté des
Philistins : Ils doivent leur vie à leur
mort ; & s'ils eussent vécu dix ans plus
tard , ils fussent morts trente Siecles plûtôt ; Ainsi vous moissonnez malgré moi
cette gloire de votre lâcheté , de m'avoir
contraint de vous en punir. On me dira ,
je le sçai bien , que pour avoir détruit un
Pigmée, je n'attacherai pas à mon sort la
matiere d'une illustre Épitaphe. Mais à

regarder fans intereft le revers du para-
doxe, ce Marius qui fit en trois Combats
un Cimetiere à trois Nations, ne fut pas
cenfé poltron, lors qu'il frappoit les Gre-
noüilles du Marais, où il s'etoit jetté; Et
Socrate ne ceffa pas d'être le premier
homme de l'Univers, quand il eut écra-
fé les poux qui le mordoient dans fon
cachot. Non, non, petit Nain, ne pen-
fez pas être quelqu'autre chofe; effayez
de vous humilier en votre neant, &
croyez comme un article de Foi, que fi
vous êtes encore auffi petit qu'au jour de
votre naiffance, le Ciel l'a permis ainfi,
pour empêcher un petit mal de devenir
grand. Enfin vous n'êtes pas homme; &
que Diable êtes-vous donc? Vous êtes
peut-être une Momie, que quelque Farfadet aura volée à l'Ecole de Medecine,
pour en effrayer le monde: Encore cela
n'eft-il point trop éloigné du vrai-fem-
blable, puis que fi les yeux font les miroirs de l'ame, votre ame eft quelque
chofe de bien laid; cependant vous vous
vantez de mon amitie. O Ciel! puniffeur
des herefies, châtiez celle-ci du Tonnerre. Je vous ai donc aimé? Je vous ai donc
porté mon cœur en offrande? donc vous
m'eftimez fot, au point d'avoir par charité donné mon ame au Diable? Mais ce
n'eft pas de moi feul que vous avez médit; les plus chatoüillans Eloges qui partent de vous font des Satyres; & Dieu ne
vous eût point échappe, fi vous l'euffiez
connu. Tout ce qui refpire, intereffe à la

perte des Monftres, auroit déja tenté mes
bonnes graces par votre mort, mais il la
neglige comme un coup feur, fçachant
que vous aviez en moi feul,

Votre Partie, Votre Juge,
& Votre Bourreau.

CONTRE SOUCIDAS.

LETTRE XXI.

HE ! par la mort, Monfieur le Coquin,
je trouve que vous êtes bien impudent, de demeurer en vie après m'avoir
offenfé ! vous qui ne tenez lieu de rien
au monde, ou qui n'êtes plus qu'un clou
aux feffes de la Nature ; vous qui tom-
berez fi bas, fi je ceffe de vous foûtenir,
qu'une Puce en léchant la terre, ne vous
diftinguera pas du pavé ; vous enfin fi fale
& fi puant, qu'on doute, en vous voyant,
fi votre Mere n'a point accouché de vous
par le derrière. Encore fi vous m'euffiez
envoyé demander le temps d'un *Peccavi* !
Mais fans vous enquêter fi je trouve bon
que vous viviez encore demain, ou que
vous mouriez dès aujourd'hui, vous avez
l'impudence de boite & de manger, comme fi vous n'étiez pas mort. Ah ! je vous
protefte de renverfer fur vous un fi long
aneantiffement, qu'il ne fera pas vrai de
dire que vous ayez jamais vécu. Vous
efperez fans doute m'attendrir par la de-

H 2

dicace de quelque ennuyeux Burlesque.
Point, point, je suis inexorable, je veux
que vous mouriez tout presentement;
puis, selon que ma belle humeur me rendra misericordieux, je vous resusciterai
pour lire ma lettre. Auffi-bien, quand
pour regagner mes bonnes graces, vous
vous me dedierez une Farce, je sçai que
tout ce qui est sot ne fait pas rire, & qu'-
encore que pour faire quelque chose de
bien ridicule, vous n'ayez qu'à parler serieusement, votre Poësie est trop des Halles; & je pense que c'est la raison pourquoi votre Jugement de Pâris n'a point
de debit. Donc si vous m'en croyez, sauvez-vous au Barreau, des ruades de Pegase; vous y serez sans doute un Juge incorruptible, puis que votre Jugement ne se
peut acheter. Au reste ce n'est point de
votre Libraire seul, que j'ai appris que
vous rimassiez: Je m'en doutois déja bien,
parce que ç'eût été un grand miracle, si
les Vers ne s'étoient pas mis dans un
homme si corrompu. Votre haleine seule
suffit à faire croire que vous êtes d'intelligence avec la mort, pour ne respirer
que la peste; & les muscadins ne sçauroient empêcher que vous ne soyez par
tout le monde en fort mauvaise odeur.
Je ne m'irrite point contre cette putre-
faction, c'est un crime de vos Peres ladres: Votre chair même n'est autre chose
que de la terre crevassée par le Soleil, &
tellement fumée, que si tout ce qu'on y
a semé avoit pris racine, vous auriez

maintenant fur les épaules un grand bois
de haute fûtaye. Aprés cela, je ne m'é-
tonne plus de ce que vous prouvez qu'on
ne vous a point encore connu ; Il s'en
faut en effet plus de quatre pieds de cro-
te, qu'on ne vous puiffe voir. Vous êtes
enfeveli fous le fumier avec tant de grace, que s'il ne vous manquoit un pot caf-
fé pour vous gratter, vous feriez un Job
accompli. Ma foi, vous donnez un beau
démenti à ces Philofophes qui fe moc-
quent de la Creation. S'il s'en trouve encore, je fouhaite qu'ils vous rencontrent ;
car je fuis affuré qu'après votre veuë, ils
croiront aifément que l'homme peut
avoir été fait de bouë. Ils vous prêche-
ront, & fe ferviront de vous-même, pour
vous retirer de ce malheureux Atheïfme
où vous croupiffez. Vous fçavez que je
ne parle point par cœur, & que je ne fuis
pas le feul qui vous a entendu prier Dieu,
qu'il vous fîft la grace de ne point croire
en lui. Comment, petit impie, Dieu n'o-
feroit avoir laiffé fermer une porte quand
vous fuyez le bâton, qu'il ne foit par
vous aneanti ; & vous ne commencez à
le recroire, que pour avoir contre qui jurer, quand vos Dez efcamotez répondent
mal à votre avarice. J'avouë que votre
fort n'eft pas de ceux qui puiffent patiemment porter la perte, car vous êtes
gueux comme un Diogene, & à peine le
Chaos entier fuffiroit-il pour vous raf-
fafier ; c'eft ce qui vous a obligé d'affron-
ter tant de monde : Il n'y a plus moyen

que vous trouviez pour marcher en cette
Ville une ruë non creanciere, à moins
que le Roi faſſe bâtir un Paris en l'air.
L'autre jour au Conſeil de Guerre, on
donna avis à Monſieur de Turenne de
vous mettre dans un Mortier, pour vous
faire ſauter comme une bombe dans Sain-
te-Menehould, pour contraindre en
moins de trois jours par la faim, les Habitans de ſe rendre. Je penſe, en verité,
que ce ſtratagême-là réüſſiroit, puis que
votre nez qui n'a pas l'uſage de raiſon,
ce pauvre nez, le repoſoir & le paradis
des chiquenaudes, ſemble ne s'être re-
trouſſé, que pour s'éloigner de votre bouche affamée. Vos dents... Mais bons
Dieux! où m'embaraſſerai-je? Elles ſont
plus à craindre que vos bras; leur chancre
& leur longueur m'épouvante : auſſi-
bien, quelqu'un me reprocheroit que
c'eſt trop berner un homme, qui dit
m'eſtimer beaucoup. Donc, ô plaiſant
petit Singe, ô Marionnette incarnée ! cela ſeroit-il poſſible ? Mais je voi que vous
vous cabrez de ce glorieux ſobriquet.
Helas ! demandez ce que vous êtes, à
tout le monde, & vous verrez ſi tout le
monde ne dit pas que vous n'avez rien
d'homme, que la reſſemblance d'un Ma-
got. Ce n'eſt pas pourtant, quoique je
vous compare à ce petit homme à quatre
pattes, que je penſe que vous raiſonniez
auſſi-bien qu'un Singe : car quand je vous
contemple ſi décharné, je m'imagine que
vos nerfs ſont aſſez ſecs & aſſez prepa-

lez, pour exciter, en vous remuant, ce bruit que vous appellez parole ; c'est infailliblement ce qui est cause que vous jasez & fretillez sans intervalle. Mais puis que parler y a ; apprenez-moi de grace, si vous parlez à force de remuer, ou si vous remuez à force de parler. Ce qui fait soupçonner que tout le tintamarre que vous faites, ne vient pas de votre langue, c'est qu'une langue seule ne sçauroit dire le quart de ce que vous dites, & que la plûpart de vos discours sont tellement éloignez de la raison, qu'on void bien que vous parlez par un endroit qui n'est pas fort prés du cerveau. Enfin, mon petit gentil godenot, il est si vrai que vous êtes toute langue, que s'il n'y avoit point d'impieté d'adapter les choses saintes aux prophanes, je croirois que S. Jean prophetisoit de vous, quand il écrivit que la parole s'étoit fait chair. En effet, s'il me falloit écrire autant que vous parlez, j'aurois besoin de devenir plume ; mais puis que cela ne se peut, vous me permettrez de vous dire adieu. Adieu donc, mon Camarade, sans compliment: aussi bien seriez-vous trop mal obéï, si j'étois

Votre Serviteur.

CONTRE MONSIEUR DE V.

LETTRE XXII.

MONSIEUR,

Tant de caresses de la Fortune que j'ai perduës en perdant votre amitié, me persuadent enfin de me repentir d'avoir si fort contribué à sa perte ; & si je suis en disgrace, je confesse que je la merite, pour ne m'être pas conservé plus soigneusement & l'estime & la vûë d'une personne qui fait passer les moindres, dont il est visité, sous le titre de Comtes & de Marquis. Certes, Monsieur, vous vous faites le Pere de force grands Seigneurs qui ne croyoient pas l'être, & je commence à m'appercevoir que j'ai tort d'avoir ainsi negligé ma fortune ; car j'aurois possible gagné à ce jeu-là une Principauté. Quelques-uns blâment cette humeur prodigue ; mais ils ne sçavent pas que ce qui vous engage à ces magnificences, est le passionné desir qui vous emporte pour la multiplication de la Noblesse ; & que c'est pour cela, que ne pouvant mettre au jour des Gentilshommes selon la chair, vous en voulez du moins produire spirituellement. Les Auteurs Romanesques que vous connoissez, donnent bien des Empires à tel qui souvent n'avoit pas possedé deux arpens de terre ; mais votre talent est si égal

au

au leur, qu'il vous met en droit d'ufer des mêmes privileges. On sçait affez que tous ces grands Auteurs ne parlent pas mieux que vous, puis que vous parlez tout comme eux, & qu'à chaque moment vous vomifliez & Caffandre & Polexandre fi crus, qu'on penfe voir dans votre bouche le papier deffous les paroles. Les Critiques murmurent, que le grand bruit dont vous éclatez, n'eft pas la marque d'un grand efprit; que les vaiffeaux vuides en excitent plus que ceux qui font pleins, & que peut-être à caufe du concave de votre cerveau rempli de rien, votre bouche, à l'exemple des cavernes, fait un écho mal diftinct de tous les fons qui la frappent. Mais quoi ? il fe faut confoler. Celui-là eft encore à naître, qui a sçû le moyen d'empêcher l'envie de mordre la vertu. Car je veux même, comme ils le difent, que vous ne fufliez pas un grand Genie; vous êtes toutefois un grand homme. Comment ? vous êtes capable, par votre ombre feule, de noircir un Jeu de Paulme tout entier. Perfonne n'entend parler de votre taille, qu'il ne croye qu'on faffe l'hiftoire d'un Cedre ou d'un Sapin; & d'autres qui vous connoiffent un peu plus particulierement, prouvant que vous n'avez rien d'homme que le fon de la voix, affurent qu'ils ont appris par tradition, que vous êtes un Chêne tranfplanté de la Forelt de Dodone. Ce n'eft pas de mon avis qu'ils portent ce jugement; au contraire, je leur ai dit cent fois, qu'il n'y avoit point d'apparence que vous fussiez un Chêne, puis que les plus sensez tombent d'accord que vous n'êtes qu'une bûche. Pour moi qui pense vous connoître de plus longue main, je leur soûtiens qu'il est tout à fait éloigné du vrai-semblable d'imaginer que vous soyez un arbre ; car encore que cette partie superieure de votre tout (qu'à cause du lieu de sa situation on appelle votre tête) ne fasse aucune fonction raisonnable, ni même sensitive, je ne me persuade pas pourtant qu'elle soit de bois, mais je m'imagine qu'elle a été privée de l'usage des sens, à cause qu'une ame humaine n'étant pas assez grande pour animer de bout en bout un si vaste Colosse, la Nature a été contrainte de laisser en friche la Region d'en-haut. Et en effet, y a-t'il quelqu'un qui ne sçache, que quand elle logea dans votre corps demesuré ce qu'en d'autres on nomme l'Esprit, elle eut beau le tirer & l'allonger, elle ne put jamais le faire arriver jusqu'à votre cervelle. Vos membres même sont si prodigieux, qu'à les considerer, on croit que vous avez deux Geans pendus au bas du ventre, à la place de vos cuisses ; & vous avez la bouche si large, que je crains quelquefois que votre tête ne tombe dedans. En verité, s'il étoit de la Foi de croire que vous fussiez homme, j'aurois un grand motif à soupçonner, qu'il a donc fallu mettre dans votre corps, pour lui donner la vie, l'ame universelle du

monde. Il faut en effet que vous foyez
quelque chofe de bien ample , puis que
toute la Communauté des Frippiers eft
occupée à vous vêtir ; ou bien , que ces
gens-là qui cherchent le débit , ne pouvant amener toutes les ruës de Paris à la
Halle , ayent chargé fur vous leurs guenilles, afin de promener la Halle par tout
Paris. Au refte , ce reproche ne vous doit
point offenfer , au contraire il vous eft
avantageux ; il fait connoître que vous
êtes une Perfonne publique , puis que le
public vous habille à fes dépens. Et puis,
affez d'autres chofes vous rendent con-
fiderable. Je dis même, que comme de
l'épaiffeur de la Vafe du Nil , enfuite de
fon débordement , les Egyptiens jugent
de leur abondance ; on peut fupputer par
l'épaiffeur de votre embonpoint , le nombre des embraffemens illegitimes qui fe
font faits en votre Fauxbourg. Et enfin ,
à propos d'arbre à qui je vous comparois
tantôt , on dit que vous en êtes un fi fer-
tile, qu'il n'y a point de jour que vous ne
produifiez : mais je fçai bien que ces fortes d'injures paffent fort loin de vous , &
que vos calomniateurs n'euffent ofé vous
foûtenir en face tant d'injures , du temps
que la troifiéme peinture des Cartes étoit
votre portrait. Vous traîniez alors une
brette , qui vous auroit vangé d'eux ; ils
ne vous euffent pas accufé , comme aujourd'hui, d'effronterie, en un état de condition , où vous changiez fi fouvent de
couleur. Voilà, Monfieur, les peaux d'Af-

nes, à peu prés, dont ils persecutent votre
déplorable renommée. J'en ferois l'Apo-
logie un peu plus longue ; mais la fin du
papier m'oblige de finir. Permettez donc
que je prenne congé de vous sans les ceremonies accoûtumées ; parce que ces
Messieurs qui vous méprisent fort, &
dont je fais beaucoup d'estime, pense-
roient que je fusse le valet du valet des
Tambourineux, si j'avois mis au bas de
cette Lettre, que je suis, Monsieur,

Votre Serviteur.

CONSOLATION A UN AMY
Sur l'Eternité de son Beaupere.

LETTRE XXIII.

Monsieur,

La Faculté, bien mieux que moy,
vous mettra quelque jour à couvert de la
vie de ce personnage. Laissez-la donc
faire, elle a des bras dont personne ne
pare les coups. Vous me répondrez sans
doute, qu'il a passé déja plus de dix fois
le temps de mourir ; que la Parque ne s'est
pas souvenuë de luy, & que maintenant
qu'elle a tant marché depuis, elle sera
honteuse & paresseuse de revenir le prendre si loin. Non, non, Monsieur, esperez
toujours, jusqu'à ce qu'il ait passé neuf
cens ans, l'âge de Mathusalem ; mais enfin parlez-luy sans cesse en grondant ;
criez, pestez, tonnez dans sa maison,

croiſſez par-tout à ſes yeux, & faites en
ſorte qu'il ſe dépite contre le jour. N'eſt-il
pas temps auſſi-bien, qu'il faſſe place à
d'autres ? Comment ? Artephius & la Sybille Cumée, au prix de luy, n'ont fait
que ſemblant de vivre. Il naquit auparavant que la Mort fût faite, & la Mort à
cauſe de cela n'oſeroit tirer ſur lui, parce
qu'elle craint de tuer ſon Pere. Et puis
même, quand cette conſideration ne l'empêcheroit pas, elle le voit ſi foible de vieilleſſe, qu'il n'auroit pas la force de marcher juſqu'en l'autre monde. Et je penſe
qu'une autre raiſon encore le fait demeurer debout ; c'eſt que la Mort qui ne lui
voit faire aucune action de vie, le prenant
plutôt pour une ſtatuë que pour un vivant, penſe qu'il eſt du devoir ou du
temps ou de la Fortune, de le faire tomber. Aprés cela, Monſieur, je m'étonne
fort que vous diſiez qu'étant prêt de fermer le cercle de ſes jours, & arrivant au
premier point dont il eſt parti, il rede-
vienne enfant. Ah ! vous vous mocquez !
& pour moy, je ne ſçaurois pas même
m'imaginer qu'il l'ait jamais été. Quoy,
lui, petit garçon ? Non, non, il ne le fut
jamais, ou Moïſe s'eſt trompé au calcul
qu'il a fait de la Creation du Monde. S'il
eſt permis toutefois de nommer ainſi tout
ce qui peut à peine faire les fonctions
d'un enfant, je vous donne les mains ;
car il faut en effet qu'il ſoit plus ignorant
qu'une Plante même, de ne ſçavoir pas
mourir, choſe que tout ce qui a vie, ſçait

I 3

faire fans Précepteur. O! que n'a-t'il été connu d'Ariftote! Ce Philofophe n'eût pas défini l'Homme Animal raifonnable. Ceux de la Secte d'Epicure, qui démontrent que les bêtes ufent de la raifon, en doivent excepter celle-là encore, s'il étoit bien vray qu'il fût bête. Mais helas! dans l'ordre des Etres animez, il eft un peu plus qu'un Artichaut, & un peu moins qu'une Huiftre à l'écaille; de forte que j'aurois crû, fi ce n'étoit que vous le foupçonnez de ladrerie, qu'il eft ce qu'on appelle la Plante fenfitive. Avoüez donc que vous avez tort de vous ennuyer de fa vie; il n'a pas encore vécu, il n'a que dormi; attendez au moins qu'il ait achevé un fomme. Etes-vous affuré qu'on ne lui ait pas dit que le Sommeil & la Mort font freres? Il fait peut-être fcrupule (ayant bonne confcience) après avoir joüi de l'une, d'avoir affaire à l'autre. N'inferez pas cependant, enfuite de cela, que je veüille prouver par cette enfilade, que le perfonnage dont il eft queftion foit un fot homme. Point du tout, il n'eft rien moins qu'homme; car outre qu'il nous reffemble par le Baptême, c'eft un privilege dont joüiffent auffi-bien que lui les Cloches de fa Paroiffe. Je parlerois de cette vie, jufqu'à la mort, pour foulager votre ennuy, mais le fommeil commence de caufer à ma main de fi grandes foibleffes, que ma tête par compagnie tombe fur mon oreile. Ah! par ma foy, je ne

ſçay plus ce que j'écris. Adieu ; bon
ſoir , Monſieur ,

Votre Serviteur.

CONTRE UN PILLEUR DE PENSE'ES.

LETTRE XXIV.

MONSIEUR,

Puiſque notre Ami butine nos Penſées,
c'eſt une marque qu'il nous eſtime ; il ne
les prendroit pas s'il ne les croyoit bonnes , & nous avons grand tort de nous
eſtomaquer, de ce que n'ayant point d'enfans , il adopte les nôtres. Pour moy, ce
qui m'offenſe en mon particulier , (car
vous ſçavez que j'ay un eſprit vangeur de
torts , & fort enclin à la juſtice diſtributi-
ve) c'eſt de voir qu'il attribuë à ſon ingrate imagination les bons ſervices que
lui rend ſa memoire , & qu'il ſe diſe le
pere de mille hautes conceptions, dont il
n'a été au plus que la Sage-Femme. Allons, Monſieur , aprés cela , nous vanter
d'écrire mieux que lui, lors qu'il écrit
tout comme nous ; & tournons en ridicule qu'à ſon âge il ait encore un Ecrivain
chez luy, puiſqu'il ne nous fait point en
cela d'autre mal que de rendre nos œuvres plus liſibles ! Nous devrions au contraire, recevoir avec reſpect tant de ſages
avertiſſemens moraux, dont il tâche de
reprimer les emportemens de notre jeu-
neſſe. Ouy , certes, nous devrions y ajou-

ter plus de foy, & n'en douter non plus
que de l'Evangile ; car tout le monde fçait
que ce ne font pas des chofes qu'il ait in-
ventées. A la verité, d'avoir un Amy de
la forte, c'eft entretenir une Imprimerie
à bon marché. Pour moy je m'imagine,
en dépit de tous fes grands Manufcrits,
que fi quelque jour aprés fa mort, on
inventorie le Cabinet de fes Livres, c'eft
à dire de ceux qui font fortis de fon Genie, tous fes ouvrages enfemble, (ôtant
ce qui n'eft pas de luy) compoferont une
Bibliotheque de papier blanc. Il ne laiffe
pas de vouloir s'attribuer les dépoüilles
des morts, & de croire inventer ce dont
il fe fouvient: mais de cette façon il prouve mal la noble extraction de fes penfées,
de n'en tirer l'antiquité que d'un homme
qui vit encore ; mais il veut par là conclure à la Metempficofe, & montrer que
quand il fe ferviroit des imaginations de
Socrate, il ne les voleroit point, ayant
été jadis ce même Socrate qui les imagi-
na. Et puis, n'a-t'il pas affez de memoire,
pour être riche de ce bien-là feul ? Comment ? il l'a fi grande, qu'il fe fouvient
de ce qu'on a dit trente Siécles auparavant qu'il fût au monde. Quant à moy,
qui fuis un peu moins fouffrant que les
morts, obtenez de luy qu'il me permette
de datter mes penfées, afin que ma pofterité ne foit point douteufe. Il y eut jadis une Déeffe Echo ; celuy-cy fans doute, en doit être le Dieu : car de même
qu'elle, il ne dit jamais que ce que les au-

tres ont dit, & le repete si mot à mot,
que transcrivant l'autre jour une de mes
Lettres, (il appelloit cela composer) il
eut toutes les peines du monde à s'empêcher de mettre, Votre Serviteur, Beau-
lieu ; parce qu'il y avoit au bas,

Votre Serviteur,
DE BERGERAC.

AUTRE

CONTRE UN PILLEUR DE PENSE'ES.

LETTRE XXV.

M ONSIEUR,

Aprés avoir échauffé contre nous cet
homme qui n'est que flegme, n'appre-
hendons-nous point qu'un de ces jours on
nous accuse d'avoir brûlé la riviere ? Cet
esprit aquatique murmure continuellement comme les fontaines, sans que l'on
puisse entendre ce qu'il dit. Ah, Monsieur ! que cet homme me fait prévoir à
la fin des Siecles, une étrange avanture !
C'est que s'il ne meurt qu'au bout de sa
memoire, les Trompettes de la Resurrection n'auront pas de silence. Cette seule
faculté dans luy ne laisse point de place
aux autres ; & il est un si grand persecu-
teur du sens commun, qu'il me fait soupçonner que le Jugement universel n'a été
promis que pour en faire avoir aux per-

fonnes comme luy, qui n'en ont point eu
de particulier. Et à vous parler ingenû-
ment, quiconque le fera fortir du monde,
aura grand tort, puifqu'il l'en fera fortir
fans raifon. Mais cependant il parle autant que tous les Livres, & tous les Livres femblent n'avoir parlé que pour lui.
Il n'ouvre jamais la bouche, que nous n'y
trouvions un larcin; & il eft fi accoûtumé à mettre au jour fon pillage, que
même quand il ne dit mot, c'eft pour dérober cela aux muets. Nous fommes pourtant de faux braves, & nous partageons
avec juftice les avantages du combat, notre efprit ayant trois facultez de l'oppofer
au fien, qui n'en a qu'une; c'eft pourquoy s'il a dans la tête beaucoup de vui-
de, on luy doit pardonner, puifqu'il n'a
pas été poffible à la Nature de la remplir
avec le tiers d'une ame raifonnable; En
récompenfe il ne la laiffe pas dormir, il
la tient fans ceffe occupée à dépoüiller
quelqu'un; & ces grands Philofophes,
qui croyoient s'être mis, par la pauvreté
qu'ils profeffoient, à couvert d'impôts &
de contributions, luy doivent par jour
chacun, jufqu'au plus miferable, une
rente de dix penfées; & ce Maltotier de
conceptions, n'en laiffe pas échapper un,
qu'il ne le taxe aux aifez, felon l'étenduë
de fon revenu. Ils ont beau fe cacher dans
l'obfcurité, il les fçait bien trouver, &
les fait bien parler François. Encore ont-
ils fouvent le regret de voir confifquer
leurs œuvres toutes entieres, quand ils

n'ont pas le moyen de payer leur taxe.
Mais il continuë ces brigandages en fu-
reté ; car il fçait que la Grece & l'Italie
relevant d'autres Princes que du nôtre, il
ne fera pas recherché en France des larcins qu'il aura faits chez eux. Je croy
même qu'il penfe, à caufe que les Payens
font nos ennemis, ne pouvoir rien bu-
tiner fur eux qui ne foit pris de bonne
guerre. Voila, Monfieur, ce qui eft caufe
que nous voyons chaque page de fes
Epitres être le Cimetiere des vivans &
des morts. Ne doutez point aprés cela,
que fi au jour de la confommation des
Siecles, chacun reprend ce qui luy appartient, le partage de fes écrits ne foit la
derniere querelle des hommes. Aprés a-
voir été dans nos converfations cinq ou fix
jours à l'affût aux penfées, plus chargé
de pointes qu'un Porc-épic, il les va fi-
cher dans fes Epigrammes & dans fes
Sonnets, comme des éguilles dans un
peloton. Cependant il fe vante qu'il n'y
a rien dans fes Ecrits qui ne luy appar-
tienne aufli juftement que le papier &
l'encre qu'il a payez ; que les vingt-quatre Lettres de l'Alphabet font à luy comme à nous, & la difpofition par confé-
quent ; & qu'Ariftote étant mort, il peut
s'emparer de fes Livres, puifque fes terres qui font des immeubles, ne font pas
aujourd'huy fans Maîtres. Mais aprés
tout cela quelquefois quand on luy trouve le manteau fur les épaules, il l'adopte
pour le fien, & protefte de n'avoir jamais

logé dans sa memoire que ses propres
imaginations. A dire vray, cela se peut
faire, ses Ecrits étant à l'Hôpital où il retire les miennes. Si maintenant vous me
demandez la définition de cet homme,
je vous répondray que c'est un Echo qui
s'est fait panser de la courte haleine, &
qui auroit été muet si je n'avois jamais
parlé. Pour moy, je suis un miserable Pere, qui pleure la perte de mes enfans. Il
est vray que de ses richesses il en use fort
genereusement, car elles sont plus à moy
qu'à luy ; Et il est encore vray que si l'on
y mettoit le feu ; en y jettant de l'eau, je
ne sauverois que mon bien. C'est pourquoy je me retracte de tout ce que je luy
ai reproché. De quelle faute, en effet,
puis-je accuser un innocent qui n'a rien
fait, ou qui (quoy qu'il ait fait) ne l'a
fait enfin qu'après moy ? Je ne l'accuse
donc plus, nous sommes trop bons amis,
& j'ay toujours été si joint à luy, qu'on
ne peut pas dire qu'il ait jamais travaillé
à quelque chose où je n'aye été attentif.
Ses ouvrages étoient mes seules pensées,
& quand je m'occupois à imaginer, je
songeois à ce qu'il devoit écrire. Tenez
donc, je vous supplie, pour assuré, que
tout ce que je semble avoir reproché cy-
dessus à sa mendicité, est seulement pour
le prier qu'il épargne ses ridicules com-
paraisons de nos peres ; car ce n'est pas le
moyen de devenir, comme il l'espere,
Ecrivain sans comparaison, puisque c'est
une marque d'avoir bien de la pente au

larcin, de dérober jusqu'à des guenilles,
& de n'avoir pour toute finesse de bien
dire, que des *comme*, des *de même*, ou
des *tout ainsi*. Comment ? la foudre n'est
pas assez loin de ses mains dans la moyenne region de l'air, ni les torrens de la
Thrace assez rapides, pour empêcher
qu'il ne les détourne jusqu'en ce Royaume, pour les marier par force à ses com-
paraisons ? Je ne vois pas le motif de ce
mauvais butin, si ce n'est que ce fleg-
matique, de peur de laisser croupir ses
aquatiques pensées, essaye d'en former
des torrens, craignant qu'elles ne se cor-
rompent ; ou qu'il veüille échauffer ses
froides rencontres avec le feu des éclairs
& des Tonneres. Mais puisqu'enfin, pour
tout ce que je lui sçaurois dire, il ne vain-
cra pas les tyranniques malignitez de sa
Planete, & puisque cette inclination de
Filou le gourmande avec tant d'empire ;
qu'il glanne au moins sur les bons Auteurs : car quel butin prétend-il faire sur
un miserable comme moy ? il ne se char-
gera que de vetilles. Cependant il con-
somme & les nuits & les jours à me dépoüiller depuis les pieds jusqu'à la tête ;
& cela est si vray, que je vous feray voir
dans toutes ses Lettres le commencement
& la fin des miennes. Je suis, Monsieur,

Votre Serviteur.

CONTRE UN GROS HOMME.

LETTRE XXVI.

ENfin , gros Homme , je vous ai vû ; mes prunelles ont achevé fur vous de grands voyages;& le jour que vous ébou-lâtes corporellement jufqu'à moi, j'eus le temps de parcourir votre Hemifphe-re , ou pour parler plus veritablement , d'en découvrir quelques cantons. Mais comme je ne fuis pas tout feul les yeux de tout le monde , permettez que je don-ne votre portrait à la Pofterité, qui un jour fera bien-aife de fçavoir comment vous étiez fait. On fçaura donc en pre-mier lieu , que la Nature qui vous ficha une tête fur la poitrine, ne voulut pas ex-preffément y mettre de col, afin de le dérober aux malignitez de votre Horof-cope. Que votre ame eft fi groffe, qu'elle ferviroit bien de corps à une perfonne un peu deliée. Que vous avez ce qu'aux Hommes on appelle la face , fi fort au deffous des épaules, & ce qu'on appelle les épaules fi fort au deffus de la face, que vous femblez un S. Denys portant fon Chef entre fes mains. Encore , je ne dis que la moitié de ce que je voi, car fi je defcens mes regards jufqu'à votre bedai-ne , je m'imagine voir aux Limbes tous les Fidelles dans le fein d'Abraham ; Sain-te Urfule qui porte les onze mille Vier-

ges envelopées dans son manteau, ou le
Cheval de Troye farci de quarante mille
hommes. Mais je me trompe, vous êtes
quelque chose de plus gros; ma raison
trouve bien plus d'apparence à croire que
vous êtes une louppe aux entrailles de la
Nature, qui rend la Terre jumelle. Hé,
quoi? vous n'ouvrez jamais la bouche,
qu'on ne se souvienne de la Fable de
Phaëton, où le Globe de la Terre parle,
oui le Globe de la Terre. Et si la Terre est
un Animal; vous voyant aussi rond, &
aussi large qu'elle, je soûtiens que vous
êtes son mâle, & qu'elle a depuis peu accouché de l'Amerique, dont vous l'aviez
engrossie. Hé bien, qu'en dites-vous?
Le Portrait est-il ressemblant, pour n'y
avoir donné qu'une touche? Par la des-
cription de votre sphere de chair, dont
tous les membres sont si ronds, que chacun fait un cercle, & par l'arondissement
universel de votre épaisse masse, n'ai-je
pas appris à nos Neveux que vous n'étiez
point fourbe, puis que vous marchez
rondement? Pouvois-je mieux convaincre de mensonge ceux qui vous menacent
de pauvreté, qu'en leur faisant voir à
l'œil, que vous roulerez toujours? Et enfin étoit-il possible d'enseigner plus in-
telligiblement que vous êtes un miracle,
puis que votre gras embonpoint vous fait
prendre par vos Spectateurs pour une
Longe de Veau qui se promene sur ses
lardons? Je me doute bien que vous
m'objecterez, qu'une Boule, qu'un Glo-

be, ni qu'un morceau de chair, ne font
pas des Ouvrages, & que la belle Sidon
vous a fait triompher sur les Theatres de
Venise : Mais entre vous & moi, vous en
connoissez l'encloüeure ; il n'y a personne en Italie, qui ne sçache que cette Tragedie est la Corneille d'Esope ; que vous
l'avez sçüë par cœur auparavant que de
l'avoir inventée, étant tirée de l'Aminte,
du *Pastor fido*, de Guarini, du Cavalier
Marin, & de cent autres. On la peut appeller la Piece des Pièces, & que vous
feriez non seulement un Globe, une Boule, & un morceau de chair ; mais encore un miroir qui prend tout ce qu'on lui
montre, n'étoit que vous representez
trop mal. Sus donc, confessez la dette,
je n'en parlerai point : au contraire, pour
vous excuser, je dirai à tout le monde
que votre Reine de Cartage doit être un
corps composé de toutes les Natures ;
parce qu'étant d'Afrique, c'est de là que
viennent les Monstres. Et j'ajouterai même, que cette Piece parut si belle aux Nobles de cette Republique, qu'à l'exemple des Acteurs qui la joüoient, tout le
monde la joüoit. Quelques ignorans
peut-être concluront, à cause de la sterilité de pensées qu'on y trouve, que vous
ne pensiez à rien quand vous la fistes; mais
tous les habiles gens sçavent qu'afin d'eviter l'obscurité, vous y avez mis les
bonnes choses fort claires ; & quand même ils auroient prouvé que depuis l'Ortil jusqu'au Sapin, c'est à dire, depuis le

Tasse

Taſſe juſqu'à Corneille, les Poëtes ont
accouché de votre enfant, ils ne pourroient rien inferer, ſinon qu'une ame ordinaire n'étant pas aſſez grande pour vi-
vifier votre maſſe de bout en bout, vous
fûtes animé de celle du monde, & qu'aujourd'hui c'eſt ce qui eſt cauſe que vous
imaginez par le cerveau de tous les hommes. Mais ils ſont bien éloignez d'avoüer
que vous imaginiez, ils ſoûtiennent qu'il
n'eſt pas poſſible que vous puiſſiez parler, ou que ſi vous parlez, c'eſt comme jadis l'antre de la Sybille, qui parloit ſans
le ſçavoir. Mais encore que les fumées
qui ſortent de votre bouche, je voulois
dire de votre bondon, ſoient auſſi capables
d'enyvrer, que celles qui s'exhaloient de
cette Grotte, je n'y vois rien d'auſſi prophetique ; c'eſt pourquoi j'eſtime que
vous n'êtes au plus que la Caverne des
ſept Dormans, qui ronflent par votre
bouche. Mais, bons Dieux ! qu'eſt-ce que
je voi ? vous me ſemblez encore plus enflé qu'à l'ordinaire ! Eſt-ce donc le courroux qui vous ſert de Seringue : Déja
vos jambes & votre tête ſe ſont tellement
unies par leur extenſion à la circonferen-
ce de votre Globe, que vous n'êtes plus
qu'un Balon. Vous vous figurez peut-être
que je me moque ; par ma foi, vous avez
deviné, & le miracle n'eſt pas grand,
qu'une boule ait frappé au but. Je vous
puis même aſſurer, que ſi les coups de
bâton s'envoyoient par écrit, vous liriez
ma Lettre des épaules. Et ne vous éton-

nez pas de mon procedé, car la vaste étenduë de votre rondeur me fait croire si
fermement que vous êtes une terre, que
de bon cœur je planterois du bois sur
vous, pour voir comment il s'y porte-
roit. Pensez-vous donc, à cause qu'un
Homme ne vous sçauroit battre tout entier en vingt-quatre heures, & qu'il ne
sçauroit en un jour échigner qu'une de
vos omoplates, que je me veüille reposer de votre mort sur le Bourreau ? Non,
non, je serai moi-même votre Parque,
& ce seroit déja fait de vous, si j'étois
bien delivré d'un mal de rate, pour la
guerison duquel les Medecins m'ont ordonné encore quatre ou cinq prises de
vos impertinences. Mais si-tôt que j'aurai fait banqueroute aux divertissemens,
& que je serai las de rire, tenez pour tout
assuré que je vous envoyerai défendre de
vous compter entre les choses qui vivent. Adieu, c'est fait. J'eusse bien fini
ma Lettre à l'ordinaire, mais vous n'eussiez pas crû pour cela que je fusse votre
tres-humble, tres-obeïssant, & tres affectionné. C'est pourquoi, Gros Crevé

Serviteur à la paillasse.

CONTRE RONSCAR.

LETTRE XXVII.

MONSIEUR,

Vous me demandez quel jugement je
fais de ce Renard, à qui femblent trop
vertes les Meures où il ne peut atteindre.
Je penfe que comme on arrive à la connoiffance d'une caufe par fes effets, ainfi
pour connoître la force ou la foibleffe de
l'efprit de ce perfonnage, il ne faut que
jetter la vûë fur fes productions. Mais je
parle fort mal, de dire fes productions ;
il n'a jamais fçû que détruire : témoin le
Dieu des Poëtes de Rome, qu'il fait encore aujourd'hui radoter. Je vous avoüe-
rai donc, au fujet fur lequel vous defirez
avoir mon fentiment, que je n'ai jamais
veu de ridicule plus ferieux, ni de ferieux plus ridicule que le fien. Le peuple
l'approuve ; aprés cela, concluez. Ce n'eft
pas toutefois que je n'eftime fon jugement, d'avoir choifi, pour écrire, un ftyle
moqueur ; puis qu'écrire comme il fut,
c'eft fe moquer du monde. Ses Partifans
ont beau crier, pour élever fa gloire, qu'il
travaille d'une façon où il n'a perfonne
pour guide. Je le confeffe : mais qu'ils
mettent la main fur leur confcience. En
verité, n'eft-il pas plus aifé de faire l'E-

K 2

néïde de Virgile, comme Ronfcar, que
de faire l'Enéïde de Ronfcar comme Virgile? Pour moi, je m'imagine, quand
il fe mêle de profaner le fàint Art d'A-
pollon, entendre une Grenoüille fâchée
croaffer au pied du Parnaffe. Vous me
reprocherez peut-être, que je traite un
peu mal cet Autheur, de le reduire à l'in-
fecte; mais ne l'ayant jamais vû, puis
que vous m'obligez à faire fon Tableau,
je ne fçaurois, pour le peindre, agir d'autre façon, que de fuivre l'idée que j'en
ai reçûë de tous fes amis. Il n'y en a pas
un qui ne tombe d'accord, que fans mourir, il a cefé d'être homme, & n'en eft
plus que la façon. Mais en effet, à quoi
le reconnoîtrions-nous? il marche à rebours du fens commun, & il en eft venu
à ce point de beftialité, que de bannir les
pointes & les penfées de la compofition
des Ouvrages. Quand par malheur en li-
fant, il tombe fur quelqu'une, on diroit à
voir l'horreur dont il eft furpris, qu'il eft
tombé des yeux fur un Bazilic, ou qu'il
a marché fur un Afpic. Si la terre n'avoit
jamais connu d'autres pointes que celles
des Chardons, la Nature l'a formé de
forte, qu'il ne les auroit pas trouvé mauvaifes; car entre vous & moi, lors qu'il
fait femblant de fentir qu'une pointe le
pique, je ne puis m'empêcher de croire
que c'eft afin de nous perfuader qu'il n'eft
pas ladre. Mais ladre ou non, je le laiffe-
rois en patience, s'il n'érigeoit point des
trophées à la ftupidité, en l'appuyant de

ſon exemple. Comment ? ce bon Seigneur veut qu'on n'écrive que ce qu'on a
lû : comme ſi nous ne parlions aujour-
d'hui François, qu'à cauſe que jadis on a
parlé Latin ; & comme ſi l'on n'étoit raiſonnable, que quand on eſt moulé. Nous
ſommes donc beaucoup obligez à la Nature , de ne l'avoir pas fait naître le premier homme ; car indubitablement il
n'auroit jamais parlé , s'il avoit entendu
braire auparavant. Il eſt vrai que pour
faire entendre ſes penſées, il employe une
eſpece d'idiome, qui force tout le monde
à s'étonner comment les vingt-quatre
lettres de l'Alphabet ſe peuvent aſſem-
bler en tant de façons ſans rien dire.
Après cela, vous me demanderez le jugement que je fais de cet homme , qui ſans
rien dire parle ſans ceſſe. Helas ! Monſieur, je n'en dis rien, ſinon qu'il faut que
ſon mal ſoit bien enraciné , de n'en être
pas encore gueri depuis plus de quinze
aus qu'il a le flux de bouche. Mais à propos de ſon infirmité, on croit comme un
miracle de ce ſaint homme, qu'il n'a de
l'eſprit que depuis qu'il eſt malade ; Que
ſans ce que la maladie a troublé l'œconomie de ſon temperament , il étoit taillé
pour être un grand ſot , & que rien n'eſt
capable d'effacer l'encre dont il a bar-
boüillé ſon nom ſur le front de la Memoire , puis que le Mercure & l'archet
n'en ont pû venir à bout. Les railleurs
ajoûtent à cela , qu'il ne vit qu'à force de
mourir, & qu'à cauſe que cette drogue de

Naples lui a coûté bonne, & l'a fait monter au nombre des Auteurs, il la vend tous les jours aux Libraires. Mais quoi qu'ils disent, il ne mourra jamais de faim : car pourveu que rien ne manque à sa Chaise, je suis asseuré qu'il roulera jusqu'à la mort. S'il avoit mis ses Poëmes autant à couvert de la fureur de l'oubli, ils ne seroient pas en danger comme ils sont, d'être bien-tôt inhumez en papier bleu : aussi n'y a-t'il guere d'apparence que ce pot pourri de peau-d'ânes, fasse vivre Ronsear autant de siécles que l'Histoire d'Enée a fait durer Virgile. Il me semble au contraire, qu'il feroit mieux d'obtenir un Arrest de la Cour, qui portât commandement aux Harangeres de parler toûjours un même jargon, de peur qu'introduisant de nouveaux rebus à la place des vieux, on ne doute avant quatre mois en quelle Langue il aura écrit. Mais helas ! en ce terrestre séjour, qui peut répondre de son éternité dans la memoire des hommes, quand elle dépend de la vicissitude de leurs Proverbes ? Je vous asseure que cette pensée m'a fait juger que les Chevaux qui traînent le Char de sa renommée, auroient besoin qu'il se servît de pointes pour la faire avancer ; autrement elle porte la mine, si elle marche aussi lentement que lui, de ne pas faire un long voyage. Comment ? les Grecs ont demeuré moins de temps au Siege de Troye, qu'il ne s'en est passé depuis qu'il est sur le sien : A le voir sans

bras & fans jambes , on le prendroit (fi
fa langue étoit immobile) pour un Therme planté au Parvis du Temple de la
Mort. Il fait bien de parler, on ne pourroit pas croire fans cela qu'il fût en vie ;
& je me trompe fort , fi tout le monde
ne difoit de lui , après l'avoir ouï tant
crier fous l'archet , que c'eſt un bon violon ? Ne vous imaginez pas , Monfieur ,
que je le bourre ainfi , pour m. e crimer
de l'équivoque de Violon , ou autre. A
curieufement confiderer le fquelette de
cette Momie , je vous puis affurer que fi
jamais il prenoit envie à la Parque de
danfer une Sarabande , elle prendroit à
chaque main une couple de Ronfcars, au
lieu de Caftagnettes , ou tout au moins
elle fe pafferoit leurs langues entre fes
doigts, pour s'en fervir comme on fe fert
de cliquettes de ladres. Ma foi , puis que
nous en fommes arrivez jufques-là , il
vaut autant achever fon portrait. Je me
figure donc (car il faut bien fe figurer les
animaux que l'on ne montre pas pour de
l'argent,) que fi fes penfées fe forment
au moule de fa tête , il doit avoir la tête
fort plate ; que fes yeux font des plus
grands, fi la Nature les lui a fendus de la
longueur du coup de hache qui lui a fêlé
le cerveau. On ajoute à fa defcription ,
qu'il y a plus de dix ans que la Parque
lui a tordu le col fans le pouvoir étrangler ; & ces jours paffez , un de fes amis
m'affura qu'après avoir contemplé fes
bras toits & petrifiez fur fes hanches , il

avoit pris fon corps pour un gibet, où le Diable avoit pendu une ame ; & fe perfuada même qu'il pouvoit être arrivé que le Ciel animant ce cadavre infecté & pourri, avoit voulu, pour le punir des crimes qu'il n'avoit pas commis encore, jetter par avance fon ame à la voirie. Au refte, Monfieur, vous l'exhorterez de ma part, s'il vous plaît, de ne fe point emporter pour toutes ces galanteries, par lefquelles je tâche de dérober fa penfée aux cruelles douleurs qui le tourmentent. Ce n'eft point à deffein d'augmenter fon affliction. Mais quoi, il n'eft pas facile de contraindre en fon cœur toutes les veritez qui fe preffent ; & puis, pour avoir peint le Tableau de fon vifage mal bâti, n'eft-il pas manifefte à chacun, que depuis le temps que les Medecins font occupez à curer fa carcaffe, ce doit être un homme bien vuidé? Outre cela, que fçait-on fi Dieu ne le punit point de la haine qu'il porte à ceux qui fçavent bien penfer; quand nous voyons fa maladie incurable, pour avoir differé trop longtemps de fe mettre entre les mains d'une perfonne qui fçût bien panfer ? Je me perfuade que c'eft auffi en confequence de cela, que ce Cerbere enragé vomit fon venin fur tout le monde ; car j'ai appris que quelqu'un lui dépliant un Sonnet, qu'il difoit (n'en étant pas bien informé) être de moi, il tourna fur lui des yeux qui l'obligerent de le replier fans le lire Mais fon caprice ne m'étonne gueres .

car:

car comment eût-il pû voir cet ouvrage
de bon œil, lui qui ne sçauroit même regarder le Ciel que de travers ; lui qui
perfecuté de trois fleaux, ne refte fur la
terre, que pour être aux hommes un fpectacle continuel de la vengeance de Dieu ;
lui dont la calomnie & la rage ont ofé répandre leur écume fur la Pourpre d'un
Prince de l'Eglife, & tâché d'en faire rejaillir la honte fur la face d'un Heros, qui
conduit heureufement fous les aufpices
de Louis, le premier Etat de la Chrétien-
té ? Enfin tout ce qui eft noble, augufte,
grand & facré, irrite à tel point ce Monftre, que femblable au Coc-d'Inde, auffi-
bien en fa diformité qu'en fon courroux,
il ne peut fupporter la vûë d'un Chapeau
d'écarlate, fans entrer en fureur, quoique
fous ce Chapeau la France glorieufe re-
pofe à couvert de fes ennemis. Vous jugez donc bien à prefent, que fon mépris
m'importe comme rien, & que ç'auroit
été un petit miracle, fi mon Sonnet, qui
paffe pour affez doux, n'avoit pas femblé fade à un homme poivré. Mais je
m'apperçoi que je vous traite un peu trop
familiérement, de vous entretenir d'un
fujet fi bas. Au refte je vous confeille de
vous paffer de l'aimable Comedie que
vous vous donneriez en lui montrant ma
Lettre ; ou bien, faites-vous inftruire de
la langue qu'entendoit Efope, pour lui
expliquer le François. Voilà une partie
de ce que j'avois à mander ; l'autre confifte à figner le, *Je fuis*, en le faifant

tomber mal à propos ; parce qu'il est tellement ennemi des pensées, que si quelque jour cette Lettre venoit entre ses mains, il prêcheroit par-tout que je l'aurois mal concluë, si après qu'il l'auroit luë, il avoit trouvé que je n'aurois pas mis à la fin, sans y penser : Je suis, Monsieur,   Votre Serviteur.

A MESSIRE JEAN.

LETTRE XXVIII.

MESSIRE JEAN,

Je m'étonne fort que sur la Chaire de verité, vous dressiez un Theâtre de Charlatan ; qu'au lieu de prêcher l'Evangile à vos Paroissiens, vous repaissiez leurs oreilles de cent contes pour rire ; que vous ayez l'insolence de reciter des choses que Trivelin rougiroit sous son masque de prononcer ; que profanant la dignité de votre caractere, vous décriviez les plus sales plaisirs de la débauche, sous ombre de les reprendre, avec des circonstances si particulieres, que vous nous faites souvenir, (quelle abomination !) des Sacrifices qu'autrefois on faisoit à Priape, de qui le Prêtre étoit le Maquereau. Certes, Messire Jean, vous devriez exercer votre Charge avec moins de scandale, quand vous ne luy auriez aucune autre obligation que celle de vous avoir appellé du fumier, où l'on vous a vû naître, à l'E-

tat Ecclefiaftique. Car fi vous n'avez pas
affez de force pour refifter à votre bouffon d'afcendant, du moins diffimulez;
&quand votre devoir vous obligera d'annoncer l'Evangile, faites femblant de la
croire. Permettez que nous puiffions
nous tromper, & nous crever les yeux
de la raifon, pour ne pas voir que vous
fentez le fagot; & puifqu'en dépit du
Loup-garou, vous êtes refolu de debiter
nos Myfteres comme une farce, ne faites
donc pas fonner les cloches pour appeller
le monde à votre fermon; defcendez de
la Chaire de verité, & montez fur une
borne, au coin d'un Carrefour; fervez-
vous d'un Tambourin de Bifcaye, mettez gambader fur vos épaules une Gue-
non; puis, pour achever la Momerie en
toutes fes mefures, paffez la main dans
votre chemife, vous y trouverez Godenot dans fa gibeciere. Alors on ne fe
fcandalifera point que vous divertiffiez le
Badaut. Vous pourrez, comme un Bâte-
leur, raconter les vertus de votre Mitri-
dat, debiter des Chapelets de baume, des
Savonetes pour la galle, & des pomma-
des odoriferantes. Vous pourrez même
faire provifion d'onguent pour la brûlure; car les Sorciers du Païs m'ont juré
avoir lû dans la cedule que vous avez
donnée, (vous fçavez bien à qui) que le
terme en expire à Noël. Vous avez beau
même ne pas croire aux Poffedez, on
voit affez, par les contorfions dont vous
agitez les pendans de votre guaîne cor-

porelle, que vous avez le Diable au corps.
Mais vous avez beau tâcher à vous guérir du mal d'Enfer par une forte imagination, & courir les lieux de débauche,
il ne nous importe, pourvû que vous
n'accrochiez que des Vieilles ou des steriles ; parce que la venuë de l'Antechrist
nous fait peur, & vous sçavez la Prophe-
tie. Mais vous riez, Messire Jean, vous
qui croyez à l'Apocalypse, comme à la
Mithologie, & qui dites que l'Enfer est
un petit conte pour épouvanter les hommes, de même que pour effrayer les enfans on menace de les faire manger à
la Lune. Avoüez, avoüez, que vous êtes
l'incomparable ; car expliquez-moy, je
vous en conjure, comment vous pouvez
être impie & bigot tout ensemble, &
composer avec les filets du tissu de votre
vie, une toile mêlée de superstition &
d'atheïsme. Ah ! Messire Jean mon amy,
vous mourrez en dansant les sonnettes ;
& en verité il n'est pas besoin de consulter un Oracle pour en juger : car aussi-tôt
qu'on regarde les pieces de rapport qui
composent l'assemblage & la symetrie de
vos membres, on en demeure assez instruit : Vos cheveux plus droits que votre
conscience, votre front couppé de sil-
lons, (c'est-à-dire taillé sur le modele des
Campagnes de Beausse) où le Soleil marque votre plage à l'ombre de vos rides,
aussi juste qu'il marque l'heure sur un Ca-
dran : Vos yeux à l'abry de vos sourcils
touffus, qui ressemblent à deux précipi-

ces au bord d'un bois, sont tellement en-
foncez, qu'à vivre encore un mois, vous
nous regarderez par le derriere de la tête.
On se persuade (habillez de rouge comme ils sont) voir deux Cometes sanglan-
tes; & j'y trouve du vray-semblable, puis
que plus haut dans vos sourcils on découvre des Etoiles fixes, que quelques-uns
n'appellent pas ainsi. Votre visage est à
l'ombre d'un nez, dont l'infection est
cause que vous êtes par-tout en fort mauvaise odeur; & mon Cordonnier m'assura
un jour, qu'il avoit pris vos jouës pour
une peau de maroquin noir. Même je me
suis laissé dire que les plus déliez poils de
vos moustaches fournissent charitable-
ment de barbe au goupillon du Benistier
de votre Eglise. Voila, je pense, à peu
près l'image en hierogliphe qui constituë
votre horoscope. Je passerois plus loin;
mais comme j'attens visite, je craindrois
de perdre l'occasion de vous mander à la
fin de ma Lettre, ce que l'on n'y mande
pas ordinairement; C'est que je ne suis,
& ne seray jamais, Messire Jean,

V. S.

L 3

CONTRE UN PEDANT.

LETTRE XXIX.

Monsieur,

Je m'étonne qu'une buche comme vous, qui semblez avec votre habit n'être devenu qu'un grand charbon, n'ait encore pû rougir du feu dont vous brûlez? Pensez au moins, quand votre mauvais Ange vous revolte contre moy, que mon bras n'est pas loin de ma tête, & que jusqu'à present votre foiblesse & ma generosité vous ont garanti. Quoy que tout votre composé soit quelque chose de fort méprisable, je m'en délivrerai, s'il me semble incommode. Ne me contraignez donc pas à me souvenir que vous êtes au monde ; & si vous voulez vivre plus d'un jour, rappellez souvent en votre memoire, que je vous ai défendu de ne me plus faire la matiere de vos médisances. Mon nom remplit mal une periode, & l'épaisseur de votre masse carrée la pourroit mieux fermer. Vous faites le César quand du faîte de votre Tribune Pedagogue, & Bourreau de cent Ecoliers, vous regardez gemir sous un Sceptre de bois votre petite Monarchie : mais prenez garde qu'un Tyran n'excite un Brutus; car quoy que vous soyez l'espace de qua-

tre heures sur la tête des Empereurs, votre domination n'est point si fortement
établie, qu'un coup de Cloche ne la dé-
truise deux fois par jour. On dit que
par-tout vous vous vantez d'exposer &
votre conscience & votre salut. Je croy
cela de votre pieté; mais de risquer votre vie à cette intention, je sçay que vous
êtes trop lâche, & que vous ne la vou-
driez pas jolier contre la Monarchie du
Monde. Vous conseillez & concertez ma
ruine, mais ce sont des morceaux que
vous taillez pour d'autres. Vous seriez
fort aise de contempler surement de la
rive un nauffrage en haute mer; & cependant je suis devoué au pistolet par
un Pedant bigot, un Pedant *in sacris*,
qui devroit pour l'exemple, si l'image
d'un pistolet avoit pris place en sa pensée, se faire exorciser. Barbare Maître
d'Ecole, quel sujet vous ai-je donné de
me tant vouloir de mal ? Vous feuïlletez
peut-être tous les crimes dont vous êtes
coupable, & pour lors il vous souvient
de m'accuser de l'impieté que vous reproche votre memoire : mais sçachez
que je connois une chose que vous ne
connoissez point ; que cette chose est
Dieu, & que l'un des plus forts argumens, après ceux de la Foy, qui m'ont
convaincu de sa veritable existence, c'est
d'avoir consideré que sans une premiere
& souveraine bonté qui regne dans l'U-
nivers ; foible & méchant comme vous
êtes, vous n'auriez pas vécu si long-tems

L 4

impuni. Au reste, j'ay appris que quelques petits ouvrages un peu plus élevez que les vôtres, ont causé à votre timide courage tous les emportemens dont vous avez fulminé contre moy. Mais, Monsieur, en vérité je suis en querelle avec ma pensée, de ce qu'elle a rendu ma Satyre plus piquante que la vôtre, quoy que la vôtre soit le fruit de la sueur des plus beaux Genies de l'Antiquité. Vous devez vous en prendre à la Nature, & non pas à moy, qui n'en puis mais : car pouvois-je deviner que d'avoir de l'esprit, étoit vous offenser ? Vous sçavez de plus que je n'étois pas au ventre de la jument qui vous conçut, pour disposer à l'humanité les organes & la complexion qui concourroient à vous faire Cheval. Je ne pretens point toutefois, que les veritez que je vous prêche, rejaillissent sur le corps de l'Université, cette glorieuse Mere des Sciences, de laquelle, si vous composez quelque membre, vous n'en êtes que les parties honteuses. Y a-t'il rien dans vous qui ne soit tres-difforme ? Votre ame même est noire, à cause qu'elle porte le deuïl du trépas de votre conscience ; & votre habit garde la même couleur, pour servir de Petite oye à votre ame. A la verité, je confesse qu'un chetif hypocondre comme vous, ne peut obscurcir l'estime des gens doctes de votre profession ; & encore qu'un ridicule orgueil vous persuade que vous êtes habile pardessus les autres Regens de l'Université, je vous

proteſte, mon cher Amy, que ſi vous
êtes le plus grand homme en l'Academie
des Muſes, vous ne devez cette grandeur
qu'à celle de vos membres, & que vous
eſtes le plus grand perſonnage de votre
College, par le même titre que Saint
Chriſtophe eſt le plus grand Saint de
Notre-Dame. Ce n'eſt pas que quand la
Fortune & la Juſtice ſeront bien enſemble, vous ne meritiez fort d'être le Prin-
cipal de quatre cens Aſnes qu'on inſtruit
à votre College. Ouy certes, vous le meritez, & ie ne ſçache aucun Maître des
Hautes Oeuvres à qui le fouët ſeye bien
comme à vous; ni perſonne à qui il ap-
partienne plus juſtement. Auſſi de ce
grand nombre, j'en ſçay tel, qui pour
dix piſtoles, voudroit vous avoir écor-
ché. Mais ſi vous m'en croyez, vous le
prendrez au mot, car dix piſtoles ſont
plus que ne ſçauroit valoir la peau d'une
beſte à corne. De tout cela, & de toutes
les autres choſes que je vous manday
l'autre jour, vous devez conclure, ô petit Docteur, que les Deſtins vous ordonnent par une Lettre, que vous vous con-
tentiez de faire échouer l'eſprit de la jeu-
neſſe de Paris contre les bancs de votre
Claſſe, ſans vouloir regenter celuy qui
ne reconnoît l'empire ni du Monet ny du
Theſaurus. Cependant vous me heurtez
à corne émouluë; & reſſuſcitant en votre
ſouvenir la memoire de votre épouvantable avanture, vous en compoſez un Roman, dont vous me faites le Heros. Ceux

qui veulent vous excuser, en rejettent la cause sur la Nature, qui vous a fait naître d'un Païs où la bêtise est le premier patrimoine, & d'une race dont les sept pechez mortels ont composé l'Histoire. Veritablement après cela j'ay tort de me fâcher que vous essayiez de m'attribuer tous vos crimes, puisque vous êtes en âge de donner votre bien ; & que vous paroissiez quelquefois si transporté de joye, en supputant les Débordez du Siécle, que vous y oubliez jusqu'à votre nom. Il n'est pas necessaire de demander qui peut m'avoir appris cette stupide ignorance que vous pensiez secrete, vous qui tenez à gloire de la publier, & qui la beuglez si haut dans votre Classe, que vous vous faites ouïr d'Orient jusqu'en Occident. Je vous conseille toutefois, Maître Picard, de changer desormais de texte à vos Harangues, car je ne veux plus ni vous voir, ni vous entendre, ni vous écrire ; & la raison de cela, est que Dieu, qui possible est au terme de me pardonner mes fautes, ne me pardonneroit pas celle d'avoir eu affaire à une Beste.

DESCRIPTION DU CARESME.

LETTRE XXX.

Monsieur,

Vous avez beau canonifer le Carême, c'eft une Fête que je ne fuis pas en devotion de chômer. Je me le reprefente comme une large ouverture dans le corps de l'année, par où la mort s'introduit ; ou comme un Canibale, qui ne vit que de chair humaine, pendant que nous ne vivons que de racines. Le cruel a fi peur de manquer à nous détruire, qu'ayant fçû que nous devons perir par feu, dès le premier jour de fon regne, il met tout le monde en cendre; & pour exterminer par un Déluge les reftes d'un embrafement, il fait enfuite déborder la Marée jufques dans nos Villes. Ce Turc qui racontoit au Grand Seigneur, que tous les François devenoient fous à certain jour de l'année, & qu'un peu de certaine poudre appliquée fur le front, les faifoit r'entrer dans leur bon fens, n'étoit pas de mon opinion ; car je foûtiens qu'ils ne font jamais plus fages que cette journée. Et fi l'on m'objecte leurs Mafcarades, je réponds qu'ils fe déguifent, afin que le Carême qui les cherche, ne les puiffe trouver. En effet il ne les attrape jamais que

le lendemain au lit , lors qu'ils font dé-
mafquez. Les Saints , qui pour avoir l'efprit de Dieu, font plus prudens que nous,
fe déguifent auffi ; mais ils ne fe démaf-
quent que le jour de Pâques, quand l'ennemi s'en eft allé. Ce n'eft pas que le Barbare ait pitié de nous ; il fe retire feulement , parce qu'alors nous fommes fi
changez, que lui-même ne nous recon-
noiflant plus, il croit nous avoir pris pour
d'autres. Vous voyez que déja nos bras
fe décharnent , nos jouës tombent , nos
mentons s'éguifent , nos yeux fe creufent;
le ventru que vous connoiffiez commence à voir fes genoux , la nature humaine
eft effroyable ; Bref jufques dans les Egli-
fes nos Saints feroient peur , s'ils ne fe ca-
choient. Et puis , doutez qu'il foit ré-
chapez des Martyrs de la rouë, de la
fournaife & de l'huile boüillante , lors
que dans fix femaines nous verrons tant
de gens fe bien porter, après avoir effuyé
la furie de quarante-fix Bourreaux ! Leur
préfence feule eft terrible. Pour moi , je
me figure Carême-Prenant, ce grand jour
des Metamorphofes , un riche Aîné qui
fe crève , pendant que quarante-fix Cadets meurent de faim. Ce n'eft pas que la
Loi du jeûne ne foit un ftratagême bien
inventé , pour exterminer les fous d'une
Republique ; mais je trouve que les Jours
maigres ont tort de tuer tant de Veaux,
en une faifon où ils ne permettent pas
qu'on en mange ; & d'endurer que le
mois de Mars fouffle du côté de Rome ,

tant de vents de Marée si malins , qu'ils
nous empêchent de manger à demi. Hé ,
quoi , Monsieur , il n'y a pas un Chrétien
dont le ventre ne soit une mare à Gre-
nouille , ou un jardin potager. Je pense
que sur le Cadavre d'un Homme trepas-
se en Carême, on voit germer des Bettes-
raves , des Cheriiis , des Navets, & des
Carotes. Mais encore il semble , à ouir
nos Predicateurs , que nous ne devrions
pas même être de chair en ce temps-là.
Comment ? il ne suffit pas à ce Maigre
impitoyable, de nous ruiner le corps , s'il
ne s'efforce de corrompre notre ame? Il a
tellement perverti les bonnes mœurs ,
qu'aujourd'hui nous communiquons aux
femmes nos tentations de la chair , sans
qu'elles s'en offensent. Ne sont-ce pas
là des crimes pour lesquels on le devroit
chasser d'un Etat bien policé ? Mais ce
n'est pas d'aujourd'hui qu'il gouverne
avec insolence , puis que Notre Seigneur
mourut sous le premier an de son regne.
La machine entiere du monde pensa s'en
évanoüir , & le Soleil qui n'étoit pas accoûtumé à ces longues diettes , tomba le
même jour en défaillance , & ne seroit jamais revenu de sa foiblesse , si l'on n'eût
promptement cessé le Carême. O trois
& quatre fois heureux celui qui meurt
un Mardy gras ! il est quasi le seul qui se
puisse vanter d'avoir vécu une année sans
Carême. Oui , Monsieur, si j'étois assuré
d'abjurer l'heresie tous les Samedis
Saints, je me ferois Huguenot tous les

Mercredis des Cendres. Ma foi, nos Peres Reformez doivent bien demander à
Dieu que jamais le Pape ne foit mon prifonnier de guerre ; car encore que je fois
affez bon Catholique, je ne le mettrois
point en liberté, qu'il n'eût reftitué pour
fa rançon tous les jours gras qu'il nous a
pris. Je l'obligerois encore à dégrader du
nombre des douze mois de l'année celui
de Mars, comme étant le Ganelon qui
nous trahit. Il ne fert à rien de répondre,
qu'il n'eft pas toûjours tout à fait contre
nous ; puis que des pieds ou de la tête, il
trempe toûjours dans la purée ; qu'il ne fe
fauve de la migraine qu'avec la crampe ;
qu'enfin le Carême eft fon gibet, où tous
les ans il fe trouve pendu par les pieds ou
par le col. Il eft donc la principale caufe
des maux que nos ennemis nous font,
parce que c'eft lui qui les loge pendant
qu'ils nous perfecutent ; & ces perfecu-
tions ne font pas imaginaires. Si la terre
que les morts ont fur la bouche, ne les
empêchoit point de parler, ils en fçauroient bien que dire. Auffi, je penfe qu'on
a placé Pâque tout exprès à la fin du Carême, à caufe qu'il ne falloit pas moins à
des perfonnes que le Carême a tuez, qu'u-
ne Fête de la Refurrection. Ne vous étonnez donc pas que tant de monde l'exter-
mine ; car après avoir tué tant de monde,
il merite bien d'être rompu. Cependant,
Monfieur, vous faites le Panegyrique du
Carême, vous loüez celui qui m'empêche de vivre, & je le fouffre fans mur

murer. Il faut bien que je fois,
Monfieur, Votre Serviteur.

POUR MADEMOISELLE**

A MONSIEUR LE COQ.

LETTRE XXXI.

MONSIEUR LE COQ,

Votre Coquette m'a prié de vous envoyer ce Poulet de fa part. Tant d'autres
que vous avez reçus d'elle , n'ont vécu
qu'en papier ; mais celui-ci élevé avec
plus de foin, tête, rit, & refpire ; car la
Poule a demeuré, contre l'ordinaire de
fes femblables, neuf mois avant que de
l'éclore. On le prendroit ce Pouffin, pour
un petit Homme fans barbe ; & ceux
qui ont dreffé fon horofcope, ont prédit
qu'il feroit un jour grand Seigneur à Rome , à caufe que la premiere fois qu'il a
rompu le filence, ç'a été par le mot de
Papa. Je lui ay fort recommandé de vous
reprocher votre ingratitude, & de vous
conjurer de revenir au nid de votre aimable Poule. Mais encore qu'il ne le faffe
qu'en fon langage, n'ayez pas le cœur
plus dur que S. Pierre, à qui le même langage put fuffire autrefois pour l'appeller
à refipifcence. Ceffez, donc, ô volage
Coq, de débaucher les femmes de vos

voifins; revenez au Poulier de celle qui depuis fi long-temps vous a donné fon cœur; de celle dont fi fouvent les careffes ont prevenu vos defirs; de celle enfin qui m'a protefté, tout ingrat que vous étes, de vous accabler de fes plus cheres faveurs, fi vous luy faites feulement paroître l'ombre d'un repentir. Mais rien ne vous émeut. Hé quoy, Coq effronté, ne voyez-vous pas que votre barbe en rougit même de honte, quand au lieu de venir à fes pieds humblement traîner vos aîles contre terre, vous vous dreffez fur vos ergots, pour lui chanter des Satyres. Vous voyez bien peut-être que ce n'eft pas là parler en terme de Poule; mais je comprens bien auffi, que les airs que vous entonnez à fa loüange, ne font pas des Coquericos. Vrayment, voila de beaux témoignages de gratitude, pour reconnoître la liberalité d'une perfonne qui vous envoye fa premiere couvée! Sans doute que l'autre jour, quand vous le fûtes voir, vous ne le confiderâtes qu'à demi; regardez-le maintenant de plus prés, ce petit tableau de vous-même. Il vous reffemble fort; auffi l'a-t-elle fait aprés vous. Je vous protefte que c'eft le plus beau fruit de bon Chrétien qu'on ait cueilli chez elle de cette Automne. Mais à propos, je me trompe; ce n'eft pas un fruit, c'eft un Poulet. Faites donc à ce Poulet un auffi bon accueil, qu'elle l'a fait aux vôtres. Quand ce ne feroit que par rareté, vous pourrez le montrer à

tout

tout Paris, comme le premier Coq qui
jamais soit né sans coquille: autrement
je desavoüerai tout. Et pour excuser la
Coquetterie de votre Poule, je publierai
que tout ce qu'elle en a fait, n'a été que
pour faire, Monsieur le Coq,

Un petit Coq-à-l'Asne.

A UN COMTE DE BAS-ALOY.

LETTRE XXXII.

MONSIEUR,

Je ne sçai quelle bonne humeur de la
Fortune a voulu qu'au même temps que
vous lisiez mes informations, on me faisoit voir les vôtres, où il est averé par témoins irreprochables, qu'un Comte depuis trois jours, Comte fait à plaisir,
Comte pour rire, enfin si petit Comte,
qu'il ne l'est point du tout, vouloit s'é-
riger en Brave, malgré les salutaires conseils de son temperament pacifique ; qu'il
s'étoit si fort aguerri à la bataille des man-
chettes, que s'étant imaginé qu'un duel
n'aboutissoit au plus qu'à la consomma-
tion d'une demie aulne de toile, il croyoit
avoir trouvé dans le linge de sa femme la
matiere de mille combats ; qu'il n'avoit
jamais été sur le pré que pour paître, &
enfin qu'il n'avoit reçu le Baptême qu'en

conséquence de celui que l'on donne aux Cloches. Sus donc, efforcez-vous, beau Damoiseau aux armes Fées, grincez les dents, mordez vos doigts, tappez du pied, jurez un Par la mort, & tâchez de devenir courageux. Je ne vous conseille pas toutefois de rien hazarder, que vous ne soyez assuré qu'il vous soit venu du cœur; tâtez-vous bien auparavant, afin que selon qu'il vous en dira, vous presentiez la poitrine à l'épée, ou le dos au bâton. Mais vous vous soumettrez au dernier, je le voy bien, car il ne tuë que fort rarement; & puis, il n'est pas vrai-semblable que la Reine des Perles, qui vous a fait l'honneur d'ériger votre Fief en Comté, & qui dit tant de bien de vous, ait fait de vous un méchant Comte. Je suis fâché que vous n'entendiez mieux le François, vous jugeriez à ce compliment, qu'on vous coupe du bois; & par ma foy vous auriez deviné : car je vous proteste, si les coups de bâton pouvoient s'envoyer par écrit, que vous liriez ma Lettre des épaules, & que vous y verriez un Homme armé d'un tricot sortir de la place où j'ay accoûtumé de mettre, Monsieur,

Votre Serviteur.

CONTRE UN LISEUR DE ROMANS.

LETTRE XXXIII.

A MOY, MONSIEUR, Parler Roman ! Hé, dites-moi, je vous supplie ; Polexandre & Alcidiane, sont-ce des Villes que Gassion aille assieger ? En verité, jusques ici j'avois crû être à Paris, demeurant au Marais du Temple, & je vous avois crû un Soldat volontaire dans nos Troupes de Flandres, quelquefois mis en faction par un Caporal : mais puis que vous m'assurez que je ne suis plus moi-même, ni vous celui-là, je suis obligé chrêtiennement de le croire. Enfin, Monsieur, vous commandez des Armées ! O ! rendons graces à la Fortune qui s'est reconciliée avec la Vertu. Certes je ne m'étonne plus de ce que cherchant tous les Samedis votre nom dans les Gazettes, je ne pouvois l'y rencontrer. Vous êtes à la tête d'une Armée, dans un Climat dont Renaudot n'a point de connoissance. Mais en votre conscience, mon cher Monsieur, dites-moi, est-ce agir en bon François, d'abandonner ainsi votre Patrie, & d'affoiblir, par l'éloignement de votre personne, le parti de notre Souverain ? Vous feriez, ce me semble beaucoup plus pour votre gloire, d'augmenter sur la mer d'Italie notre flote de la vôtre, que d'aspirer à la conquête d'un Pays

M 2

que Dieu n'a pas encore créé. Vous m'en demandez la route ; par ma foi, je ne la sçai point, & toutefois je pense que vous devez changer celle que vous avez prise ; car ce n'est pas le plus court, pour arriver aux Canaries, de passer par les petites-Maisons. Je m'en vais donc, pour la prospérité & le bon succés de votre voyage, faire des vœux, & porter une chandelle à S. Mathurin, & le prier que je puisse vous voir sain quelque jour, afin que vous puissiez connoître sainement, que tout ce que je vous mande dans cette Lettre, n'aboutit qu'à vous témoigner combien je suis, Monsieur,

Votre affectionné Serviteur.

CONTRE LES MEDECINS.

LETTRE XXXII.

M ONSIEUR,

Puis que je suis condamné (mais ce n'est que du Medecin, dont j'appellerai plus aisément que d'un Arrest Prévôtal,) vous voulez bien que de même que les Criminels qui prêchent le peuple quand ils sont sur l'Echelle, moi qui suis entre les mains du Bourreau, je fasse aussi des remontrances à la jeunesse. La Fièvre & le Drogueur me tiennent le poignard sur

la gorge avec tant de rigueur, que j'ef-
pere d'eux qu'ils ne fouffriront pas que
mon difcours vous puiffe ennuyer. Il ne
laiffe pas, Monfieur le Gradué, de me
dire que ce ne fera rien, & protefte cependant à tout le Monde, que fans miracle je n'en puis relever. Leurs préfages
toutefois, encore que funeftes, ne m'al-
larment gueres; car je connois affez que
la foupleffe de leur art les oblige de condamner tous leurs Malades à la mort, afin
que fi quelqu'un en échape, on attribuë
la guerifon aux puiffans remedes qu'ils
ont; & s'il meurt, que chacun s'écrie
que c'eft un habile homme, & qu'il l'a-
voit bien dit. Mais admirez l'effronterie
de mon Bourreau! Plus je fens empirer
le mal qu'il me caufe par fes remedes, &
plus je me plains d'un nouvel accident;
plus il témoigne s'en réjoüir, & ne me
panfe d'autre chofe, que d'un Tant-
mieux. Quand je lui raconte que je fuis
tombé dans une fincope létargique qui
m'a duré prés d'une heure, il répond que
c'eft bon figne. Quand il me voit entre
les ongles d'un flux de fang qui me déchire: Bon, dit-il, cela vaudra une fai-
gnée. Quand je m'attrifte de fentir comme un glaçon qui me gagne toutes les
extrêmitez; il rit, en m'affurant qu'il le
fçavoit bien; que fes remedes étein-
dront ce grand feu. Quelquefois même que femblable à la mort, je ne puis
parler, je l'entends s'écrier aux miens,
qui pleurent de me voir à l'extrêmité:

Pauvres gens que vous êtes ! ne voyez vous pas c'est la fiévre qui tire aux abois? Voila comme ce traître me berce ; & cependant à force de me bien porter , je me meurs. Je n'ignore pas que j'ai grand tort d'avoir reclamé mes ennemis à mon secours : Mais quoi ? pouvois - je deviner que ceux dont la Science fait profession de guerir , l'employeroient toute entiere à me tuer ? Car helas ! c'est ici la premiere fois que je suis tombé dans la fosse, & vous le devez croire ; puis que si j'y avois passé quelqu'autre fois , je ne serois plus en état de m'en plaindre. Pour moi , je conseille aux foibles luitteurs , afin de se vanger de ceux qui les ont renversez, de se faire Medecins ; car je les assure qu'ils mettront en terre ceux qui les y avoient mis. En verité , je pense que de songer seulement, quand on dort, qu'on rencontre un Medecin , est capable de donner la fiévre. A voir leurs animaux étiques, affublez d'un long drap mortuaire, soûtenir immobilement leur immobile Maître , ne semble-t'il pas d'une bierre,où la Parque s'est mise à califourchon? & ne peut-on pas prendre leur houssine pour le Guidon de la mort , puis qu'elle sert à conduire son Lieutenant ? C'est pour cela sans doute que la Police leur a commandé de monter sur des Mules , & non pas sur des Cavales ; de peur que la race des Graduez venant à croître, il n'y eût à la fin plus de Bourreaux que de Patiens. O ! quel contentement j'aurois

d'anatomiſer leurs Mules, ces pauvres
Mules, qui n'ont jamais ſenti d'éguillon,
ni dedans, ni deſſus la chair, parce que
les éperons & les bottes ſont des ſuper-
fluitez que l'eſprit délicat de la Faculté
ne ſçauroit digerer. Ces Medecins ſe gouvernent avec tant de ſcrupule, qu'ils font
même obſerver à ces pauvres bêtes (parce qu'elles ſont leurs domeſtiques) des
jeûnes plus rigoureux que ceux des Nini-
vites, & quantité de tres-longs, dont le
Rituel ne s'étoit point ſouvenu. Ils leur
attachent, par les diettes, la peau tout à
cru ſur les os, & ne nous traitent pas
mieux, nous qui les payons bien; car ces
Docteurs morfondus, ces Medecins de
neige, ne nous font manger que de la gelée. Enfin tous leurs diſcours ſont ſi
froids, que je ne trouve qu'une differen-
ce entre eux & les peuples du Nort, c'eſt
que les Norvegiens ont toûjours les mules aux talons, & qu'eux ont toûjours les
talons aux mules. Ils ſont tellement ennemis de la chaleur, qu'ils n'ont pas ſi-
tôt connu dans un malade quelque choſe
de tiede, que comme ſi ce corps étoit un
Mont-Gibel, les voila tout occupez à ſai-
gner, à cliſteriſer, à noyer ce pauvre eſ-
tomac dans le Sené, la Caſſe, la Tiſan-
ne,& à debiliter la vie,pour debiliter, di-
ſent-ils, ce feu qui prend nourriture,
tant qu'il rencontre de la matiere : De
ſorte que ſi la main toute expreſſe de
Dieu les fait rajamber vers le monde, ils
l'attribuent auſſi-tôt à la vertu des reſtri-

geratifs dont ils ont aſſoupi cet incendie.
Ils nous dérobent la chaleur & l'énergie
de l'être qui eſt au ſang. Ainſi, pour avoir
été trop ſaignez, nos ames, en s'envolant,
ſervent de Volant aux Palettes de leurs
Chirurgiens. Hé bien , Monſieur , que
vous en ſemble, après cela ? n'avons-nous
pas grand tort de nous plaindre de ce
qu'ils demandent dix piſtoles pour une
maladie de huit jours ? N'eſt-ce pas une
Cure à bon marché, où il n'y a point de
charge d'ames ? Mais confrontez un peu,
je vous prie , la reſſemblance qu'il y a
entre le procedé des Drogueurs , & le
procés d'un Criminel. Le Medecin ayant
conſideré les urines , interroge le patient
ſur la ſelle, & le condamne; le Chirurgien
le bande , & l'Apotiquaire décharge ſon
coup par derriere. Les affligez même ,
qui penſent avoir beſoin de leur chicane,
n'en font pas grande eſtime. A peine ſont-
ils entrez dans la Chambre , qu'on tire la
Langue au Medecin , on tourne le Cul
à l'Apotiquaire , & l'on tend le Poing
au Barbier. Il eſt vrai qu'ils s'en vangent
de bonne ſorte , il en coûte toûjours au
Railleur le Cimetiere. J'ai remarqué que
tout ce qu'il y a de funeſte aux Enfers,
eſt compris au nombre de trois : On y
void trois Fleuves, trois Chiens , trois
Juges, trois Parques, trois Gerions , trois
Hecates , trois Gorgones , trois Furies :
Les fleaux dont Dieu ſe ſert à punir les
hommes , ſont diviſez auſſi par trois, la
Peſte, la Guerre & la Faim ; le Monde, la
Chair

Chair & le Diable ; la Foudre , le Tonnerre , & l'Eclair; la Saignée , la Medecine, & le Lavement : Enfin trois fortes
de gens font envoyez au monde tout exprés pour martyrifer l'homme pendant
la vie, l'Avocat tourmente la bourfe , le
Medecin le corps , & le Theologien l'a-
me : encore ils s'en vantent, nos Écuyers
à mules : Car comme un jour le mien en-
troit dans ma Chambre ; fans autre ex-
plication, je ne lui fis que dire, *Combien ?*
l'impudent meurtrier , qui comprit auffi-tôt que je lui demandois le nombre de
fes homicides , empoignant fa groffe
barbe, me répondit, *Autant :* Je n'en fais
point, continua-t'il, la petite bouche ; &
pour vous montrer que nous apprenons,
auffi-bien que les Efcrimeurs , l'art de
tuer, c'eft que nous nous exerçons de
même qu'eux, toute notre vie, fur la tierce & fur la quarte. La reflexion que je fis
fur l'innocence effrontée de ce perfonnage, fut que fi les autres difoient moins,
ils en font bien autant ; Que celui-là fe
contentoit de tuer , & que fes camarades
joignoient la trahifon au meurtre. Que
qui voudroit écrire les voyages d'un Medecin, on ne pourroit pas les compter
par les Epitaphes de fa Paroiffe; & qu'enfin la Fièvre nous attaque , le Medecin
nous tuë, & le Prêtre en chante. Mais ce
feroit peu à Madame la Faculté , d'envoyer nos corps au Sepulchre, fi elle n'at-
tentoit fur notre ame : Le Chirurgien
enrageroit plûtôt qu'avec fa charpie,

tous les blessez qui font naufrage entre
ses mains, ne fussent trouvez morts cou-
chez avec leurs Tentes. Concluons donc,
Monsieur, que tantôt ils envoyent & la
Mort & sa faux ensevelies dans un grain
de Mandragore, tantôt liquefiée dans le
canon d'une Seringue, tantôt sur la pointe d'une Lancette ; Que tantôt avec un
Juillet, ils nous font mourir en Octobre;
& qu'enfin ils sont accoûtumez d'enveloper leurs venins dans de si beaux termes, que dernierement je pensois que le
mien m'eût obtenu du Roy une Abbaye
Commendataire, quand il m'assura qu'il
m'alloit donner un Benefice de ventre.
O ! qu'alors j'eusse été réjoüi, si j'eusse
pû trouver à le battre par équivoque,
comme fit une Villageoise, à qui un de
ces Bâteleurs demandant si elle avoit du
poulx, elle lui répondit, avec force soufflets & force égratignures, qu'il étoit un
sot, & qu'en toute sa vie elle n'avoit jamais eu ni Poux ni Puces. Mais leurs crimes sont trop grands, pour ne les punir
qu'avec des équivoques, citons-les en
Justice de la part des Trépassez. Entre
tous les Humains ils ne trouveront pas
un Avocat, il n'y aura Juge qui n'en con-
vainque quelqu'un d'avoir tué son Pere;
& parmi toutes les Pratiques qu'ils ont
couchées au Cimetiere, il n'y aura pas
une tête qui ne leur grince les dents.
Que les puissent-elles devorer ! il ne faudroit pas craindre que les larmes qu'on
jetteroit de leur perte, fissent grossir les

rivieres. On ne pleure aux trépas de ces gens-là, que de ce qu'ils ont trop vêcu. Ils font tellement aimez, qu'on trouve bon tout ce qui vient d'eux, même jufqu'à leur mort; comme s'ils étoient d'autres Meffies, ils meurent, auffi-bien que Dieu, pour le falut des hommes. Mais, bons Dieux! n'eft-ce pas encore là mon mauvais Ange qui s'approche? Ah! c'eft lui-même, je le connois à fa foutane: *Vade retro, Satanas*. Champagne, apportez-moi le Benitier. Démon Gradué, je te renonce. O l'effronté Satan! Ne me viens-tu pas encore donner quelque apofume? Mifericorde! c'eft un Diable Huguenot, il ne fe foucie point de l'Eau benite. Encore fi j'avois des poings affez roides pour former un caffe-mufeau! Mais helas! ce qu'il m'a fait avaler, s'eft fi bien tourné en ma fubftance, qu'à force d'ufer de confommé, je fuis tout confommé moi-même. Venez donc vîtement à mon fecours, ou vous allez perdre, Monfieur,

Votre plus fidele Serviteur.

CONTRE UN FAUX BRAVE.

LETTRE XXXV.

IL a menti le Devin, les Poltrons ne meurent point à votre âge; & puis, votre vie n'eft pas affez illuftre, pour être

de celles dont les Aftres prennent le foin
de marquer la durée. Les perfonnes de
votre etage doivent s'attendre de mourir fans Comete, aufli-bien que beaucoup d'autres qui vous reffemblent, dont
la Nature fans le fçavoir, accouche tous
les jours en dormant. On m'a rapporté
de plufieurs endroits, que vous vous van-
tiez que j'avois fait deffein de vous af-
faffiner. Helas ! mon grand Ami, me
croyez-vous fi fol d'entreprendre l'impoffible ? Hé de grace, par où frapper un
homme, pour le tuer fubitement, qui n'a
ni cœur ni cervelle ? Je veux mourir, fi
la façon dont vous vivez, impenetrable
aux injures, ne fait croire que vous avez
pris à tâche d'effàyer combien un homme fans cœur peut durer naturellement.
Ces reflexions étoient affèz confidera-
bles, pour m'obliger à vous faire fentir
ce que pefe un tricot : mais cette longue
fuite de vos Ancêtres, dont vous prônez
l'antiquité, m'a retenu le bras. J'y trouve même quelque apparence, depuis
qu'un fameux Genealogifte m'a fait voir
aufli clair que le jour, que tous vos Ti-
tres de Nobleffe furent perdus dans le
Deluge, & qu'il m'a prouvé que vous
êtes Gentilhomme avec autant d'évi-
dence, que le prouva ce Villageois au
Roi François I. quand il lui dit que Noé
avoit eu trois fils dans l'Arche, & qu'il
n'étoit pas certain duquel il étoit forti.
Mais fans cela même, je me ferois toûjours bien douté que vous êtes de bonne

Maison, puisque personne ne peut nier
que la vôtre ne soit une des plus neuves
de ce Royaume. Ainsi quand les Blason-
neurs de ce Siecle s'en devroient scanda-
liser, prenez des Armes; & si vous m'en
croyez, vous vous donnerez celles-ci;
Vous porterez de gueules, à deux fesses
chargées de clous sans nombre, à la vi-
lenie en cœur, & un bâton brisé sur le
chef. Toutefois, comme on ne remplit
l'Ecu du Roturier qu'on veut ennoblir,
qu'aprés le fait d'armes qui l'en a rendu
digne, je vous attens où ce Laquais vous
conduira, afin que selon les prouesses de
Chevalerie que vous aurez faites, je
vous chausse les éperons. Vous ne devez
pas craindre d'y tomber pour victime;
car si le fort vous attend en quelque lieu,
c'est plûtôt à l'étable qu'au lit d'honneur, ou sur la bréche d'une muraille;
Et pour moi qui me connois un peu en
phisonomie, je vous engage ma parole,
que votre destinée n'est pas de mourir
sur le pré; ou bien ce sera pour avoir trop
mangé de foin. Consultez pourtant là-
dessus toutes les puissances de votre ame,
afin que je m'arme vîte d'une épée, ou de
ce qu'en François on appelle un bâton.

Fin des Lettres Satiriques.

D'UN SONGE.

LETTRE XXXVI.

Monsieur,

Cette vision de Quevedo, que nous lûmes hier ensemble, laissa de si fortes impressions en ma pensée, du plaisant Tableau qu'il dépeint, que cette nuit je me suis trouvé en songe aux Enfers : mais ces Enfers-là m'ont parû bien differens du nôtre. Leur diversité m'a fait croire que c'étoient les Champs Elisees; & en effet je n'eus pas avancé fort peu de chemin, que je reconnus l'Averne, comme les Grecs & les Romains l'ont décrite. J'y vis l'Acheron, le Fleuve de l'Oubli, le vigilant Cerbere, les Gorgones, les Furies & les Parques, Ixion sur la roüe, Titie devoré par un Vautour, & beaucoup d'autres choses, qui sont plus au long dans la Mithologie. Ayant passé plus avant, je rencontrai force gens vêtus à la Greque & à la Romaine, dont les uns parloient Grec, & les autres Latin, & j'en apperçus d'autres occupez à les conduire dans divers appartemens. Ils me semblerent tous fort sociables, c'est pourquoi je me mêlai à leur compagnie.

Il me souvient que j'en accostai un , &
qu'après quelques autres discours, lui
ayant fait sçavoir que j'étois Etranger, il
me répondit que j'étois donc venu à la
bonne heure, parce qu'on changeoit ce
jour-là de maison tous les Morts qui s'é-
toient plaints d'avoir été mal associez, &
que si j'étois curieux , je pouvois m'en
donner le plaisir. Il me tendit ensuite la
main fort courtoisement , & je lui prêtai la mienne. Nous allons, continua-t'il,
dans la Salle où l'on ordonne des dépar-
temens de ceux qui se veulent quitter ,
pour se loger avec d'autres : nous aurons
le plaisir de voir à notre aise, & sans nous
lasser , comme chacun s'y prendra pour
faire sa cause bonne. Nous marchâmes
donc ensemble jusqu'au lieu , où enfin
nous arrivâmes. Mon Conducteur me
donna place auprès de lui ; & par bonheur elle se rencontra si proche de la
Chaire du Juge , que nous oüîmes intel-
ligiblement les querelles de toutes les
Parties. A mesure donc qu'ils sortoient
de leur ancienne demeure , je remarquai
qu'on les plaçoit , si je ne me trompe, non
pas, comme vous penseriez, les Rois toûjours avec les Rois , mais bien souvent
des Rois avec des Pastres , des Philosophes avec des Villageois, de belles personnes avec d'autres fort laides , & des
vieux avec des jeunes. Mais pour commencer, j'apperçus Pytagore tres-ennuyé
de sa compagnie ; c'étoit une Troupe de
Comediens, qui par leur caquet conti-

N 4

nuel, le détournoient de ses hautes spe-
culations. Le Juge qui présidoit, lui dit,
que l'estimant homme de grande memoire, puis qu'après pour le moins quinze
cens ans, il s'étoit souvenu d'avoir été
au Siege de Troye, on l'avoit apparié
avec des personnages qui n'en sont pas
dépourvûs. Oh, si ce n'est, s'écria-t'il,
qu'à cause de cela que vous me logez
avec ces Bâteleurs, vous me pouvez mettre indifferemment avec tous les autres
Morts ; car il n'y a ceans presque pas un
Défunt (si vous en voulez croire son
Epitaphe) qui ne soit d'heureuse memoire. Puis donc qu'ils ne sont pas les
seuls avec qui je sympathise en memoire ;
pour Dieu, delivrez-moi du caquet importun de ces Rois & de ces Reines,
dont le regne ne dure que deux heures.
La justice de ses raisons entenduës, je
sçai bien qu'on le fit marcher ailleurs ;
mais il ne me souvient pas où. Aristote,
Pline, Elian, & beaucoup d'autres Na-
turalistes, furent mis, parce qu'ils ont
connu les bêtes, avec les Maures ; & le
Peintre Zeuxis fut pareillement logé
avec eux, parce que son Tableau de rai-
sins, que les Oyseaux venoient bequeter,
l'a convaincu d'en avoir abusé. Diosco-
ride ne demandoit pas mieux que d'être
planté avec des Lorrains, disant qu'il s'a-
corderoit bien avec eux, en ce qu'il con-
noissoit parfaitement le naturel des simples ; mais on s'avisa de l'envoyer vers
les Filles de Delias, à la charge de leur

apprendre à discerner la vertu des herbes mieux qu'elles ne firent, quand elles voulurent rajeunir leur Pere. Raimond-Lulle, qui juroit d'avoir rendu l'or potable, fut placé avec certains riches Yvrognes, qui avoient fait la même chose. Lucain que Neron fit tuer, par la jalousie qu'il conçut de son Poëme des Guerres de Pharsale, s'associa de quelques petits Enfans que les vers ont fait mourir. Il échût à Virgile l'appartement des Maquereaux, pour avoir débauché Didon, qui sans lui eût été une Dame fort sage. Ovide & Acteon, criminels par hazard, furent logez ensemble, comme gens qu'avoit rendus miserables le mal des yeux ; ils choisirent pour retraite un logement fort obscur ; d'autant, disoient-ils, qu'ils craignoient de trop voir. Je vis loger Orphée avec les Chantres du Pont-neuf, parce qu'ils ont sçu l'un & l'autre attirer les bêtes. Esope & Apulée ne firent qu'un ménage, à cause de la conformité de leurs miracles ; car Esope d'un Asne a fait un Homme, en le faisant parler, & Apulée d'un Homme a fait un Asne, en le faisant braire. Romulus se rangea avec des Fauconniers, parce qu'il a dressé des Oiseaux à voler, non pas une Perdrix, mais l'Empire de Rome. On parloit de mettre Cesar avec les bons Jouëurs ; j'en demandai la cause, & l'on me répondit que d'un seul coup de dez, qu'il jetta sur le Rubicon, il avoit gagné l'Empire du monde : toutefois il fut trouvé plus

à propos de faouler fon orgueil, le ran-
geant avec des Efclaves, qu'on eftimoit
jadis avoir des caracteres pour courir.
Vous pourrez, lui cria le Maître des Ceremonies, effayer encore une fois votre
veni, vidi, vici. On mit Brutus avec ceux
qui ont monté fur l'Ours, parce qu'il n'a
point eu peur des Efprits ; & Caffius à
qui fa mauvaife vuë caufa la mort, avec
les Femmes groffes qui ont la vûë dan-
gereufe. Caligula voulut être mis dans
un appartement plus magnifique que celui de Darius, comme ayant couru des
avantures incomparablement plus glo-
rieufes : Car, dit-il, moi Caligula, j'ai
fait mon Cheval Empereur, & Darius
a été fait Empereur par le fien. Neron
parut enfuite ; on l'affocia d'une compagnie de Bâteleurs, pour fe perfectionner;
on l'eût bien attelé avec Timon l'ennemi des hommes, mais on craignoit que
fi quelque jour la Nature fympatifant à
leurs fouhaits, ne faifoit qu'une tête de
tout le Genre humain, il n'y eût difpute
entr'eux à qui la couperoit. Je vis le Roi
Numa prefenter un Placet, à ce qu'on lui
octroyât d'établir fon domicile en la maifon d'un certain fameux Hydraulique,
qui avoit jadis fait faire des miracles à
l'eau ; comme étant auffi capable que
l'autre, puis qu'il avoit fait parler la Fontaine Egerie, & l'avoit renduë fi clair-
voyante en matiere d'Etat, qu'au lieu
qu'un autre Ingenieur l'auroit conduite,
il s'en laiffoit conduire. Nabuchodono-

for fut livré entre les mains d'un Charlatan qui se promettoit de gagner beaucoup à le montrer ; parce qu'on n'avoit
point encore jamais vû de tels Animaux.
Patrocle s'estomaqua de se voir assorti
avec des gens gueris de maux incurables ;
mais il se paya de raison quand on lui eut
appris que c'étoit à cause qu'il avoit comme eux trompé la Mort. Jason demeura
fort décontenancé de se trouver au milieu d'une Cohuë de Courtisans d'Espagne, dont il n'entendoit pas la langue ;
car il ne put s'imaginer ce qu'on vouloit
dire, quand on lui prêcha que toutes les
entreprises de ces Chevaliers en herbe,
aussi-bien que les siennes, n'avoient bu-
té qu'à la Toison. Considerez ce que c'est
de s'appliquer à la lecture des choses fa-
buleuses, dans un âge dont la foiblesse
accompagne de foi toutes ses connois-
sances ! Je n'ai rien parcouru dans la Fable des Payens, qui ne repassât tumul-
tuairement à ma fantaisie. Il me semble
que je vis ranger Jupiter avec les foux,
sur ce que Momus avoit representé qu'il
avoit un coup de hache. Jupiter offensé,
demanda, ce me semble, à ce bouffon,
quel coup de hache il entendoit ? c'est
celui-là, répondit le Plaisant, dont Vulcain de sa grace vous fendit le cerveau,
pour vous faire accoucher de Minerve.
Le vieil Saturne qui n'y entendoit point
de finesse, reçut sans murmurer la compagnie d'une troupe de Faucheurs, à cause de la conformité du Sceptre. On obli-

gea Phébus à suivre quelques experi-
mentez Jouëurs de palet, avec défense
de les abandonner, tant qu'ils auront appris à ne plus prendre la tête de son ami
pour un but. J'ouïs, ce me semble, commander à Siziphe, d'accoster des Cas-
seurs de grez qui étoient là, pour se défaire de sa Roche entre leurs mains. Je
ne sçai pas s'il obeït, parce que la curiosité détourna ma vûë sur Thetis, qui dis-
putoit pour choisir un associé ; on la mit
à la rangette, à côté d'un certain Hypocondre, qui pensant être de brique, ne
vouloit pas boire, de peur de se détrem-
per ; car comme si elle eût autrefois apprehendé la même chose, elle n'osa, pour
immortaliser entierement son fils Achille, lui tremper dans l'Ocean le talon
qu'elle tenoit. Hecate se fourra dans la
presse, pour joindre la Mere de Gargan-
tua ; car, disoit-elle, si j'ai trois faces, celle-ci en a une si large, qu'elle en vaut bien
trois. On proposa de loger Io avec Po-
pée la Femme de Neron, pour certaines
raisons dont je ne me souviens pas. Cette
Princesse en fut contente, à la charge
que l'autre se garderoit de ruer, d'autant
qu'elle craignoit les coups de pieds. Dedale, ce grand Artisan, ne fit aucune re-
sistance, encore qu'on lui donnât pour
Confreres, des Sergens, des Greffiers, des
Procureurs, & autres gens de Cornet,
parce qu'il ouït dire que c'étoient des
personnes, qui comme lui, voloient pour
se sauver ; & lesquels, vû le temps, au-

roient été contraints, s'ils n'eussent jotté
de la Harpe, de jotier de la Vielle. Dalila
Maîtresse de Samson, fut mise avec les
Chauves, à cause qu'on craignoit que la
logeant avec d'autres, elle ne les prît aux
cheveux, comme Samson. Porcie fut rangée avec des malades de pâle-couleur,
les Juges d'Enfer l'en soupçonnant atteinte, depuis qu'elle avoit avalé des
charbons. Iocaste & Semiramis ne firent
qu'un menage, d'autant qu'elles avoient
été l'une & l'autre Meres & Femmes de
leurs fils, & grosses deux fois d'un même
enfant. Je vis tout le monde bien empê-
ché pour accompagner Arthemise; les
uns la vouloient rejoindre à son mari, à
cause de leur amour tant vanté, les autres
la porter à l'Hôpital des Femmes encein-
tes, alleguant que d'avaler de la cendre,
comme elle avoit fait, étoit une envie de
Femme grosse; mais elle appaisa tous
leurs contrastes, se logeant d'elle-même
avec des Blanchisseuses qu'elle apperçut:
A la charge, leur cria-t-elle, que pour la
peine de vous aider à vos lessives, j'aurai
les cendres à ma disposition. Thesée demandoit de loger avec des Tisserans, se
promettant de leur apprendre à conduire le fil. Persée, le Brave d'Andromede,
se trouvoit également bien avec tous les
Instituteurs d'Ordres, parce qu'ils ont
tous, comme lui, défendu les Femmes.
Néron, pour la place duquel il avoit été
debatu, choisit enfin de lui-même l'appartement d'Eroftrate, ce fameux insen-

se, qui brûla le Temple de Diane ; Car je
suis, dit cet Empereur en marchant, personne qui aime autant que lui à me chauffer de gros bois. Juvenal, Perse, Horace,
Martial, & presque tous les Epigramma-
tistes & Satyriques, furent envoyez au
Manége avec les Ecuyers d'Academie,
comme ayant la reputation d'avoir sçu
bien piquer. On mit pareillement avec
ces Poëtes, force Epingliers, Eguilletiers,
Fourbisseurs, & autres, dont la besogne,
ainsi que les ouvrages, ne valent rien sans
pointes. Le Duc de Clarance qui se noya
volontairement dans un tonneau de Mal-
voisie, alloit cherchant Diogene, sur l'esperance d'avoir pour gîte la moitié de
son tonneau ; mais comme il ne se rencontra pas, & qu'on apperçut le grand
Socrate qui n'étoit pas encore attelé :
Voici justement votre fait, lui dit-on,
car vous & ce Philosophe êtes tous deux
morts de trop boire. Socrate fit une profonde reverence à ses Juges, & leur montra du doigt le vieil Heraclite, qui attendoit un Collegue ; on donna ordre
aux Heros de Roman, de l'emmener
avec eux : C'est un personnnage (leur dit
le Fourrier qui les apparia) dont vous
aurez toute sorte de contentement ; il a
un cœur de chair, vous ne lui raconterez
point vos avantures, comme c'est entre
vous une chose inévitable, sans lui tirer
des larmes, car il n'est pas moins que
vous tendre à pleurer. Euridice prit la
main d'Achille : Marchons lui dit-elle,

marchons ; auſſi-bien , ne nous ſçauroit-
on mieux aſſortir , puis que nous avons
tous deux l'ame au talon. Je vis placer
Curtius ce fameux Romain , qui ſe pré-
cipita dans un Gouffre pour ſauver Rome , avec un certain Brutal qui s'étoit
fait tuer en protegeant une Femme dé-
bauchée. Je m'étonnai de voir aſſortir des
perſonnes ſi diſſemblables ; mais on me
répondit qu'ils étoient tous deux morts
pour la choſe publique. Enſuite on aſſo-
cia Icare avec Promethée , pour avoir été
l'un & l'autre trop âpres à voler. Echo fut
logée avec nos Auteurs modernes, d'autant qu'ils ne diſent , comme elle, que ce
que les autres ont dit. Le Triumvirat de
Rome , avec celui d'Enfer, c'eſt-à-dire
Antoine, Auguſte & Lepide , avec Ra-
damante , Eaque & Minos , ſur ce qu'on
repreſenta que ceux-là , de même que
ceux-ci , avoient été Juges de mort. On
penſa mettre Flamel , qui ſe vantoit d'a-
voir la pierre , avec les défunts de cette
maladie ; mais il s'en offenſa , criant que
la ſienne étoit la Pierre Philoſophale , &
qu'il y avoit une différence preſque in-
finie entre les vertus de ces deux ſortes de
Pierres ; car les Graveleux, continua-t'il,
ne ſont tourmentez de la leur , qu'aprés
qu'elle eſt formée ; au contraire de nous
qui n'en ſommes travaillez que durant
ſa conception ; outre que nous ne nous
faiſons jamais tailler de la nôtre. Ses raiſons oüies , on l'envoya trouver Joſué ,
parce que quelques-uns ſe vanterent d'a-

voir auſſi-bien que lui fixé le Soleil.
Quantité d'autres Chymiſtes ſuivoient
celui-ci avec grand reſpect, & recueil-
loient comme des Oracles, des ſottiſes
qu'il leur debitoit, dans leſquelles ces
pauvres fous s'imaginoient être envelop-
pé le ſecret du grand Oeuvre. On les mi-
partit, les uns avec des Charbonniers,
comme gens de fourneaux ; les autres
avec ceux qui ont donné des ſouflets aux
Princes. On mit Hecube avec Cerbere,
pour augmenter le nombre des Portiers
Infernaux ; Elle aboya fort contre les
Maréchaux des Logis à cauſe de cet affront; mais on la ſatisfit, lui remontrant
qu'elle étoit un Monſtre à trois têtes, auſſi-bien que l'autre, puis que comme
Chienne elle en avoit une, comme femme deux, & qu'un & deux faiſoit trois.
Je me ſouviens qu'on en mit quelques-
uns à part, entre leſquels fut Midas, parce qu'il eſt le ſeul au monde qui ſe ſoit
plaint d'avoir été trop riche. Phocion
fut de même ſeparé des autres, s'étant
trouvé le ſeul qui jamais ait donné de
l'argent pour mourir, Et Pigmalion pareillement ne fut aſſocié de perſonne, à
cauſe qu'il n'y a jamais eu que lui qui ait
épouſé une Femme muette. Après cette
diſtribution, par laquelle chacun fut mis
dans ſa chacuniere, les Images de mon
Songe n'étant plus ſi diſtinctes, ne me
laiſſerent appercevoir que des peintures
generales; Par exemple je vis le Corps
entier des Filous, s'aſſocier avec les
Chaſſeurs

Chaſſeurs d'aujourd'hui , parce qu'ils tirent en volant. Nos Auteurs de Romans,
avec Eſculape, parce qu'ils font en un
moment des cures miraculeuſes. Les
Bourreaux avec les Medecins , à cauſe
qu'ils font payez pour tuer. Une grande
Troupe de Tireurs d'armes demandoient
auſſi d'être logez avec Meſſieurs de la
Faculté , parce que l'Art d'Eſcrime leur
donne, auſſi-bien qu'à eux, la connoiſſance de la tierce & de la quarte ; mais on les
mit avec les Cordonniers, d'autantque la
perfection du métier conſiſte à bien faire
une botte. Parmi le vacarme confus d'u-
ne quantité de mécontens , je diſtinguai
la voix de Boureville , qui fulminoit de
ce que tout le monde refuſoit ſa compagnie : Mais ſa colere ne lui ſervit de rien,
perſonne ne l'oſoit accoſter , de peur de
prendre querelle. Cet homme portoit la
ſolitude avec lui , & je vis l'heure qu'il
alloit être reduit à ſe faire Hermite , s'il
ne ſe fût enfin accommodé avec les
Grammairiens Grecs , qui ont inventé le
Duel. Un Operateur qui diſtribuoit les
remedes, augmentoit la preſſe , à cauſe
du grand nombre de Sots dont il étoit
environné ; Pluſieurs le conſultoient , &
j'apperçus entr'autres la Femme d'Orphée qui demandoit un Cataplaſme pour
la demangeaiſon des yeux. Priam vint
auſſi lui demander de l'onguent pour la
brûlure, mais l'Operateur n'en eut pas
aſſez, car la Ville de ce pauvre Prince

étoit toute brûlée. Je vis là quantité d'A-
vocats condamnez au feu, afin qu'ils vif-
fent clair à certaines affaires trop obfcures. Quant aux Sages, ils furent mis avec
les Architectes, comme gens qui doivent
ufer en toutes chofes de regle & de com-
pas. Il ne fut jamais poffible de feparer
les Furies des Épiciers, tant elles avoient
peur de manquer de flambeaux. Je fus
bien étonné de rencontrer Tibere, lequel en attendant qu'on le plaçât, fe re-
pofoit couché fur des cailloux : Je lui demandai s'il ne repoferoit pas mieux fur
un lit : Hé, je craindrois, me repliqua-
t'il, que la chaleur de la plume ne me
caufât quelque chofe de pire que la pierre. Sur ces entrefaites, Agrippine la Mere de Neron, le conjura de la vanger, de
ce que Seneque avoit publié qu'elle avoit
eu quatre enfans depuis fon mariage ;
Elle paroiffoit furieufe & toute hors de
foi, mais Neron l'appaifa par ces paroles :
Madame, il ne faut croire d'un médifant que la moitié de ce qu'il dit. Les
Parques fe contenterent de demeurer a-
vec de pauvres Villageoifes, qui nour-
riffent leurs Maris de leurs Quenoüilles,
quand on leur eût appris, qu'auffi-bien
qu'elles, ces Païfanes avoient filé la vie
des hommes. Il vint là certains Batteurs
en Grange ; & parce qu'ils manquoient
de fleau, on leur fit prendre Attila pour
s'en fervir à faute d'autres. Les Effron-
tez s'affocierent des Gardeurs de Lions,

afin d'apprendre d'eux à ne point changer de couleur. J'en aurois encore bien
vû d'autres, si onze heures qui sonne-
rent à ma Montre, ne m'eussent éveillé,
& rappellé dans ma memoire, qu'à toute heure de jour & de nuit, je suis & serai jusqu'au dernier somme, Monsieur,

Votre tres-affectionné Serviteur.

CONTRE LES FRONDEURS.

Le Lecteur doit être averty, que cette Lettre fut envoyée pendant le Siege de Paris, & durant la plus violente animosité des Peuples contre Monseigneur le Cardinal; On ne s'étonnera donc pas d'y voir des choses un peu moins ajustées à l'état present des Affaires, qui ont beaucoup changé depuis ce temps-là.

A MONSIEUR D. L. L. V.

LETTRE XXXVII.

M ONSIEUR,

Il est vrai, je suis Mazarin; ce n'est ni la crainte, ni l'esperance qui me le font dire avec tant d'ingenuité, c'est le plaisir que me donne une verité quand je la prononce. J'aime à la faire éclater, si non autant que je le puis, du moins autant que je l'ose; & je suis tellement antipathique avec son adversaire, que pour donner un juste démenti, je reviendrois de bon cœur de l'autre monde. La Nature s'est si peu souciée de me faire bon Courtisan, qu'elle ne m'a donné qu'une langue pour mon cœur & pour ma fortune. Si j'avois brigué les applaudissemens de Paris, ou pretendu à la reputation d'éloquent, j'aurois écrit en faveur de la Fronde, a cause qu'il n'y a rien qu'on persuade plus aisément au Peuple, que ce qu'il est bien-aise de croire : Mais comme il n'y a rien aussi qui marque davantage une ame vulgaire, que de penser comme le vulgaire, je fais tout mon possible pour resister à la rapidité du torrent, & ne me pas laisser emporter à la foule; Et pour commencer, je vous declare encore une fois que je suis Mazarin : Je ne suis pourtant pas si déraisonnable, que je vous veüille apprendre la cause pourquoi je me suis rangé de votre parti. Vous sçaurez donc que c'est parce que je l'ai trouvé le plus juste, & parce qu'il est vrai que rien ne nous peut dispenser de l'obeïsance que nous devons à notre legitime Souverain ; car bien que les Frondeurs nous en jettent des pierres, je prétends les refronder contre eux si vertement, que je les délogerai de tous les endroits, où leur calomnie a fait fort contre son Eminence. Les premiers coups qu'ont en vain tenté les Poëtes du Pontneuf contre la reputation de ce grand Homme, ont été d'alleguer qu'il étoit Italien : A cela je réponds (non point à ces Heros de papier broüillard, mais aux personnes raisonnables qui meritent d'être desabusées) qu'un honneste homme n'est ni François, ni Allemand, ni Espagnol ; il est Citoyen du Monde, & sa Patrie est par-tout. Mais je veux que Monsieur le Cardinal soit Etranger, ne lui sommes-nous pas d'autant plus obli-

gez , de ce qu'il abandonne ſes Dieux domeſtiques pour défendre les nôtres ? Et
puis,quand il ſeroit naturel Sicilien, comme ils le croyent, ce n'eſt pas à dire pour
cela qu'il ſoit vaſſal du Roi d'Eſpagne ;
l'Hiſtoire eſt témoin que nos Lys ont
plus de droit à la ſouveraineté de cet Etat,
que les Châteaux de Caſtille.

Mais ils ſont tres-mal informez de ſon
berceau ; car encore que la Maiſon des
Mazarins fût originaire de Sicile , Monſieur le Cardinal eſt né dans Rome ; Et
puiſqu'il eſt citoyen d'une Ville neutre, il
a pû par conſequent s'attacher aux interêts de la Nation qu'il a voulu choiſir. On
ſçait bien que le Peuple à Rome, & les
Nobles & les Cardinaux, s'attachent ainſi
à la protection particuliere, ou d'un Roi,
ou d'un Prince , ou d'une Republique. Il
y en a qui tiennent pour la France , d'autres pour l'Eſpagne , d'autres pour d'autres Souverains ; & ſon Eminence embraſſant le bon droit de notre cauſe, a voulu ſuivre l'exemple de Dieu , qui ſe range
toûjours du parti le plus juſte.Certes l'heureux ſuccés de nos Armes a bien fait voir
& l'excellence de ſon choix, & la juſtice
de notre cauſe ; & notre Etat agrandi ſous
ſon Miniſtere , a bien témoigné qu'en ſa
faveur le Ciel avoit fait ſa querelle de la
nôtre : Auſſi preſque tous ceux qui ont
demandé ſa ſortie , ſe ſont depuis trouvez
Penſionnaires des Ennemis de cette Couronne ; & la gloire des belles actions de
notre grand Cardinal , qui multiplie ſes

rayons, ont bien fait voir que son éclat leur faisant mal aux yeux, ils ont imité les Loups de la Fable, qui promettoient aux Brebis de les laisser en paix, pourvû qu'elles éloignassent le chien de leur Bergerie.

Enfin ces Reformateurs d'Etat, qui couvrent leurs noirs desseins sous le masque du bien public, n'ont autre chose à rechanter, sinon que Monsieur le Cardinal est Italien. Oüi; mais de quoy se peuvent-ils plaindre? Il n'avance que des François, & ceux dont la grandeur ne sçauroit faire d'ombre. Il n'a fait aucune creature, & nous voyons à la Cour trente Seigneurs Italiens de fort grande Maison, dont les uns attirez par la proximité de sang avec lui, les autres par sa renommée, sont ici depuis dix ans à se morfondre, d'autant qu'il ne les a pas jugez utiles au service du Roy. Cependant quelque sagesse qu'il employe à la conduite du Gouvernement, elle déplaît à nos Politiques Bourgeois; ils décrient son Ministere, mais ce n'est pas d'aujourd'huy que les malheureux imputent à la bonne fortune des autres, les mauvais offices de la leur. Dans le chagrin qui les ronge, ils se plaindroient de n'avoir pas de quoy se plaindre. Parce que son Eminence n'a point fait de creatures, ils l'appellent ingrat; s'il en eût fait, ils l'auroient accusé d'ambition. A cause qu'il a poussé nos Frontieres en Italie, il est traître à son Païs; & s'il n'eût point porté nos Armes de ce côté-là, il se seroit entendu contre nous avec ses Compatriotes. Enfin de quelque biais qu'on avance la gloire de ce Royaume, son Eminence aura toujours grand tort, à moins qu'elle ne fasse ses envieux assez grands pour ne lui plus porter d'envie. Que le feu des calomnies pousse donc tant qu'il voudra sa violence contre elle, sa reputation est un Rocher au milieu des flots, que la tempête lave au lieu d'ébranler; & cette même force qui le rend capable de supporter le faix d'un Empire, ne l'abandonnera pas quand il sera question de supporter des injures.

La seconde batterie dressée contre luy, attaque sa naissance. Hé quoy! sommesnous obligez d'instruire des ignorans volontaires? leur devons-nous apprendre, à cause qu'ils font semblant de ne le pas sçavoir, que la Famille des Mazarins, de laquelle est sorti le Pere de Monsieur le Cardinal, est non-seulement des plus Nobles, mais encore des mieux alliées de toute l'Italie, & que les armes de son illustre race, sont des plus anciennes entre toutes celles dont la vieille Rome a conservé le nom? L'ignorance des sots auroit un grand privilege, si nous étions obligez d'écouter patiemment le rebours de toutes les veritez qui ne sont pas de sa connoissance.

Le Peuple de la Place Maubert & des Halles, ne veut pas tomber d'accord de ces veritez qui sont manifestes; mais ce Peuple ne seroit pas de la lie, s'il pouvoit être

eſtre ſainement informé de quelque choſe ; outre que c'eſt la coûtume , quand il
apperçoit des vertus élevées d'une hauteur où ſa baſleſſe ne peut atteindre , de
s'en vanger à force d'en médire. Quoy que
Monſieur le Cardinal de Richelieu fût
tres-connu , qu'il ſortît d'une des plus
anciennes Maiſons du Poitou , qu'il tou-
chât de parenté aux Seigneurs François
de la plus grande marque , & que nos
Princes mêmes partageaſſent avec lui le
Sang de leurs Ayeux , ſa Nobleſſe ne laiſſa
pas de lui être conteſtée. De ſemblables
contes ne tariſſent jamais dans la bouche
des Seditieux , qui cherchent par-tout un
pretexte de refuſer l'obeïſſance qu'ils doivent à ceux que le Ciel leur a donnez pour
maîtres.

Ils le pourſuivent encore , & l'accuſent
d'avoir protegé les Cardinaux Barberins.
Eût-il été honorable à la France d'abandonner des perſonnes ſacrées qui recla-
ment ſon ſecours , les Neveux d'un Pape, qui avoit été durant tout ſon Regne
le fidele Ami de la France ? Les autres Nations n'auroient-elles pas attribué ce dé-
laiſſement à l'impuiſſance de les maintenir ? Et ce témoignage de foibleſſe n'au-
roit-il pas porté grand coup à Sa Majeſté
Tres-Chrétienne , de qui l'Empire ſe ſoû-
tient autant ſur ſa reputation que ſur ſa
force?

Quand nos Calomniateurs ſe ſentent
preſſez en cet endroit , ils changent de
terrain , & crient qu'il a fait ſur les Peu-

ples des extorsions épouvantables. Pour
moy, je ne sçai pas si la Canaille entretient des intelligences dans les Royaumes
étrangers, qui l'informent plus au vrai
du maniement des Finances, que n'en
sont instruits le Conseil, l'Epargne, &
la Chambre des Comptes : Je sçay bien
que la Cour de Parlement de Paris, qui
l'accusoit du transport ou du mauvais emploi de tant de comptant, après avoir examiné dans un si long loisir les Traitez &
les Negociations de Cantarini, ne luy a
pas même imputé la diversion d'un quart
d'écu ; & je pense que ses ennemis n'eussent pas oublié de le charger de Peculat,
s'il s'en fût trouvé convaincu, plûtôt que
de faux crimes, dont ils ont en vain essayé de le noircir, manque de veritables.
Outre cela le Royaume est-il chargé d'aucun impost, qui ne fût établi dés l'autre
Regne ? Encore il me semble qu'on ne
les exige point avec tant de rigueur qu'il
se pratiquoit alors, quoique le fond avancé par les Traitans eût été consommé
dés le vivant de Monsieur le Cardinal de
Richelieu, & qu'il ne faille pas laisser
maintenant de continuer la Guerre contre les mêmes Ennemis. Croyent-ils
donc qu'avec des feüilles de chênes on
paye cinq ou six Armées ? Qu'on leve
toutes les Campagnes de nouveaux
Gens de guerre ? Qu'on entretienne
les correspondances qu'il faut avoir
& dedans & dehors ? Qu'on fasse revolter des Provinces & des Royaumes en-

tiers contre nos Ennemis? Enfin qu'un seul Miniftre domine au fort de tous les Potentats de la Terre, fans de prodigieuses fommes d'argent, qui feules font capables de nous achetter la paix? Ouy, car Monfieur le Drapier fe figure qu'il en va du Gouvernement d'une Monarchie, comme des gages d'une Chambriere, ou de la penfion de fon fils Pierrot.

Ils ajoûtent à leurs ridicules contes & hors de faifon, que les chofes ont reüffi tres-fouvent au rebours de ce qu'il avoit confeillé. Je le croi, car il eft maiftre de fon raifonnement, non pas des caprices de la Fortune. Nous voyons fi fouvent de bons fuccés autorifer de mauvaifes conduites; & je m'étonnerois bien davantage, qu'à travers les tenebres de l'avenir un homme pût avec les yeux de fa penfée, fixer un ordre aux évenemens hazardeux, & par fon attention conduire les allures de la fatalité.

Quand ces caufeurs ont été repouffez à cette attaque, ils lui reprochent un Palais qu'il a fait bâtir à Rome. Mais qu'ils apprennent qu'en cette Cour-là le moindre des Cardinaux y a le fien. Etant Cardinal François, la pompe d'un Palais dans Rome, tourne à la gloire de la France, comme fa baffeffe iroit dans l'efprit des Italiens à la honte de notre Nation. Il y a eu de nos Rois (je dis des plus auguftes) qui ont fourni liberalement à des Cardinaux des fommes tres-confiderables pour bâtir leurs Palais, à condition que fur le

Portail ils feroient arborer nos Fleurs de
Lys ; & malgré tant de motifs specieux,
un miserable petit Mercier, en roulant ses
Rubans, ne trouve pas à propos que Monsieur le Cordinal fasse bâtir à ses dépens
une maison.

La Canaille murmure encore, & crie
qu'il n'a aucun lieu de retraite, si la France l'abandonnoit. Hé ! quoy donc, Messieurs les aveugles, à cause que pour vous
proteger & conserver, il s'est fait des ennemis par toute la terre, c'est un homme
detestable & abominable, & vous le jugez indigne de pardon. Sa faute en effet
n'est pas pardonnable, d'avoir si fidelle-
ment servi des Ingrats ; & Dieu qui le
vouloit donner en exemple à ceux qui
s'exposent pour le Peuple, a permis que
s'étant comporté aussi genereusement que
Phocion, Periclés & Socrate, il ait rencontré d'aussi méchans Citoyens, que
ceux qui condamnerent jadis ces grands
Hommes.

On le blâme ensuite de ce qu'il a refusé
la Paix, & ma Blanchisseuse m'a juré que
l'Espagne l'offroit à des conditions tres-
utiles & tres-honorables pour ce Royaume. J'exhorte les Sages qui ne doivent
pas juger sur des apparences, de se ressouvenir que le temps auquel nos Plenipo-
tentiaires ont refusé de la conclurre, est
lorsque commencerent les plus violens
accés de la revolte de Naples, & que la
Fortune sembloit alors nous offrir la re-
stitution d'un Etat qui nous appartient. Il

eût été contre toutes les regles de la Prudence humaine, d'en negliger la conquête
qui nous étoit comme affûrée ; outre que
le Roi Catholique ayant toûjours infifté
que nous abandonnaffions les interêts du
Roi de Portugal, il ne nous étoit pas li-
cite (à moins de paffer pour la plus perfide des Nations) de figner la Paix, fans
qu'il fût compris dans le Traité, puifqu'il
n'avoit hazardé que fur notre parole de
remettre la Couronne fur la tête de fa
Race.

Mais voici le dernier choc & le plus
violent dont ils pretendent obfcurcir fa
gloire. Il eft, difent-ils, auteur du Siege
de Paris. Je leur répons en premier lieu,
qu'il l'a dû confeiller, la Reine Regente
ayant été avertie de plufieurs complots
qui fe braffoient contre la perfonne du
Roi. Cependant le bruit même commun
tombe d'accord qu'il n'a pas été le premier à prêter fa voix pour la refolution
de cette entreprife, & qu'au contraire on
l'a toûjours blâmé d'avoir pris des voyes
trop panchées à la douceur. De plus pourquoi vouloir qu'il ait ordonné lui feul
l'enlevement de notre jeune Monarque ?
Les gens du métier fçavent qu'il n'eft pas
feul dans le Confeil, & qu'il n'y porte
fon opinion que comme un autre. Bien
loin donc d'avoir été le feul auteur de ce
deffein, il n'a pas même fouffert qu'on
executât contre la Ville les chofes qui fans
doute euffent hâté fa reduction, parce
qu'elles femblerent à fon naturel humain

un peu trop cruelles. Et si les Parisiens me demandent quelles sont ces choses, je leur ferai connoître qu'il pouvoit par exemple, avec beaucoup de justice, faire punir de mort les Prisonniers de guerre, en qualité de traîtres & de rebelles à leur Roi. Il pouvoit d'ailleurs en une nuit, s'il l'eût voulu, avec l'intelligence qu'il avoit au dedans, faire saccager & brûler les Fauxbourgs, qui n'étoient que fort foiblement gardez; chasser les fuyars dans la Ville pour l'affamer, ou bien les passer au fil de l'épée, à l'exemple d'Henry IV. qui fit des Veuves en moins d'un jour, de la moitié des femmes de Paris, & diminuer par cette saignée la fiévre des Habitans. Mais au lieu de ces actes d'hostilité, il défendit même d'abbatre les Moulins qui sont autour de la Ville, quoy qu'il sçût que par leur moyen elle recevoit continuellement force bleds; & encore qu'il eût avis de toutes les marches de leurs Gens de guerre, il faisoit souvent détourner les Trouppes Royales des routes de nos Convois, pour n'estre point obligé de nous affamer & nous battre en même temps.

Il a donc assiegé Paris, mais de quelle façon? Comme celui qui sembloit avoir peur de le prendre. Comme un bon Pere à ses enfans, il s'est contenté de leur montrer les verges, & les a long-temps menacez, afin qu'ils eussent le loisir de se repentir. Et puis, à parler franchement, leur maladie étant un effet de leur débauche, il étoit du devoir d'un bon Medecin, de les obliger à faire une diete. En verité s'il étoit permis de se disposer à la raillerie sur une matiere de cette importance, je dirois que la veille des Rois, le nôtre voyant dans sa Capitale tant d'autres Rois arrivez de nuit, il sortit contr'eux, & voulut essayer de vaincre cinquante mille Monarques.

Voila je pense tous les Chefs, par qui la Canaille a tâché de rendre odieuse la personne de son Eminence, sans avoir jamais eu aucun legitime sujet de s'en plaindre. Cependant ils ne laissent pas de décrier ses plus éclatantes vertus, de blâmer son ministere, & lui preferer son Predecesseur; mais par quelle raison? je n'en sçai aucune, si ce n'est peut-être, parce que Monsieur le Cardinal Mazarin n'envoye personne à la mort sans connoissance de cause; parce qu'il n'a point une Cour grasse du sang des Peuples, parce qu'il ne fait point trancher la tête à des Comtes, à des Maréchaux, à des Ducs & Pairs, parce qu'il n'éloigne pas les Princes de la connoissance des affaires, parce qu'il n'est pas d'humeur à se vanger, enfin parce que même ils le voyent si moderé qu'ils en prévoyent l'impunité de leurs attentats. Voila pourquoi ces Factieux ne le jugent pas grand Politique. O stupide vulgaire! un Ministere benin te déplaît, prends garde de tomber dans le malheur des Oyseaux de la Fable, qui ayant demandé un Chef, ne se contenterent pas du gouvernement de la Colombe que Jupiter leur donna, qui les gouvernoit paisiblement, & crierent tant après un autre, qu'ils obtinrent un Aigle qui les devora tous. Defunt Monsieur le Cardinal étoit un grand Homme, aussibien que son Successeur ; mais n'ayant pas assez de hardiesse pour décider de leurs merites, je me contenterai de faire souvenir tout le monde, que Monsieur le Cardinal de Richelieu eut l'honneur d'être choisi par le feu Roi Louis XIII. le plus juste Monarque de l'Europe, pour être son Ministre ; & Monsieur le Cardinal Mazarin, par le Cardinal de Richelieu même, le plus grand genie de son Siecle.

Au reste on a tort d'alleguer que nous sommes dans un Gouvernement, où les Armes, les Lettres & Pieté sont méprisées. Je soûtiens au contraire qu'elles n'ont jamais été si bien reconnuës. Les Armes, témoin Messieurs de Gassion & de Rantzau, qui par son credit & son conseil, ont été faits Maréchaux de France ; sans parler de Monsieur le Prince, qui des bienfaits de la Reine, possede plus lui seul que quelques Rois de l'Europe. La Pieté, témoin le Pere Vincent, qu'elle a commis pour juger des mœurs, de la conscience,& de la capacité de ceux qui pretendent aux Benefices. Les Lettres, témoin le judicieux choix qu'il a fait d'un des premiers Philosophes de notre temps, pour l'éducation de Monsieur Frere, du

Roi. Témoin le docte Naudé, qu'il honore de son estime, de sa table & de ses presens : Et bref témoin cette grande Bibliotheque, bâtie pour le Public, à laquelle, par son argent & ses soins, tous les Sçavans de l'Europe contribuent. Qu'ajoûter, Messieurs, aprés cela ? Rien, sinon que la gloire de ce Royaume ne sçauroit monter plus haut, puis qu'elle est en son Eminence. Ne trouvez-vous pas à propos que le Peuple cesse enfin de lasser la patience de son Prince par les outrages qu'il fait à son Favori ; qu'il accepte avec respect le pardon qu'on lui presente sans le meriter ? Non, Monsieur, il ne le merite pas ; car est-ce une faute pardonnable, de se rebeller contre son Roi, l'Image vivante de Dieu ; tourner ses armes contre celui qu'il nous a donné pour exercer & sur nos biens & sur nos vies, les fonctions de sa Toute-puissance ? N'est-ce pas accuser d'erreur la Majesté Divine, de controller les volontez du Maître qu'elle nous a choisi ? Je sçai bien qu'on peut m'objecter que les particuliers d'une Republique ne sont pas hors la voye de salut : mais il est tres-vrai neanmoins, que comme Dieu n'est qu'un à dominer tout l'Univers, & que comme le Gouvernement du Royaume Celeste est Monarchique, celui de la Terre le doit être aussi. La Sainte Ecriture fait foi que Dieu n'a jamais ordonné un seul Etat populaire; & quelques Rabbins assûrent que le peché des Anges fut d'avoir fait dessein de se mettre en Republique. Ne voyons-nous pas même qu'il a long-temps auparavant sa venuë, donné David au Peuple d'Israël, & que depuis notre Redemption, il a fait descendre du Ciel la Sainte Ampoule, dont il a voulu que nos Rois fussent sacrez, afin de les distinguer par un caractere surnaturel, de tous ceux qui naîtroient pour leur obéïr? L'Eglise Militante qui est l'image de la Triomphante, est conduite monarchiquement par les Papes; & nous voyons que jusqu'aux Maisons particulieres, il faut qu'elles soient gouvernées par une espece de Roi qui est le Pere de famille; C'est comme un premier ressort dans la societé, qui meut nos actions avec ordre; & c'est cet instinct secret, qui necessite tout le monde à se soumettre aux Rois. Le Peuple a beau tâcher d'éteindre en son ame cette lumiere qui le guide à la soumission, il est à la fin, emporté malgré lui par la force de ce premier mobile, contraint de rendre l'obéïssance qu'il doit. Mais cependant celui de Paris a bien eu la temerité de lever ses mains sur l'Oinct du Seigneur, alleguant pour pretexte que ce n'est pas au Roi qu'il s'attaque, mais à son Favori; comme si de même qu'un Prince est l'image de Dieu, un Favori n'étoit pas l'image du Prince. Mais c'est encore trop peu de dire l'image, il est son fils. Quand il engendre selon la chair, il engendre un Prince; Quand il engendre selon la dignité, il engendre un Favori: Entant

qu'homme, il fait un Succeffeur ; Entant
que Roi il fait une Creature ; Et s'il eft
vrai que la creation foit quelque chofe de
plus noble que la generation, parce que
la creation eft miraculeufe, nous devons
adorer un Favori, comme étant le miracle d'un Roi : ainfi quand même ce ne feroit que contre fon Eminence, qu'il prend
les armes, penfe-t'il être Chrétien, lors
qu'il attente aux jours d'un Prince de l'E-
glife ? Non, Monfieur, il eft Apoftat, il
offenfe le S. Efprit qui préfide à la pro-
motion de tous les Cardinaux ; & vous
ne devez point douter, qu'il ne puniffe
leur facrilege auffi rigoureufement, qu'il
a puni le maffacre du Cardinal de Guife,
dont la mort, quoi que jufte, faigna durant vingt ans par les gorges de quatre
cens mille François. Mais encore quel
fruit peut-il fe promettre d'une rebel-
lion, qui ne peut jamais réüffir? & quand
même elle réüffiroit jufqu'à renverfer la
Monarchie de fond en comble, quel a-
vantage en recueilleroit-il ? Tel qui ne
poffede aujourd'hui qu'un manteau, n'en
feroit pas alors le maître. Il feroit auteur
d'une defolation épouvantable, dont les
petits fils de fes arriere-neveux ne ver-
roient pas la fin. Encore eft-il bien grof-
fier, s'il fe perfuade que la Chrêtienté
puiffe voir fans y prendre intereft, la perte du Fils aîné de l'Eglife. Tous les Rois
de l'Europe n'ont-ils pas intereft à la con-
fervation d'un Roi qui les peut remonter
un jour fur leurs Trônes, fi leurs Sujets

rebelles les en avoient fait trebucher ? Et je veux que cette revolution arrivât sans un plus grand bouleversement que celui dont saigne encore aujourd'hui la Holande ; je soutiens que le Gouvernement populaire est le pire fleau dont Dieu afflige un Etat, quand il le veut châtier. N'est-il pas contre l'ordre de la Nature, qu'un Batelier ou un Crocheteur, soient en puissance de condamner à mort un General d'Armée, & que la vie du plus grand personnage soit à la discretion des poulmons du plus sot, qui à perte d'haleine demandera qu'il meure? Mais grace à Dieu, nous sommes fort éloignez d'un tel chaos. On se cache déja pour dire le Cardinal, sans Monseigneur, & chacun commence à se persuader qu'il est mal-aisé de parler comme les marauts, & ne le pas être. Aussi quand tout le Royaume se seroit ligué contre lui, j'étois certain de sa victoire ; car il est fatal aux Jules de surmonter les Gaules. J'espere donc que nous verrons bien-tôt une réunion generale dans les esprits, & une harmonie parfaite entre les divers membres du corps de cet Etat. Comme Monsieur de Beaufort n'est animé que du Sang de France, il n'est pas croyable que ce Sang ne le retienne, quand il voudra rougir son fer dans le sein de sa mere ; & de même que les ruisseaux, aprés s'être quittez & égarez quelque temps, reviennent enfin se réünir à l'Ocean d'où ils s'étoient échappez, je ne doute pas que cet illustre Sang ne se re-

joigne bien-tôt à fa fource qui eft le Roi,
Pour les autres Chefs de Parti, je n'ai garde de fi mal penfer d'eux, que de croire
qu'ils refufent de marcher fur les pas d'un
exemple fi heroïque. Il me femble que je
les vois déja s'incliner de refpect devant
l'image du Prince; ils font trop juftes, faifant reflexion fur ce que les premiers de
leurs races ont reçû de la faveur des
Rois precedens, pour vouloir empêcher
que le fort d'une autre Maifon foit regardé à fon tour d'un afpect auffi favorable.

Monfieur le Coadjuteur fçait bien que
le Duc de Rets, fon Grand-Pere, fut Favori de Henry III. Monfieur de Briffac
peut avoir lû que fon ayeul fut élevé aux
charges & aux dignitez par le Roi Henry IV. Monfieur de Luynes a vû fon Pere être le tout-puiffant fur le cœur & la
fortune du Roi Louis XIII. & Monfieur de la Mothe Houdancourt fe fouvient peut-être encore du temps qu'il
étoit en faveur fous le Favori même du
Roi défunt. Ils n'ont donc pas fujet de
fe plaindre, que Monfieur le Cardinal
foit, dans fon Regne, ce qu'étoient leurs
Ayeux, ou ce qu'ils ont été eux-mêmes
dans un autre.

Mais quand toutes ces confiderations
feroient trop foibles pour les rappeller à
leur devoir, ils font genereux; & l'ap-
prehenfion de paroître ingrats aux bienfaits qu'ils ont reçus de Sa Majefté, fera
qu'ils aimeront mieux oublier leurs mé-
contentemens, que de paffer pour mé-

connoiſſans ; & l'exemple de mille traîtres, qui ont payé les faveurs de la Cour
par des injures , ne portera aucun coup
ſur leur eſprit , qui ſçait trop que l'ingratitude eſt un vice de Coquin,dont la Nobleſſe eſt incapable. Il n'appartient qu'à
des Poëtes du Pont-neuf comme Ronſcar , de vomir de l'écume ſur la Pourpre
des Rois & des Cardinaux,& d'employer
les liberalitez qu'ils reçoivent continuellement de la Cour , en papier qu'ils
barboüillent contre elle. Il a bien eu l'effronterie (aprés s'être vanté d'avoir reçû
de la Reine mille francs de ſa penſion)
que ſi on ne lui en envoyoit encore mille,
il n'étoit pas en ſa puiſſance de retenir une
nouvelle Satyre , qui le preſſoit pour ſortir au jour , & qu'il conjuroit ſes amis
d'en avertir au plûtôt. Hé bien ! en verité a-t'on vû dans la ſuite de tous les Siecles, quelque exemple d'une ingratitude
auſſi effrontée ? Ah, Monſieur ! c'eſt ſans
doute à cauſe de cela, que Dieu qui en a
prévû la grandeur & le nombre , pour le
punir aſſez, a avancé il y a déja vingt ans,
par une mort continuë , le châtiment des
crimes qu'il n'avoit pas commis encore ,
mais qu'il devoit commettre. Permettez-
moi , je vous ſupplie, de détourner un
peu mon diſcours , pour parler à ces Rebelles. Peuple ſeditieux , accourez pour
voir un ſpectacle digne de la Juſtice de
Dieu. C'eſt l'épouvantable Ronſcar , qui
vous eſt donné pour exemple de la peine
que ſouffriront aux Enfers les Ingrats, les

Traîtres, & les Calomniateurs de leurs
Princes. Confiderez en lui, de quelles ver
ges le Ciel châtie la calomnie, la fedition,
& la médifance. Venez Ecrivains Burlef-
ques, voir un Hôpital tout entier dans le
corps de votre Apollon. Confeffez, en regardant les Ecroüelles qui le mangent,
qu'il n'eft pas feulement le malade de la
Reine, comme il fe dit, mais encore le
malade du Roi. Il meurt chaque jour
par quelque membre, & fa langue refte
la derniere, afin que fes cris vous apprennent la douleur qu'il reffent. Vous le
voyez, ce n'eft point un conte à plaifir.
Depuis que je vous parle, il a peut-être
perdu le nez ou le menton. Un tel fpectacle ne vous excite-t'il point à péniten-
ce ? Admirez, endurcis, admirez, les fecrets Jugemens du Tres-Haut. Ecoutez
d'une oreille de contrition, cette parlante Momie. Elle fe plaint qu'elle n'eft pas
affez d'une, pour fuffire à l'efpace de toutes les peines qu'elle endure. Il n'eft pas
jufqu'aux Bienheureux, qui en punition
de fon impieté & de fon facrilege, n'en-
feignent à la nature de nouvelles infirmi-
tez pour l'accabler. Déja par leur minif-
tere il eft accablé du mal de S. Roch, de
Saint Fiacre, de Saint Clou, de Sainte
Reine ; & afin que nous compriffions par
un feul mot tous les ennemis qu'il a dans
le Ciel, lui-même a ordonné qu'il feroit
malade de Saint. Admirez donc, admirez combien font grands & profonds les
fecrets de la Providence. Elle connoiffoit

l'ingratitude des Parisiens envers leur Roi, qui devoit éclater en mil six cens quarante-neuf ; mais ne souhaitant pas tant de victimes, elle a fait naître quarante ans auparavant un homme assez ingrat, pour expier lui seul tous les fleaux qu'une Ville entiere avoit meritez. Profitez donc, ô Peuple, de ce miracle épouvantable ; & si la consideration des flâmes éternelles est un foible motif pour vous rendre sages, & pour vous empêcher de répandre votre fiel sur l'écarlate du Tabernacle, qu'au moins chacun de vous se retienne par la peur de devenir Ronscar. Vous excuserez, s'il vous plaît, Monsieur, ce petit tour de promenade, puis que vous n'ignorez pas que la charité Chrêtienne nous oblige de courir au secours de nos semblables, qui sans l'appercevoir ont les pieds sur le bord d'un precipice, prêts à tomber dedans. Vous n'en avez pas besoin, vous qui vous êtes toûjours tenu pendant les secousses de cet Etat, fortement attaché au gros de l'arbre ; Aussi est-ce un des motifs le plus considerable, pour lequel je suis, & serai toute ma vie, Monsieur,

Votre tres-humble Serviteur,

THESE'E A HERCULE.

LETTRE XXXVIII.

COmme c'eſt de l'autre Monde, que je vous écris, ô mon cher Hercule, ne vous étonnerez-vous point qu'au-delà du Fleuve de l'Oubly, je me souvienne encore de notre amitié, & que j'en conſerve le ſouvenir en des lieux où vient faire naufrage la mémoire des hommes? Ah! je prévoy que non; vous ſçavez trop que cette communauté, dont l'eſtime l'un de l'autre avoit lié nos ames, n'eſt point un nœud que la Mort puiſſe débaraſſer; & les Enfers mêmes inacceſſibles où je ſuis retenu, ne ſont pas aſſez loin pour empêcher que mes ſoûpirs n'aillent juſqu'à vous. Je ſçai qu'on vous a vû frémir & trembler de courroux contre le Tyran de la Nuit, dont je ſouffre le rigoureux Empire; & que le grand Hercule, après avoir écorné des Taureaux, déchiré des Lions, étranglé des Geans, & porté ſur ſes épaules la Machine du Monde qu'Atlas n'avoit pû ſoûtenir, n'eſt pas homme à craindre les abois d'un chien qui veille à la porte de ma priſon. C'eſt un Monſtre qui n'a que trois teſtes; & l'Hydre qu'il ſçut dompter, en avoit ſept, dont chacune renaiſſoit en ſept autres. Donc, ô vous triomphant Protecteur du Ciel, venez achever ſur vos ennemis la

derniere victoire ; Venez en ces cavernes
obfcures ravir à la Mort même le privilege de l'immortalité ; & enfin refolvez-
vous une fois de fatisfaire au fufpens où
la terreur de votre bras tient toute la Nature. Vous avez aflèz fait voler votre nom
fur les Montagnes de la Terre , & les E-
toiles du Firmament ; fongez à ceux qui
au centre du monde languiffent accablez
du poids de la terre, pour avoir combattu
fous vos Enfeignes. Vous imagineriez-
vous bien l'état auquel eft réduit l'infortuné Thesée ? Aujourd'huy que fes plaintes font retentir fes malheurs jufqu'aux
climats que le Soleil éclaire , il eft au
quartier le plus trifte & le plus funefte
des Champs Elisées , affis fur la fouche
d'un Cyprès éclaté du Tonnere, incertain
s'il vous doit envoyer une Requefte ou
fon Epitaphe ; l'oreille afliegée , & la vuë
offenfée du croaffement des Corbeaux ,
& du cry continu d'un nuage d'Orfrayes;
la tefte appuyée fur le marbre noir d'un
monument , au milieu d'un Cimetiere
épouvantable , qu'environnent des rivieres de fang , où flottent des corps morts ,
& dont la courfe pefante n'eft excitée
que par le fon lugubre des fanglots , que
pouffent les ames qui la traverfent. Voila,
ô Heros invincible , le fatal emploi qui
moiffonne les années que je devrois paffer plus glorieufement à votre fervice.
Mais encore afin qu'aucune circonftance
fâcheufe ne manque à ma douleur , je
fuis tourmenté non feulement par le mal

même, mais par son éternelle vuë. Je
vous dirai que l'autre jour (excusez-moi
si je parle de cette façon dans un lieu rempli de tenebres, où l'aveuglement regne
par-tout, & chez qui toutes sortes d'objets portent le deüil perpetuel) l'autre
jour donc, pendant la rigueur des aspects
les plus infortunez, dont un maudit climat puisse estre regardé mortellement;
je reconnus tout interdit l'horrible manoir des Parques , qui détournoient leurs
regards sur les miens. Je fus long-temps
occupé à contempler ces Meres homicides du Genre humain , qui tenoient pendus à leurs fuseaux les superbes Arbitres
de la liberté des Peuples , & devidoient
aussi negligemment la soye d'un glorieux
Tyran, que le fil d'un simple Berger. Je
les conjurai par mes larmes, de filer plus
promptement ma vie , ou d'en rompre la
trame; & puisque la peur de la Mort me
tourmentoit davantage que la Mort même , qu'elles eussent la bonté de me sauver de cent mille par une seule:Mais je lûs
dans leurs yeux, qu'elles avoient decre-
té de ne me pas accorder si-tôt ma priere.
Cette compagnie épouvantable m'obligea
de quitter ma demeure:Mais helas! je tombai dans une autre encore plus affreuse;
c'étoit un vaste Marais flotant , où le hazard m'ayant engagé , je me vis à la discretion de cent mille viperes , qui n'en
ont point elles-mêmes,& qui de leurs langue. toutes brûlantes de venin , ayant su-
cé sur mes joües le douloureux dégorge-

ment de mon cœur, me rendoient à la
place, l'air de leurs fifflemens pour refpi-
rer. Là je vis ces fameux coupables, que
leurs crimes ont condamnez à d'extrêmes
fupplices, fe produire au feu qui les con-
fumoit, fupporter dans la flâme tous les
tourmens infupportables de la gelée, &
fous l'impitoyable empire d'une éternité
violente, n'avoir plus rien de leur être
que la puiffance de fouffrir. J'y rencontrai Siziphe au fommet d'une montagne,
pleurant la perte de la roche qui luy venoit d'échapper ; Titie reffufciter fans
ceffe à l'infatiable faim du Vautour qui
le becquetoit ; Ixion perdre à chaque tour
de la rouë qu'il faifoit tourner, la memoire du precedent ; Tantale devoré par
les viandes mêmes qu'il tâchoit en vain
de devorer ; & les Danaïdes occupées à
remplir éternellement un vaiffeau percé
qu'elles ne pouvoient emplir. Il y avoit
là tout proche un buiffon fort épais, fous
lequel j'apperçus, au travers des fortifi-
cations de ce labyrinthe vegetatif, la
maigre Envie, qui les regards fichez af-
freufement contre terre, les mains jaunes
& feiches, les cuiffes tremblantes & dé-
charnées, l'eftomach colé fur les côtes,
l'haleine contagieufe, la peau corroyée
par la chaleur de l'âtre bile, mâchoit en
vomiffant la moitié d'un crapaut, à demi
digerée. J'eus enfuite la converfation des
Furies, occupées à des actions fi brutales,
que je les abandonne à l'imagination, de
peur que le recit n'éloigne de votre cou-

rage, par son horreur, le dessein de me secourir. Voila quelle est mon infortune,
ô genereux Prince; l'expression que je
vous en ai faite, n'est point pour appeller
votre bras vangeur à mon secours, car je
flétrirois la gloire du grand Alcide, si je
donnois quelque jour à penser qu'il eût
été besoin d'employer des paroles pour
l'exciter à produire une action vertueuse;
& je suis assuré que le temps qu'il em-
ployera pour la lecture de ma Lettre,
est le seul qui retardera le premier pas
du voyage dont je dois attendre ma liberté. Mais cependant je ne trouve pas
lieu de la finir, car avec quelle apparence, moy qui suis necessiteux du service
de tout le monde, m'oserois-je dire, ô
grand Hercule,

Votre Serviteur, THESE'E.

SUR UNE ENIGME, QUE

l'Auteur envoyoit à Monsieur de....

LETTRE XXXIX.

MONSIEUR,

Pour reconnoître le present dont m'en-
richît ces jours passez votre belle Enigme;
j'ai crû être obligé de m'acquiter envers
vous, par une autre semblable. Je dis

semblable, à l'égard du nom d'Enigme qu'elle porte ; car quant à la sublimité du caractere de la vôtre , je reconnois le mien si fort au-dessous , que je serois un temeraire d'oser suivre son vol seulement des yeux de la pensée. Si pourtant elle est assez heureuse pour se voir reçuë en qualité de Suivante auprés de la vôtre , son Pere sera trop honoré. Je vous avouë qu'elle est en impatience de vous entretenir : Si donc votre bonté luy veut accorder cette grace , vous n'avez qu'à continuer la lecture de cette Lettre.

ENIGME.

JE nâquis 900. ans auparavant ma Sœur, & toutefois elle passe pour mon aînée ; je croy que sa laideur & sa difformité sont cause de cette méprise. Il n'y a personne qui n'abhorre sa compagnie & sa conversation ; il ne sort jamais de sa bouche une bonne nouvelle ; & quoiqu'elle ait plus d'Autels sur la terre qu'aucune des autres Divinitez , elle ne reçoit point de sacrifices agreables que les vœux des desesperez. Mais moy qui charme tout ce que j'approche , je ne passe aucun jour sans voir tomber à mes pieds ce qui respire dans l'air , sur la mer & sur la terre. Je trouve mon berceau dans le cercueil du Soleil , & dedans mon cercueil le Soleil trouve son berceau. Ce que l'homme a jamais veu de plus aimable & de plus parfait , se forma le premier jour de mon re-

gne. La Nature a fondé mon trône, &
dreſsé ma couche au ſommet d'un Palais
ſuperbe, dont elle a ſoin, quand je repoſe,
de tenir la porte fermée ; & l'ouvrage de
cet édifice eſt élabouré avec tant d'art,
que perſonne jamais n'a connu l'ordre &
la ſymetrie de ſon Architecture : Enfin je
fais ma demeure au centre d'un Labyrinthe inexplicable, où la raiſon du Sage
& du Fol, du Sçavant & de l'Idiot, s'é-
garent de compagnie. Je n'ai point d'hôte
que mon pere ; & quoiqu'il ſoit pourvû
de facultez beaucoup plus raiſonnables
que ne ſont les miennes, je le fais pourtant marcher où je veux, & je diſpoſe
de ſa conduite. Cependant j'ai beau le
tromper, peu d'heures le deſabuſent ſi
clairement, qu'il ſe promet (quoy qu'en
vain) de ne ſe plus fier à mes menſonges;
car j'attache aux fers malgré luy les cinq
Eſclaves qui le ſervent ; auſſi-tôt qu'ils
ſont fatiguez, je les contraints, bon gré,
malgré, de s'abandonner à mes caprices.
Ce n'eſt pas qu'il n'eſſaye de fuir ma rencontre, mais je me cache, pour le guetter,
en des lieux ſi noirs & ſi ſombres, qu'il
ne manque jamais de tomber dans mon
embûche, & ſe rend auſſi-tôt à la force
du caractere, dont ma divinité l'étonne,
en ſorte qu'il n'a plus d'yeux que pour
moy. Ce n'eſt pas que je n'aye d'autres
puiſſans adverſaires, entre leſquels le
plus conſiderable eſt l'ennemi juré du ſilence, qui m'auroit déja chaſſé des con-
fins de ſon Etat, ſi la plus grande partie

de ſes Sujets ne s'étoient revoltez. Et ces
révoltez-là, que la cauſe de la raiſon ſou-
leve contre leur Tyrans, ſont les mieux
reglez, & les ſeuls qui vivent ſous une
juſte harmonie. Ils protegent mon innocence, font taire les vacarmes & les clameurs qui conſpirent à ma ruine, m'in-
troduiſent peu à peu dans leur Royaume,
& à la fin m'aident eux-mêmes à m'en
rendre le maître. Mais je pouſſe mes con-
queſtes encore bien plus loin. Je partage
avec le Dieu du Jour, l'étenduë & la durée de ſon Empire. Que ſi la moitié que
je poſſede n'eſt pas la plus éclatante, elle
eſt au moins la plus douce & plus tranquille. J'ai encore au-deſſus de luy cet
avantage, que j'empiette, quand bon me
ſemble, ſur ſes terres, & qu'il ne peut em-
pietter ſur les miennes. L'Aſtre dont l'U-
nivers eſt éclairé, ne deſcend point de
l'Horiſon, que je n'attache au joug de
mon char la moitié du Genre humain. Je
ſuſcite & je conſerve le trouble parmi les
Peuples, pour les maintenir en repos. Ils
n'ont garde qu'ils ne m'aiment, car je les
traitte tous ſelon leur humeur. Les Gays
je les mene aux feſtins, aux promenades,
aux Bals, à la Comedie, & à tous les autres ſpectacles de divertiſſemens: Les Co-
leriques, je les mene à la Guerre, je les
poſte à la tête d'une puiſſante Armée,
leur fais ouvrir trente Eſcadrons à coups
d'épées, gagner des Batailles, & prendre
des Rois priſonniers. Pour les melanco-
liques, je les enfonce aux plus noires hor-

reurs

reurs d'une solitude épouvantable; je les
monte au faîte de cent rochers affreux &
inaccessibles, pour faire paroître à leur
vûë des abysmes encore plus profonds :
Enfin j'accorde à toutes sortes de gens des
occupations de leur goût. Je comble de
biens les plus misérables; & quelquefois
en dépit de la Fortune, je prens plaisir à
précipiter ses mignons jusqu'au plus bas
de sa roüë. J'éleve aussi, quand il me
plaist, un Coquin sur le Trône, comme
autrefois j'ai prostitué une Imperatrice
Romaine aux embrassemens d'un Cuisi-
nier. C'est moy, qui de peur que les A-
mans ne s'aillent vanter de leurs bonnes
fortunes, ai soin de leur clorre les yeux,
avant qu'ils soient aux ruelles. C'est aussi
par mon Art qu'on vole sans plumes, qu'-
on marche sans mouvoir les pieds; & c'est
moy seul enfin, par qui l'on meurt sans
perdre la vie. Je passe la moitié du tems
à reparer l'embonpoint; Je recolore les
joües, & je fais épanoüir sur les visages,
& la rose & le lys. Je suis deux choses ensemble bien dissemblables, le truchement
des Dieux & l'interprete des sots. Quand
on me voit de prés, on ne sçait qui je suis,
& l'on ne commence à me connoître qu'a-
lors qu'on m'a perdu de vûë. L'Aigle qui
regarde le Soleil fixement, fille la paupiere devant moy. Je ne sçay pas si parmi mes Ancêtres, on a compté quelque
Lion, mais à la campagne le chant du
Coq me met en fuite; & à parler franchement, j'ai de la peine moi-même à

Tome I. R

vous expliquer mon être, à moins que
vous vous figuriez ce que fait faire à son
sabot, un petit garçon quand il le fouëtte.
je le fais faire à tout le monde. Hé bien,
Monsieur, c'est là parler bien clair ; & si,
je gage que vous n'y entendez goute. O
bien, sur ma foy, je ne vous l'explique-
rai pas, à moins que vous ne me le com-
mandiez ; car en ce cas là, je vous con-
fesserai ingenuëment, que le mot que
vous cherchez, est le Sommeil ; & je ne
sçaurois m'en défendre, car je suis, & je
ferai toute ma vie, Monsieur,

Votre tres-obeïssant.

LETTRES
AMOUREUSES
DE MONSIEUR
DE CYRANO
BERGERAC.

A MADAME **
LETTRE XL.

ADAME,

Pour une personne aussi belle qu'Alcidiane, il vous falloit sans doute, comme
à cette Heroïne, une demeure inaccessi-
ble; car puisqu'on n'abordoit à celle du
Roman que par hazard, & que sans un
hazard semblable on ne peut aborder

chez vous ; je croi que par enchantement
vos charmes ont transporté ailleurs , depuis ma sortie , la Province où j'ai eu
l'honneur de vous voir ; je veux dire ,
Madame , qu'elle est devenuë une seconde Isle flotante , que le vent trop furieux
de mes soûpirs poussent & font reculer
devant moy , à mesure que j'essaye d'en
approcher. Mes Lettres mêmes , pleines
de soûmissions & de respects , malgré
l'art & la routine des Messagers les mieux
instruits, n'y sçauroient aborder. Il ne me
sert de rien que vos loüanges qu'elles pu-
blient , les fasse voler de toutes parts , elles ne vous peuvent rencontrer ; & je croi
même que si par le caprice du hazard ou
de la Renommée qui se charge fort souvent de ce qui s'adresse à vous , il en tom-
boit quelqu'une du Ciel dans votre cheminée , elle seroit capable de faire évanoüir votre Château. Pour moy, Madame , après des avantures si surprenantes ,
je ne doute quasi plus que votre Comté
n'ait changé de Climat avec le Païs qui
luy est Antipode , & j'apprehende que
je cherchant dans la Carte , je ne rencontre à sa place , comme on trouve aux extrêmitez du Septentrion (Cecy est une
Terre où les Glaces empêchent d'aborder.) Ah , Madame ! le Soleil à qui vous
ressemblez , & à qui l'ordre de l'Univers
ne permet point de repos, s'est bien fixé dans les Cieux pour éclairer une victoire , où il n'avoit presque pas d'inte-
rêst. Arrêtez-vous pour éclairer la plus

belle des vôtres ; car je proteste (pourvû que vous ne fassiez plus disparoître
ce Palais enchanté , où je vous parle tous
les jours en esprit) que mon entretien
muet & discret ne vous fera jamais entendre que des vœux , des hommages &
des adorations. Vous sçavez que mes
Lettres n'ont rien qui puisse estre suspect. Pourquoy donc apprehendez-vous
la conversation d'une chose qui n'a jamais parlé ? Ah , Madame ! s'il m'est
permis d'expliquer mes soupçons , je
pense que vous me refusez votre vûë ,
pour ne pas communiquer plus d'une
fois , un miracle avec un prophane. Cependant vous sçavez que la conversion
d'un incredule comme moy , (c'est une
qualité que vous m'avez jadis reprochée)
demanderoit que je visse un tel miracle
plus d'une fois. Soyez donc accessible
aux témoignages de veneration que j'ay
dessein de vous rendre. Vous sçavez
que les Dieux reçoivent favorablement
la fumée de l'encens que nous leur brû-
lons icy-bas , & qu'il manqueroit quelque chose à leur gloire , s'ils n'étoient
adorez : Ne refusez donc pas de l'estre ;
car si tous leurs attributs sont adora-
bles , puisque vous possedez tres-émi-
nemment les deux principaux , la Sagesse & la Beauté , vous me feriez faire
un crime , si vous m'empêchiez d'adorer en votre personne le divin caractere
que les Dieux y ont imprimé ; moy princi-

R 3

palement, qui suis & serai toute ma vie,
Madame,

Votre trrs-humble Serviteur.

AUTRE.

LETTRE XLI.

Madame,

Le feu dont vous me brûlez, a si peu
de fumée, que je défie le plus severe Ca-
puchon d'y noircir sa conscience & son
humeur. Cette échauffaison celeste, pour
qui tant de fois saint Xavier pensa crever son pourpoint, n'étoit pas plus pure
que la mienne, puisque je vous aime
comme il aimoit Dieu, sans vous avoir
jamais vûë. Il est vrai que la personne qui
me parla de vous, fit de vos charmes un
Tableau si achevé, que tant que dura le
travail de son chef-d'œuvre, je ne pus
m'imaginer qu'il vous peignoit, mais
qu'il vous produisoit. C'a été sur sa caution que j'ai capitulé de me rendre; ma
Lettre en est l'ôtage. Traitez-la, je vous
prie, humainement, & agissez avec elle
de bonne grace; car quand le droit des
Gens ne vous y obligeroit pas, la prise
n'est pas si peu considerable, qu'elle en
puisse faire rougir le Conquerant. Je ne
nie pas à la verité, que la seule imagina-

tion des puiffans traits de vos yeux, ne
m'ait fait tomber les armes de la main,&
ne m'ait contraint de vous demander la
vie : Mais aufli, en verité, je penfe avoir
beaucoup aidé à votre victoire. Je com-
battois, comme qui vouloit être vaincu ;
je prefentois à vos affauts toûjours le côté le plus foible ; & tandis que j'encoura-
geois ma raifon au triomphe, je formois
en mon ame des vœux pour fa défaite.
Moi-même contre moi, je vous prêtois
main-forte;& cependant le repentir d'un
deffein fi temeraire me forçoit d'en pleurer. Je me perfuadois que vous tiriez ces
larmes de mon cœur, pour le rendre plus
combuftible, ayant ôté l'eau d'une maifon où vous vouliez mettre le feu ; & je
me confirmois dans cette penfée, lors
qu'il me venoit en memoire que le cœur
eft une place au contraire des autres,
qu'on ne peut garder, fi on ne la brûle.
Vous ne croyez peut-être pas que je parle
ferieufement : fi fait, en verité ;& je vous
protefte, fi je ne vous vois bien-tôt, que
la bile & l'amour me vont rôtir d'une
telle forte, que je laifferai aux Vers du
Cimetiere l'efperance d'un maigre dé-
jeûné. Quoi ? vous vous en riez ? Non,
non, je ne me mocque point, & je prevoi, par tant de Sonnets, de Madrigaux,
& d'Elegies que vous avez reçus ces
jours-ci de moi qui ne fçais ce que c'eft
de Poëfie, que l'amour me deftine au
voyage du Royaume des Dieux, puis
qu'il m'a enfeigné la langue du Pays. Si

R 4

toutefois quelque pitié vous émeut à dif-
ferer ma mort, mandez-moi que vous
me permettez de vous aller offrir ma fervitude; car fi vous ne le faites, & bien-
tôt, on vous reprochera que vous avez,
fans connoissance de cause, inhumaine-
ment tué de tous vos Serviteurs, le plus
passionné, le plus humble, & le plus
obéissant Serviteur,

De Bergerac.

AUTRE.

LETTRE XLII.

Madame,

Vous me voulez du bien. Ah! dés la
premiere ligne, je fuis votre tres-humble,
tres-obéissant, & tres-passionné Serviteur: car je fens déja mon ame, par l'ex-
cès de fa joye, se répandre fi loin de moi,
qu'elle aura passé fur mes levres auparavant que j'aye le temps de finir ainfi ma
Lettre. Toutefois la voilà concluë; & je
puis, fi je veux, la fermer: aussi-bien,
puisque vous m'assurez de votre affection, tant de lignes ne font pas necessaires contre une place prise; & n'étoit que
c'est la coûtume qu'un Heros meure debout, & un Amoureux en fe plaignant,
j'aurois pris congé de vous & du Soleil,
fans vous le faire sçavoir: mais je fuis q·

bligé d'employer les derniers soûpirs de ma vie à publier, en vous disant adieu, que j'expire d'amour ; vous sçaurez bien pour qui. Vous croirez peut-être que le mourir des Amans n'est autre chose qu'u-ne façon de parler, & qu'à cause de la conformité des noms & de l'Amour & de la Mort, ils prennent souvent l'un pour l'autre : mais je suis fort assuré que vous ne douterez pas de la possibilité du mien, quand vous aurez consideré la violence & la longueur de ma maladie ; & moins encore, quand après avoir lû ce discours, vous trouverez à l'extremité, Madame,

Votre Serviteur.

AUTRE.

LETTRE XLIII.

Madame,

Bien loin d'avoir perdu le cœur quand je vous fis hommage de ma liberté, je me trouve au contraire depuis ce jour-là le cœur beaucoup plus grand. Je pense qu'il s'est multiplié, & que comme s'il n'é-toit pas assez d'un pour tous vos coups, il s'est efforcé de se reproduire en toutes mes arteres, où je le sens palpiter, afin d'être present en plus de lieux, & deve-nir lui seul le seul objet de tous vos traits. Cependant, Madame, la franchise, ce

R 4

tresor precieux pour qui Rome autrefois
a risqué l'Empire du monde , cette charmante liberté , vous me l'avez ravie ; &
rien de ce qui chez l'ame se glisse par les
sens, n'en a fait la conquête. Votre esprit
seul meritoit cette gloire ; sa vivacité, sa
douceur, son étenduë & sa force, valoient
bien que je l'abandonnasse à de si nobles
fers ; cette belle & grande ame , élevée
dans un Ciel , si fort au dessus de la raisonnable , & si proche de l'intelligible ,
qu'elle en possede éminemment tout le
beau , & je dirois même beaucoup du
Souverain Createur qui l'a formée , si de
tous les attributs , qui sont essentiels à sa
perfection , il ne manquoit en elle celui
de misericordieuse. Oui, si l'on peut imaginer dans une Divinité quelque défaut,
je vous accuse de celui-là. Ne vous sou-
vient-il pas de ma derniere visite, où me
plaignant de vos rigueurs, vous me pro-
mîtes, au sortir de chez vous, que je vous
retrouverois plus humaine , si vous me
retrouviez plus discret , & que je vinsse ,
en me disant adieu, le lendemain , parce
que vous aviez resolu d'en faire l'épreuve ? Mais helas ! demander l'espace d'un
jour , pour appliquer le remede à des
blessures qui sont au cœur, n'est-ce pas
attendre , pour secourir un malade, qu'il
ait cessé de vivre ? Et ce qui m'étonne encore davantage, c'est que vous défiant que
ce miracle ne puisse arriver , vous fuyez
de chez vous pour éviter ma rencontre
funeste. Hé bien , Madame , hé bien ,

fuyez-moi, cachez-vous, même de mon
souvenir ; on doit prendre la fuite, & l'on
se doit cacher quand on a fait un meurtre. Que dis-je, grands Dieux ? Ah ! Madame, excusez la fureur d'un desesperé.
Non, non, paroissez, c'est une Loi pour
les hommes, qui n'est pas faite pour
vous ; car il est inoüi que les Souverains
ayent jamais rendu compte de la mort de
leurs Esclaves. Oui, je dois estimer mon
sort tres-glorieux, d'avoir merité que
vous prissiez la peine de causer sa ruine ;
car du moins, puisque vous avez daigné
me haïr, ce sera un témoignage à la posterité, que je ne vous étois pas indifferent. Aussi la mort dont vous avez crû
me punir, me cause de la joie ; & si vous
avez de la peine à comprendre quelle
peut être cette joie, c'est la satisfaction
secrette que je ressens d'être mort pour
vous, en vous faisant ingrate. Oui, Madame, je suis mort, & je prevoi que vous
aurez bien de la difficulté à concevoir
comment il se peut faire, si ma mort est
veritable, que moi-même je vous en
mande la nouvelle. Cependant il n'est
rien de plus vrai ; mais apprenez que
l'homme a deux trépas à souffrir sur la
terre ; l'un violent, qui est l'amour, &
l'autre naturel, qui nous réjoint à l'in-
dolence de la matiere ; & cette mort,
qu'on appelle Amour, est d'autant plus
cruelle, qu'en commençant d'aimer, on
commence aussi-tôt à mourir. C'est le
passage reciproque de deux ames qui se

cherchent, pour animer en commun ce qu'elles aiment, & dont une moitié ne peut être separée de sa moitié sans mourir, comme il est arrivé, Madame,

à Votre fidelle Serviteur.

AUTRE.

LETTRE XLIV.

Madame,

Suis-je condamné de pleurer encore bien long-temps ? Hé, je vous prie, ma belle Maîtresse, au nom de votre bon Ange, faites-moi cette amitié, de me découvrir là-dessus votre intention, afin que j'aille de bonne heure retenir place aux Quinze-Vingts, parce que je prevoi que de votre courtoisie, je suis predestiné à mourir aveugle : Oui aveugle (car votre ambition ne se contenteroit pas que je fusse simplement borgne.) N'avez-vous pas fait deux alambics de mes deux yeux, par où vous avez trouvé l'invention de distiler ma vie, & de la convertir en eau toute claire ? En verité, je soupçonnerois (si ma mort vous étoit utile, & si ce n'étoit la seule chose que je ne puis obtenir de votre pitié) que vous n'épuisez ces sources d'eau, qui sont chez moi, que pour me brûler plus facilement ; & je

commence d'en croire quelque chose,
depuis que j'ai pris garde, que plus mes
yeux tirent l'humide de mon cœur, plus
il brûle. Il faut bien dire que mon pere
ne forma pas mon corps du même argile
dont celui du premier homme fut composé, mais qu'il le tailla sans doute d'une
pierre de chaux, puisque l'humidité des
larmes que je répands, m'a tantôt consumé : Mais consumé, croiriez-vous
bien, Madame, de quelle façon ? je n'o-
serois plus marcher dans les ruës embra-
sé comme je suis, que les enfans ne m'environnent de fusées, parce que je leur
semble une figure échappée d'un feu d'artifice; ni à la Campagne, qu'on ne me
prenne pour un de ces Ardens qui traînent les Gens à la riviere. Enfin, vous
pouvez connoître tout ce que cela veut
dire; c'est, Madame, que si vous ne revenez, & bien-tôt, vous entendrez dire
à votre retour, quand vous demanderez
où je demeure, que je demeure aux Tuil-
leries, & que mon nom c'est la bête à feu,
qu'on fait voir aux Badauts pour de l'argent. Alors vous serez bien honteuse,
d'avoir un Amant Salemandre, & le regret, de voir brûler dés ce Monde, Madame,

            Votre Serviteur.

AUTRE.

LETTRE XLV.

MADEMOISELLE,

J'ai reçu vos magnifiques brasselets, qui m'ont semblé tout glorieux de porter vos chiffres. Ne craignez plus après cela, qu'un prisonnier arrêté par les bras & par le cœur, vous puisse échapper. Je confesse cependant que votre don m'eût été suspect, à cause qu'il entre presque toûjours des cheveux & des caracteres dans la composition des charmes : mais comme vous avez tant d'autres moyens plus nobles pour causer la mort, je n'ai garde de vous soupçonner de sortilege ; & puis, j'aurois tort de me dérober aux secrets de votre magie, ne m'étant pas possible de me soustraire à mon Horoscope, qui s'est accordée avec la vôtre, de ma triste avanture. Ajoûtez à cette consideration, qu'elle sera beaucoup plus recommandable, si elle arrive par des moyens surnaturels, & s'il faut un miracle pour la causer. Je m'imagine, Mademoiselle, que vous prenez ceci pour une raillerie. Hé bien ! parlons serieusement. Dites-moi donc en conscience : n'est-ce pas acquerir un cœur à bon marché, qui ne vous coûte que cinq ou six coups de brosse ? Par ma foi, si vous en trouvez d'autres à ce prix-là, je vous conseille de les prendre ; car il peut revenir plus facilement des cheveux à la tête, que des cœurs à la poitrine : mais n'auriez-vous point choisi par malice, des cheveux à me faire present, pour m'expliquer en herogliphe, l'insensibilité de votre cœur ? Non, je vous tiens plus genereuse. Mais quelque mal-intentionnée que vous soyez, je confonds tellement dans ma joye toutes les choses qui me viennent de votre part, que les mains qui m'outragent ou qui me caressent, me sont également souhaitables, pourvû qu'elles soient les vôtres ; & la Lettre que je vous envoye en est une preuve, puis qu'elle ne tend qu'à vous remercier de m'avoir lié les bras, de m'avoir tiré par les cheveux ; & par toutes ces violences, de m'avoir fait, Mademoiselle,

Votre Serviteur.

AUTRE.

LETTRE XLVI.

Madame,

Je ne me plains pas seulement du mal que vos beaux yeux ont eu la bonté de me faire ; je me plains encore d'un plus cruel, que leur absence me fait souffrir. Vous laissâtes en mon cœur, lors que je

pris congé de vous, une insolente, qui
sous pretexte qu'elle se dit votre idée, se
vante d'avoir sur moi puissance de vie &
de mort, encore elle encherit tyrannique-
ment sur votre empire, & passe à cet excés d'inhumanité, de déchirer les playes
que vous aviez fermées, & d'en creuser
de nouvelles dans les vieilles qu'elle sçait
ne pouvoir guerir. Mandez-moi, je vous
prie, quand cet Astre qui semble n'avoir
éclipsé que pour moi, reviendra dissiper
les nuages de mes inquietudes. N'est-ce
pas assez donner d'exercice à cette constance, à qui vous promettiez le triomphe? Ne m'aviez-vous pas juré, en partant pour votre voyage, que toutes mes
fautes étoient effacées, que vous les ou-
bliiez pour jamais, & que jamais vous ne
m'oublieriez? O belles esperances, qui se
sont évanoüies avec l'air qui les a formées! A peine eûtes-vous achevé ces paroles trompeuses, répandu quelques larmes perfides, & poussé des soupirs arti-
ficieux, dont votre bouche & vos yeux
démentoient votre cœur, que fortifiant
en votre ame un reste de cruauté cachée,
vous redoublâtes vos caresses, afin d'é-
terniser en ma memoire le cruel souvenir
de vos faveurs que j'avois perdues. Mais
vous fîtes encore davantage, vous vous
éloignâtes des lieux où ma vûë auroit
été capable de vous toucher de pitié; &
vous vous absentâtes de moi, pendant
mon supplice, comme le Roi s'éloigne
de la Place où l'on execute les Criminels,
de

de peur d'être importunez de leur grace.
Mais à quoi, Madame, tant de précau-
tions ? Vous connnoissez trop bien la
puissance de vos coups, pour en apprehender la guerison. La Medecine qui parle de toutes les maladies, n'a rien écrit de
celle qui me tuë; à cause qu'elle en parle,
comme les pouvant traitter ; mais celle
qu'a produit en moi votre amour, est
une maladie incurable ; car le moyen de
vivre, quand on a donné son cœur, qui
est la cause de la vie ? Rendez-le-moi
donc, ou me donnez le vôtre en la place
du mien ; autrement, dans la resolution
où je suis de terminer par une mort sanglante ma pitoyable destinée, vous allez
attacher aux conquêtes que meditent vos
yeux, un trop funeste augure, si la victime que je vous dois immoler, se rencontre sans cœur. Je vous conjure donc encore une fois, puis que pour vivre vous
n'avez pas besoin de deux cœurs, de
m'envoyer le vôtre, afin que vous sacri-
fiant une hostie entiere, elle vous rende
& l'Amour & la Fortune propices, &
m'empêche de faire une mauvaise fin,
quand même je ferois tomber au bas de
ma Lettre, mal à propos, que je suis &
je serai jusques dans l'autre monde, Madame,

Votre fidelle Esclave.

AUTRE.

LETTRE XLVII.

MADAME,

Vous vous plaignez d'avoir reconnu
ma paſſion dès le premier moment que
la Fortune m'obligea de votre rencontre ;
mais vous à qui votre miroir fait connoître, quand il vous montre votre image,
que le Soleil a toute ſa lumiere & toute
ſon ardeur dès l'inſtant qu'il paroiſt, quel
motif avez-vous de vous plaindre d'une
choſe à qui ni vous ni moy ne pouvons
apporter d'obſtacle ? Il eſt eſſentiel à la
ſplendeur des rayons de votre beauté,
d'illuminer les corps, comme il eſt naturel au mien de réflechir vers vous cette
lumiere que vous jettez ſur moy ; & de
même qu'il eſt de la puiſſance du feu de
vos brulans regards, d'allumer une matiere diſpoſée, il eſt de celle de mon cœur
d'en pouvoir être conſumé. Ne vous
plaignez donc pas, Madame, avec inju-
ſtice, de cet admirable enchaînement
dont la Nature a joint d'une ſocieté commune les effets avec leurs cauſes. Cette
connoiſſance imprévuë eſt une ſuite de
l'ordre qui compoſe l'harmonie de l'U-
nivers ; & c'étoit une neceſſité prévuë au
jour natal de la Creation du Monde, que

je vous viſſe vous connuſſe, & vous aimaſ-
ſe. Mais parce qu'il n'y a point de cauſe
qui ne tende à une fin, le point auquel nous
devions unir nos ames étant arrivé, vous
& moi tenterions en vain d'empêcher notre deſtinée. Mais admirez les mouve-
mens de cette predeſtination ; ce fut à la
Pêche où je vous rencontrai. Les filets
que vous dépliâtes en me regardant, ne
vous annonçoient-ils pas ma priſe ? &
quand j'euſſe évité vos filets, pouvois-je
me ſauver des hameçons pendus aux lignes de cette belle Lettre que vous me
fiſtes l'honneur de m'envoyer quelques
jours aprés, dont chaque parole obli-
geante n'étoit compoſée de pluſieurs caraĉteres, qu'afin de me charmer. Auſſi je
l'ai reçuë avec des reſpeĉts, dont je ferois l'expreſſion, en diſant que je l'adore,
ſi j'étois capable d'adorer quelque autre
choſe que vous. Je la baiſay au moins
avec beaucoup de tendreſſe, & je m'ima-
ginois, en preſſant mes levres ſur votre
chere Lettre, baiſer votre bel eſprit, dont
elle eſt l'ouvrage. Mes yeux prenoient
plaiſir de repaſſer pluſieurs fois ſur tous
les caraĉteres que votre plume avoit marquez. Inſolens de leur fortune, ils atti-
roient chez eux toute mon ame, & par
de longs regards, s'y attachoient, pour ſe
joindre à ce beau crayon de la vôtre. Vous
fuſſiez-vous imaginé, Madame, que d'u-
ne feüille de papier j'euſſe pû faire un ſi
grand feu ? Il n'éteindra jamais pourtant,
que le jour ne ſoit éteint pour moy. Que

ſi mon ame & mon amour ſe partagent
en deux ſoupirs ; quand je mourrai, celui de mon amour partira le dernier. Je
conjurerai, à l'agonie, le plus fidelle de
mes amis, de me reciter cette aimable
Lettre ; & lors qu'en liſant il ſera parve-
nu à la fin, où vous vous abaiſſez juſqu'à
vous dire ma Servante ; je m'écrierai juſqu'à la mort : Ah ! cela n'eſt pas poſſible ; car moi-même j'ai toûjours été, Madame,

Votre Serviteur.

F I N.

LE

PEDANT

JOUÉ,

COMEDIE.

ACTEURS.

GRANGER, Pedant.

CHASTEAUFORT, Capitane

MATHIEU GAREAU, Paysan.

DE LA TREMBLAYE, Gentil-
homme, amoureux de la Fille du Pedant.

CHARLOT GRANGER, Fils
du Pedant.

CORBINELI, Valet du jeune
Granger, Fourbe.

PIERRE PAQUIER, Cuistre
du Pedant, faisant le Plaisant.

FLEURY, Cousin du Pedant.

MANON, Fille du Pedant.

GENEVOTE, Sœur de Mon-
sieur de la Tremblaye.

CUISTRES.

*La Scene est à Paris, au College
de Beauvais.*

LE
PEDANT
JOUÉ,
COMEDIE.

ACTE PREMIER.
SCENE PREMIERE.

GRANGER, CHASTEAUFORT, PAQUIER.

GRANGER.

 PAR les Dieux Jumeaux, tous les monstres ne sont pas en Afrique. Et de grace, Satrape du Palais Stigial, donne-moy la définition de ton individu. Ne serois-tu point un être de raison, une chimere, un accident sans substance, un élixir de la ma-

tiere premiere, un spectre de drap noir ?
Ah ! tu n'es sans doute que cela, ou tout
au plus un grimaut d'Enfer, qui fait l'é-
cole buissonniere.

CHASTEAUFORT.

Puisque je te vois curieux de connoître
les grandes choses, je veux t'apprendre
les miracles de mon berceau. La Nature
se voyant incommodée d'un si grand bien,
eut la hardiesse de s'imaginer qu'elle me
pouvoit produire. Pour cet effet, elle
empoigna les ames de Samson, d'Hector,
d'Achille, d'Ajax, de Cyrus, d'Epami-
nondas, d'Alexandre, de Romule, de
Scipion, d'Annibal, de Sylla, de Pompée, de Pyrrhus, de Caton, de Cesar &
d'Antoine ; puis les ayant pulverisées,
calcinées, rectifiées, elle reduisit toute
cette confection, en un spirituel sublimé,
qui n'attendoit plus qu'un fourreau pour
s'y fourer. Nature glorieuse de sa réüssite,
ne put goûter moderément sa joye, elle
clabauda son chef-d'œuvre par-tout ;
l'Art en devint jaloux ; & fâché, disoit-
il, qu'une Teigneuse emportât toute seule
la gloire de m'avoir engendré, la traita
d'ingrate, de superbe, lui déchira sa coëf-
fe. Nature de son côté prit son ennemi
aux cheveux ; enfin l'un & l'autre battit
& fut battu. Le tintamarre des démentis,
des soufflets des bastonnades, m'éveilla.
Je les vis ; & jugeant que leurs démêlez
ne portoient pas la mine de prendre si-tôt
fin, je me créai moi-même. Depuis ce
temps-là leur querelle dure encore ; par-
tout

tout vous voyez ces irreconciliables ennemis se prêter le colet; & les descrip-
tions de nos Ecrivains d'aujourd'huy ne
font lardées d'autre chose que des faits
d'armes de ces deux Gladiateurs; à cause
que prenant à bon augure d'être né dans
la guerre, je leur commandai, en memoire de ma naissance, de se battre jufqu'à la fin du monde, sans se reposer.
Donc, afin de ne pas demeurer ingrat,
je voulus dépêtrer la Nature de ces Dieu-
telets, dont l'insolence la mettoit en cervelle. Je les mandai, ils obeïrent; enfin
je prononçai cet immuable arrest. Gail-
larde Troupe, quand je vous ai convoquez,
la plus misericordieuse intention que
j'eusse pour vous, étoit de vous annihiler;
mais craignant que votre impuissance ne
reprochât à mes mains l'indignité de
cette victoire, voicy ce que j'ordonne
de votre sort. Vous autres Dieux, qui
sçavez si bien courir, comme Saturne
Pere du Temps, qui mangeant & devorant tout, court à l'Hôpital; Jupiter, qui
comme ayant la tête fêlée depuis le coup
de hache qu'il reçut de Vulcain, doit
courir les ruës; Mars qui comme Soldat
court aux armes; Phébus, qui comme
Dieu des Vers, court la bouche des Poëtes; Vénus, qui comme Putain court l'é-
guillette; Mercure, qui comme Messa-
ger, court la Poste; & Diane, qui comme Chasseresse, court les Bois; vous prendrez la peine, s'il vous plaît, de monter
tous sept à califourchon sur une Etoile,

Là vous courrez de si bonne sorte, que vous n'aurez pas le loisir d'ouvrir les yeux.

PAQUIER.

En effet, les Planetes sont justement ces sept-là.

GRANGER.

Et des autres Dieux, qu'en sistes-vous?

CHASTEAUFORT.

Midy sonna, la faim me prit, j'en sis un saupiquet pour mon dîner.

PAQUIER.

Domine, ce fut assurément en ce temps-là que les Oracles cesserent.

CHASTEAUFORT.

Il est vrai; & dés lors ma complexion prenant part à ce salmigondis de Dieux, mes actions ont été toutes extraordinaires: car si j'engendre, c'est en Deucalion; si je regarde, c'est en Bazilic; si je pleure, c'est en Heraclite; si je ris, c'est en Democrite; si j'écume, c'est en Cerbere; si je dors, c'est en Morphée; si je veille, c'est en Argus; si je marche, c'est en Juif errant; si je cours, c'est en Pacolet; si je vole, c'est en Dédale; si je m'arrête, c'est en Dieu Therme; si j'ordonne, c'est en Destin; enfin vous voyez celui qui fait que l'Histoire du Phénix n'est pas un Conte.

GRANGER.

Il est vrai qu'à l'âge où vous êtes, n'avoir point de barbe, vous me portez la mine, aussi-bien que le Phénix, d'être incapable d'engendrer. Vous n'êtes ny masculin, ny feminin, mais neutre;

Vous avez fait de votre Dactile un Tro-
quée, c'est à dire que par la soustraction
d'une bréve, vous vous êtes rendu impo-
tent à la propagation des individus. Vous
êtes de ceux dont le sexe femelle

Ne peut ouïr le nominatif
A cause de leur genitif,
Et souffre mieux le vocatif
De ceux qui n'ont point de datif.
Que de ceux dont l'accusatif
Apprend qu'ils ont un ablatif.
J'entens que le diminutif
Qu'on fit de vray trop excessif
Sur votre flasque genitif,
Vous prohibe le conjonctif.
Donc, puisque vous estes passif,
Et ne pouvez plus estre actif,
Témoin le poil indicatif
Qui m'en est fort persuasif;
Je vous fais un imperatif
De n'avoir jamais d'optatif
Pour aucun genre subjunctif,
De nunc, jusqu'à l'infinitif;
Ou je fais sur vous l'adjectif
Du plus effroyant positif
Qui jamais eut comparatif;
Et si ce rude partitif,
Dont je serai distributif,
Et vous le sujet collectif,

                              T 2

N'est le plus beau superlatif,
Et le coup le plus sensitif
Dont Homme soit memoratif ;
Je jure par mon jour natif,
Que je veux pour ce seul motif,
Qu'un sale & sanglant vomitif,
Surmontant tout confortatif,
Tout lenitif, tout restrictif,
Et tout bon corroboratif,
Soit le chastiment primitif,
Et l'effroyable exprimitif
D'un discours qui seroit fautif :
Car je n'ay le bras si chetif,
Ny vous le talon si fuitif,
Que vous ne fussiez portatif
D'un coup bien significatif.

   O visage ! ô portrait naif !
O souverain expeditif
Pour guérir tout sexe lascif,
D'amour naissant, ou effectif !
Genre neutre, genre mitif,
Qui n'estes Homme qu'abstractif.
Grace à votre copulatif,
Qu'a rendu fort imperfectif
Le cruel tranchant d'un ganif,
Si pour soudre ce Locogrif
Vous avez l'esprit trop tardif,
A ces mots soyez attentif.
   Je fais vœu de me faire Juif,

Au lieu d'eau de boire du suif,
D'être mieux damné que Caïf,
D'aller à pied voir le Cherif,
De me rendre à Tunis captif,
D'être berné comme escogrif,
D'être plus maudit qu'un Tarif,
De devenir ladre & poussif,
Bref par les mains d'un fort bâtif,
Couronné de Cyprés & d'If,
Passer dans le mortel Esquif
Au Païs où l'on est oisif;
Si jamais je deviens rétif
A l'agreable executif
Du vœu dont je suis l'inventif,
Et duquel le preparatif
Est, beau Sire, un bâton massif,
Qui sera le dissolutif
De votre demi substantif;
Car c'est mon vouloir décisif,
Et mon Testament, mort, ou vif.

Mais parler ainsi, c'est vous donner à
foudre les emblêmes d'un Sphinx, c'est
perdre son huile & son temps, c'est écrire
sur la mer, bâtir sur l'arene, & fonder
sur le vent. Enfin je connois que si vous
avez quelque teinture des Lettres, ce
n'est pas de celles des Gobelins ; car, par
Jupiter Ammon, vous êtes un ignorant.

CHASTEAUFORT.

De Lettres! Ah que me dites-vous ? des

T 3

ames de terre & de boüe pourroient s'a-
muter à ces vetilles ; mais pour moy je
n'écris que sur les corps humains.

GRANGER.

Je le voy bien. C'est peut-être ce qui
vous donne envie d'appuyer votre plume charnelle sur le parchemin vierge de
ma Fille. Elle n'en seroit pas contristée,
la pauvrette ; car une femme aujourd'hui
aime mieux les bêtes que les hommes,
suivant la regle, *As petit bec.* Vous aspi-
rez, aussi-bien qu'Hercule, à ses colonnes
yvoirines : mais l'orifice, l'orée & l'ourlet de ses guêtres, est pour vous un *Ne
plus ultra.* Premiérement, à cause que
vous êtes veuf d'une pucelle qui vous fit
faire plus de chemin en deux jours, que
le Soleil n'en fait en huit mois dans le Zo-
diaque ; vous courûtes de la Vierge au
Chancre en moins de vingt-quatre heures, d'où vous entrâtes au Verseau sans
avoir vû d'autre signe en passant que celuy du Capricorne. La seconde objection
que je fais, est que vous estes Normand :
Normandie, *quasi* venu du Nord pour
mandier. De votre nation les serviteurs
font traîtres, les égaux insolens, & les
maîtres insupportables. Jadis le blazon
de cette Province étoit trois faux, pour
montrer les trois especes de faux qu'engendre ce Climat. *Scilicet*, Faux-sauniers,
Faux-témoins, Faux-monnoyeurs ; je ne
veux point de Faussaires en ma maison.
La troisiéme, qui m'est une raison invincible, c'est que votre bourse est malade
d'un flux de vent, , dont la mienne ap-

prehende la contagion. Je ſçai que votre mine ſeule feroit trembler le plus ferme manteau d'aujourd'hui : mais en cet âge de fer on juge de nous par ce que nous avons, & non par ce que nous ſommes. La pauvreté fait le vice ; & ſi vous me demandez, *Cur tibi deſpiciar ?* je vous répons *Nunc omnibus iter ad aurum.* D'un certain riche Laboureur la Charruë m'éblouïr, & je ſuis tout à fait reſolu, que puiſque *hic dat or, I longum ponat* dans ſon O *commune.* C'eſt pourquoi je vous conſeille de ne plus approcher ma fille en Roi d'Egypte, c'eſt à dire qu'on ne vous voye point auprès d'elle dreſſer la pyramide à ſon intention. Quoy que j'aime les regles de la Grammaire, je ne prendrois pas plaiſir de vous voir accorder enſemble le maſculin avec le feminin ; & je craindrois que, *ſi duo continuè jungantur, ſixa vox una fit vox,* un malevole n'inferit : *Optaſt ſibi jungere caſus.*

CHASTEAUFORT.

Il eſt vray, Dieu me damne, que votre fille eſt folle de mon amour ; mais quoy ? c'eſt mon foible de n'avoir jamais pû regarder de femme ſans la bleſſer. La petite gueuſe toutefois a ſi bien ſçu friponner mon cœur ; ſes yeux ont ſi bien ſçu paillarder ma penſée, que je lui pardonne quaſi la hardieſſe qu'elle a priſe de me donner de l'amour. Genereux Gentilhomme, me dit-elle l'autre jour, (la pauvrette ne ſçavoit pas mes qualitez) l'Univers a beſoin de deux Conquerans, la race en est éteinte en vous, si vous ne me regardez d'un œil de misericorde : Comme vous êtes un Alexandre, je suis une Amazone; faisons sortir de nous deux un Plus-que-Mars, de qui la naissance soit utile au genre humain, & dont les armes, après avoir dispensé la mort aux deux bouts de la Terre, fassent un si puissant Empire, que jamais le Soleil ne se couche pour tous ses peuples. J'avois de la peine à me rendre entre les bras de cette passion; mais enfin, je vainquis, en me vainquant, tout ce qu'il y a de grand au monde; c'est dire que je l'aimai. Je ne veux pas pourtant que tant de gloire vous rende orgueilleux; mais que vous vous humiliiez en votre neant que j'ai voulu choisir pour faire hautement éclater ma puissance. Vous craignez, je le voi bien, que je ne méprise votre pauvreté : mais quand il plaira à cette épée, elle fera de l'Amerique & de la Chine, une basse-court de votre maison.

GRANGER.

O! Microcosme de visions fanatiques! *Vade retro*; autrement, après vous avoir apostrophé du bras gauche, *Addetur huic dexter, cui syncopa fiet ut alter :* & pour toute emplâtre de ces balafres, vous serez medicamenté d'un *sic volo, sic jubeo, sic pro ratione voluntas.* Loin d'icy, prophane, si vous ne voulez que je mette en usage, pour vous punir, toutes les regles de l'Arithmetique. Ma colere *primò* commencera par la Demonstration; puis mar-

ehera enfuite une pofition de foufflets :
Item , une Addition de baftonnades : *Hine*,
une Fraction de bras : *illine* , une Souftra-
ction de jambes. De-là je ferai grêler une
Multiplication de coups , tapes, taloches,
horions , fendans , eftocs , revers , eftra-
maçons , caffe-mufeaux fi épouvantables,
qu'après cela l'œil d'un Linx ne pourra
pas faire la moindre Divifion, ni Subdi-
vifion de la plus groffe parcelle de votre
miférable Individu.

CHASTEAUFORT.

Et moy , chetif excommunié, j'aurois
déja fait fortir ton ame par cent playes ,
fans la dignité de mon Être , qui me défend d'ôter la vie à quelque chofe de
moindre qu'un geant ; & même je te
pardonne, à caufe qu'infailliblement l'I-
gnorance de ce que je fuis , t'a jetté dans
ces extravagances. Cependant me voicy
fort en peine ; car pouvoit-il me méconnoître, puifque pour fçavoir mon nom,
il ne faut qu'eftre de ce monde ? Sçachez
donc, Meffire Jean , que je fuis celuy
qu'on ne peut exterminer fans faire une
épitaphe à la Nature ; & le Pere des Vaillans, puifqu'à tous je leur ay donné la
vie.

GRANGER.

Pardonnez , grand Prince , à mon peu
de foy. Ce n'eft pas....

CHASTEAUFORT.

Relevez-vous, Monfieur le Curé, je
fuis content : Choififfez vîte où vous voulez regner , & cette main vous bâtit un

trône, dont l'escalier sera fait des cadavres de six cens Rois.

GRANGER.

Mon Empire sera plus grand que le Monde, si je regne sur votre cœur. Protegez-
moi seulement contre je ne sçai quel Gen-
tillâtre qui a bien l'insolence de marcher
sur vos brisées, &....

CHASTEAUFORT.

Ne vous expliquez pas ; j'aurois peur
que mes yeux en courroux ne jettassent
des étincelles, dont quelqu'une par mé-
garde vous pourroit consumer. Un mortel aura donc eu la temerité de se chauffer
à même feu que moy, & je ne puniray
pas les quatre Elemens qui l'ont souffert ?
Mais je ne puis parler, la rage me transporte, je m'en vais faire pendre l'Eau, le
Feu, la Terre & l'Air, & songer au genre
de mort dont nous exterminerons ce Pigmée qui veut faire le Colosse.

SCENE II.

GRANGER, PAQUIER.

GRANGER.

HE' bien, *Petre*, ne voila pas une di-
gue que je viens d'opposer aux ter-
reurs que me donne tous les jours Monsieur de la Tremblaye ? Car la Tremblaye
à cause de Chasteaufort, Chasteaufort à
cause de la Tremblaye, désisteront de la

poursuite de ma fille. Ce sont deux poltrons si éprouvez, que s'ils se battent jamais, ils se demanderont tous deux la vie.
Me voici cependant embarqué sur une
mer où la moitié du monde a fait naufrage. C'est l'amour chez moy, l'amour
dehors, l'amour par-tout. Je n'ay qu'une
fille à marier, & j'ai trois gendres prétendus. L'un se dit brave, je sçay le contraire; l'autre riche, mais je ne sçai; l'autre Gentilhomme, mais il mange beaucoup. O! Nature, vous croiriez vous
être mise en frais, si vous aviez fagoté
tant seulement trois belles qualitez en un
individu. Ah! Pierre Paquier, le monde
s'en va renverser.

PAQUIER.

Tant mieux ; car autrefois j'entendois
dire la même chose, que tout étoit renversé. Or si l'on renverse aujourd'hui ce
qui étoit renversé, c'est le remettre en son
sens.

GRANGER.

Mais ce n'est pas encore là ma plus grande playe. J'aime, & mon fils est mon rival. Depuis le jour que cette furieuse pensée a pris gîte au ventricule de mon cerveau, je ne mange pour toute viande, qu'un
pœnitet, tædet, miseret. Ah, c'en est fait,
je me vais pendre.

PAQUIER.

Là, là, esperez en Dieu, il vous assistera:
il assiste bien les Allemans qui ne sont pas
de ce Païs-cy.

GRANGER.

Si je l'envoyois à Venise? *Haud dubiè*
c'est le meilleur, c'est le meilleur. Oh
ouy, sans doute. Bien donc, dés demain
je le mettrai sur mer.

PAQUIER.

Au moins, ne le laissez pas embarquer,
sans attacher sur lui de l'anis à la Reine,
car les Medecins en ordonnent contre les
vents.

GRANGER.

Va-t-en dire à Charlot Granger, qu'il
avole promptement ici. S'il veut sçavoir
qui le demande, dis-luy que c'est moy.

SCENE III.

GRANGER seul.

DOnc séjongeant de nos Lares ce vo-
race absorbeur de biens, chaque sol
de rente que je soulois avoir, deviendra
parisis, & le marteau de la jalousie ne son-
nera plus les longues heures du desespoir
dans le clocher de mon ame. D'un autre
côté, me puis-je resoudre au mariage,
moy que les Livres ont instruit des accidens qu'il tire à sa cordelle ? Que je me
marie, ou ne me marie pas, je suis assuré de me repentir. N'importe, ma femme prétenduë n'est pas grande ; ayant à
vêtir une here, je ne la puis prendre trop
courte. On dit cependant qu'elle veut
plastronner sa virginité contre les estoca-

des de mes perfections. Hé ! à d'autres !
un pucelage est plus difficile à porter qu'-
une cuirasse. Toutes les femmes ne sont-
elles pas semblables aux arbres ? pourquoi
donc ne voudroient-elles pas être arro-
sées ? *At primò*, comme les arbres elles
ont plusieurs têtes ; comme les Arbres, si
elles sont trop ou trop peu humectées,
elles ne portent point ; comme les Arbres,
elles ont les fleurs auparavant les fruits ;
comme les Arbres, elles déchargent
quand on les secoüe : enfin Jean Despau-
tere le confirme, quand il dit : *Arboris est*
nomen muliebre. Mais je croy que Paquier
a bû de l'eau du fleuve *Lethé*, ou que mon
fils s'approche à pas d'ecrevisse ; je m'en
vais *obviam* droit à luy.

SCENE IV.

CHARLOT, PAQUIER.

CHARLOT.

JE ne puis rien comprendre à ton galimathias.

PAQUIER.

Pour moy, je ne trouve rien de si clair.

CHARLOT.

Mais enfin, ne me sçaurois-tu dire qui
c'est qui me demande ?

PAQUIER.

Je vous dis que c'est moy,

CHARLOT.

Comment, toy ?

PAQUIER.

Je ne vous dis pas, moy ; mais je vous dis que c'est moy ; car il m'a dit en partant : Dis-luy que c'est moy.

CHARLOT.

Ne seroit-ce point mon Pere que tu veux dire ?

PAQUIER.

Hé, vraiment ouy. A propos, je pense qu'il a envie de vous envoyer sur la mer.

CHARLOT.

Hé, quoy faire, Paquier ?

PAQUIER.

Il ne me l'a point dit ; mais je croi que c'est pour voir la Campagne.

CHARLOT.

J'ai trop voyagé, j'en suis las.

PAQUIER.

Qui vous ? je vais gager chapeau de cocu, qui est un des vieux de votre pere, que vous n'avez jamais veu la mer que dans une huistre à l'écaille.

CHARLOT.

Et toy, Paquier, en as-tu vû davantage ?

PAQUIER.

Ouy-da ; j'ay vû les Bons-Hommes, Chaillot, S. Clou, Vaugirard.

CHARLOT.

Et qu'y as-tu remarqué de beau, Paquier ?

PAQUIER.

A la verité je ne les vis pas trop bien,

pource que les murailles m'empêchoient.

CHARLOT.

Je pense, ma foy, que tes voyages n'ont pas été plus longs que sera celuy dont tu me parles. Va, tu peux l'assurer que je ne desire pas...

SCENE V.

GRANGER, CHARLOT, PAQUIER.

GRANGER.

QUe tu demeures plus long-temps icy. Viste, Charlot, il faut partir. Songe à l'adieu dont tu prendras congé des Dieux Foyers, protecteurs du toit paternel; car demain l'Aurore porte-safran ne se sera pas plûtôt jettée des bras de Tithon dans ceux de Cephale, qu'il te faudra fier à la discretion de Neptune Guide-nefs. C'est à Venise où je t'envoye; *Tau cuius patrous* m'a mandé qu'étant orbe d'hoirs mâles, il avoit besoin d'un personnage sur la fidelité duquel il pût se reposer du maniment de ses facultés. Puisque donc tu n'as jamais voulu t'abreuver au Marais fils de l'ongle du cheval emplumé, & que la lyrique harmonie du sçavant meurtrier de Pithon n'a jamais enflé ta parole, essaye si dans la marchandise, Mercure aux pieds ailés te prêtera son caducée. Ainsi le surbulent Eole te foit auſſi aſſable qu'aux pacifiques nids des alcions. Enfin, Charlot, il faut partir.

CHARLOT.

Pour où aller mon Pere?

GRANGER.

A Venife, mon Fils.

CHARLOT.

Je voi bien, Monſieur, que vous voulez éprouver ſi je ſerois aſſez lâche pour vous abandonner, & par mon abſençe vous arracher d'entre les bras un fils unique : mais non, mon Pere; ſi vos tendreſſes ſont aſſez grandes pour ſacrifier votre joye à mon avancement, mon affection eſt ſi forte, qu'elle m'empêchera de vous obeïr : auſſi, quoy que vous puiſſiez alleguer, je demeurerai ſans ceſſe auprés de vous, & ferai votre bâton de vieilleſſe.

GRANGER.

Ce n'eſt pas pour prendre votre avis, mais pour vous apprendre ma volonté, que je vous ai fait venir. Donc demain je vous emmaillotte dans un vaiſſeau, pendant que l'air eſt ſerain; car s'il venoit à nébulifier, nous ſommes menacez par les centuries de Noſtradamus, d'un temps fort incommode à la navigation.

CHARLOT.

C'eſt donc ſerieuſement que vous ordonnez ce voyage? Mais apprenez que c'eſt ce que je ne puis faire, & ce que je ne ferai jamais,

SCENE

SCENE VI.

FLEURY, GRANGER, PAQUIER.

FLEURY.

HE' bien, mon Coufin, notre Laboureur eft-il arrivé? ferons-nous ce mariage?

GRANGER.

Helas, mon Coufin! vous êtes arrivé
fous les prefagieux aufpices d'un oifeau
bien infortuné. Soyez toutefois le fatal
arbitre de ma noire ou blanche deftinée,
& le fidele étuy de toutes mes penſées. Ce
riche gendre n'eft pas encore venu, je
l'attendois ici ; mais lorſque je ne penſois
qu'à vaquer à la joie, je me vois inveſti
des glaives de la douleur. Mon fils eſt
fol, mon Coufin ; le pauvre enfant doit
une belle chandelle à faint Mathurin.

FLEURY.

Bon Dieu! depuis quand ce malheur
eſt-il arrivé?

GRANGER.

Helas! tantôt comme je le careffois, il a
voulu fe jetter à mon viſage, & deffiner à
mes dépens le portrait d'un maniaque fur
mes jouës. Il gromele en pietinant, qu'il
n'ira point à Veniſe. Ho, ho, le voici ; ca-
chons-nous, & l'écoutons.

SCENE VII.

CHARLOT, FLEURY, GRANGER, CUISTRES.

CHARLOT.

MOy, j'irois à Venise ? & j'abandonnerois la chose pour laquelle seule j'aime le jour ? J'irai plûtôt aux Enfers ; plûtôt d'un poignard j'ouvrirai le sein de mon barbare pere ; & plûtôt de mes propres mains, ayant choisi son cœur dans un ruisseau de sang, j'en battrai les murailles.

FLEURY.

O, grand Dieu ! quelle rage !

CHARLOT.

Non, mon Pere, je n'y puis consentir.

FLEURY *fuyant.*

Liez-le, mon Cousin, liez-le, il ne faut qu'un malheur.

GRANGER.

Piliers de classes, tire-grigaults, ciseaux de portion, executeurs de justice Latine ; *Adeste subito, adeste, ne dicam, advolate.* Jettez-moy promptement vos bras achillains sur ce microcosme erronée de chimeres abstractives, & liez-le aussi fort que Promethée sur le Caucase.

CHARLOT.

Vous avez beau faire, je n'irai point.

GRANGER.

Gardez-bien qu'il n'échappe, il feroit un haricot de nos scientifiques substances.

CHARLOT.

Mais, mon Pere, encore, dites-moy pour quel sujet vous me traitez ainsi ? Ne tient-il qu'à faire le voyage de Venise pour vous contenter ? J'y suis tout prest.

GRANGER.

Osez-vous attenter au Tableau vivant de ma docte machine, Goujats de Cice-ron ? Songez à vous ; *Iratus est Rex, Regi-naque non sine causa.* Apprenez que j'en dis moins que je n'en pense, & que *sup-primit Orator que rusticus odit inepti.*

CHARLOT.

Ouy, mon Pere, je vous promets de vous obéïr en toutes choses ; mais pour aller à Venise, il n'y faut pas penser.

GRANGER.

Comment, Frélons de College, Roüille de mon pain, Gangrene de ma substance, cet obsedé n'a pas encore les fers aux pieds ? Viste, qu'on lui donne plus d'en-traves que Xercés n'en mit à l'Ocean, quand il le voulut faire esclave.

CHARLOT.

Ah ! mon Pere, ne me liez point, je suis tout prest à partir.

GRANGER.

Ah ! je le sçavois bien que mon fils estoit trop bien morigené pour donner chez lui passage à la foiblesse. Va, mon Dauphin, mon Infant, mon Prince de Galles, où feras quelque jour la benediction de mes vieux ans. Excufe un efprit prévenu de faux rapports ; je te promets en recompenfe d'allumer pour toy mon amour au centuple, dès que tu feras là.

CHARLOT.

Où là , mon Pere ?

GRANGER.

A Venife mon Fils.

CHARLOT.

A Venife , moi ? plûtôt la mort.

GRANGER.

Au fou, au fou ! ne voyez-vous pas comme il m'a jetté de l'écume en parlant ? voyez fes yeux tout renverfez dans fa tête : Ah, mon Dieu ! faut-il que l'aye un enfant fou ? Vifte qu'on me l'empoigne !

CHARLOT.

Mais encore , apprenez-moi pourquoi on m'attache ?

UN CUISTRE.

Parce que vous ne voulez pas aller à Venife.

CHARLOT.

Moi, je n'y veux pas aller ? On vous le fait accroire. Helas ! mon Pere , tant s'en faut , toute ma vie j'ai fouhaité avec paffion de voir l'Italie , & ces belles contrées qu'on appelle le jardin du Monde.

GRANGER.

Donc , mon Fils , tu n'as plus befoin d'ellebore. Donc ta tête refte encore auffi faine que celle d'un chou cabus après la gelée. Vien m'embraffer, vient mon Toutou, & va-t-en auffi-tôt chercher quelque

chose de gentil à bon marché, qui soit
rare hors de Paris, pour en faire un present à ton Oncle ; car je vais tout à cette
heure te retenir une place au Coche de
Lyon.

SCENE VIII.

CHARLOT.

QUe de fâcheuses conjonctures où je
me trouve embarassé ! Après toute
ma feinte, il faut encore ou abandonner ma Maistresse, c'est à dire mourir ;
ou me resoudre à vêtir un pourpoint de
pierre, cela s'appelle S. Victor, ou Saint
Martin.

SCENE IX.

CORBINELI, CHARLOT.

CORBINELI.

SI vous me voulez croire, votre voyage ne sera pas long.

CHARLOT.

Ah ! mon pauvre Corbineli, te voila.
Sçais-tu donc bien les malheurs où mon
Pere m'engage ?

CORBINELI.

Il m'en vient d'apostropher tout le *tu
autem.* Il vous envoye à Venise ; vous de-

vez partir demain : mais pourvû que
vous m'écoutiez, je pense que si le bon
homme, pour tracer le plan de cette Ville,
attend votre retour, il peut dés maintenant s'en fier à la Carte. Il vous commande d'acheter ici quelque bagatelle à bon
marché, qui soit rare à Venise, pour en
faire un present à votre Oncle; c'est un
coûteau qu'il vient d'émoudre pour s'é-
gorger. Suivez-moy seulement.

Fin du premier Acte.

ACTE II.

SCENE PREMIERE.

CHASTEAUFORT *seul.*

VOus vous estes battu, & donc ? Vous avez eu avantage sur votre ennemi ? Fort bien. Vous l'avez désarmé ? Facilement. Et blessé ? Hon. Dangereusement, s'entend ? A travers le corps. Vous vous éloignerez ? Il le faut. Sans dire adieu au Roy ? Ah, ah, ah. Mais cet autre, mordiable, de quelle mort le ferons - nous tomber ? De l'étrangler comme Hercule fit Anthée, je ne suis pas bourreau. Luy ferai-je avaler toute la mer ? Le monument d'Aristote est trop illustre pour un ignorant. S'il étoit maquereau, je le ferois mourir en eau douce. Dans la flâme, il n'auroit pas le temps de bien goûter la mort. Commanderai-je à la Terre de l'engloutir tout vif ? Non ; car comme ces petits Gentillâtres sont accoûtumez de manger leurs Terres, celui-ci pourroit bien manger celle qui le couvriroit. De le déchirer par morceaux, ma colere ne feroit pas contente, s'il restoit de ce malheureux un atôme aprés sa mort. O Dieux ! je suis réduit à n'oser pas seulement luy défendre de vivre, parce que je ne ſçay comment le faire mourir.

SCENE II.

GAREAU, CHASTEAUFORT.

GAREAU.

VArtigué, vla de ces mangeux de petits enfans ; la vegne de la Courtille,
belle montre & peu de rapport.

CHASTEAUFORT.

Où vas tu, bon Homme ?

GAREAU.

Tout devant moy.

CHASTEAUFORT.

Mais je te demande où va le chemin
que tu ſuis.

GAREAU.

Il ne va pas, il ne bouge.

CHASTEAUFORT.

Pauvre ruſtre ! ce n'eſt pas cela que je
veux ſçavoir : Je te demande ſi tu as bien
du chemin à faire aujourd'huy.

GAREAU.

Nanain da, je le trouvaray tout fait.

CHASTEAUFORT.

Tu parois, Dieu me damne, bien gail-
lard, pour n'avoir pas diné.

GAREAU.

Dix nez ? qu'en ferois-je de dix ? il ne
m'en faut qu'un.

CHASTEAU-

Quel Docteur! Il en sçait autant que
son Curé.

GAREAU.

Aussi si-je. N'est-il pas bian curé qui n'a
rien au ventre? Hé là, ris Jean, on te frit
des œufs. Testigué, est-ce à cause qu'ous
estes Monsieu, qu'ous faites tant de menes? Dame, qui tarte a, gare a. Tenez
n'a-vous point vû malva? Bonjou donc
Monsieu, s'tu l'es : Hé qu'est-ce donc ; Je
pense donc qu'ou me prendrais pour
queuque inorant? Hé si t'es riche, dêne
deux fois. Aga quien, qui m'a angé de
ce galouriau? Bonefi stesmon! vla un
homme bian vidé, vla un engin de belle déguêne, vla un biau vaissiau, s'il
avet deux saicles sur le cul! Par la morguoy, si j'avouas une sarpe ei un baston,
je ferouas un Gentizome tout auqnieu.
C'est de la Noblesse à Maquieu Furon,
va te couché, tu souperas demain.
Est-ce donc pelamor, qu'ous avez un
engin de far au côté, qu'ous faites
l'Olbrius & le Vespasian? Vartigué, ce
n'est pas encore comme ça. Dame, acoutez, je vous dorois bien de la gaule par
sous l'huis; mais par la morguoy ne me
joüez pas des Trogedies, car je vous ferouas du besot. Jarnigué, je ne sis pas un
gniais : J'ai esté sans repruche Marguil-
lier, j'ai esté Beguiau, j'ai esté Portofran-
de, j'ai esté Chasse-Chien, j'ai esté Guieu
& Guiebe, je ne sçai pus qui je sis. Mais
ardé, de tout ça brerrrrr, j'en dis du

Mirliro, parmets que j'aye de ſtic.

CHASTEAUFORT.

Malheureux excommunié, voila bien
du haut ſtyle.

GAREAU.

Monſieu de Marſilly m'appellit bian
ſon bâtar. Il ne s'en eſt pas fally l'époiſ-
ſeur d'un tornas, qu'il ne m'ait fait ap-
prenty Conſeillé. Vien-çà, ce me fit-il
une fois, gros fils de Putain (car j'equions
tout comme deux Freres) je veux, ce fit-
il, que tu venais, autour de moy, ce fit-
il, dans la Turquiſe, ce me fit-il. O ! ce
ly fis-je, cela vous plaiſt à dire : Non
eſt, ce me fit-il. O ! ſi eſt, ce l'y fis-je.
O ! ce me fis-je à par moi : Acoute Jean,
ne faut point faire le gniais, faut ſauter.
Dame, je ne feſi point de défigurance
davantage, je me bouti avec li calrin caha,
toute à la maxite Françoiſe. Mais quand
on gn'y eſt, on gn'y eſt. Bonnefy pourtant,
je paraiſſi un ſot bâquié, un ſot bâquié
je paraiſſi ; car Martin Binet .... Et y à
propos, Denis le Balafré ſon Onque, ce
grand ccné, s'en venit l'autre jour la remontée lantarner environ moi. Ah ! ma
foi, ma foi, je penſe que Guieu marci,
je vous ly ramenis le plus beau chinfre-
gniau ſus le mouſtafa, qu'oul ly en de-
meuri les badigoines écarboüillées tout
avaux l'Hyvar. Que guiebe auſſi ! tous
les jours que Guieu feſet, ce bagnoguier-
là me ravaudet comme un Satan. C'eſt
ſa ſœur qui lipouſit le grand Tiphoine.
Acoutez, ol n'a que faire de faire tant

l'enhasée, ol n'a goute ne brin de biau.
Par ma fy, comme dit l'autre, ce n'est
pas grand'chance, la Reine de Niort, malheureuse en biauté. Pour son homme,
quand oul est des-habillé, c'est un biau
cor-nu. Mais regardez un petit, ce n'étet
encore qu'une varmene, & si ol felet déja tant la dévargondée, pour autant qu'-
ol savet luire dans les Sestiaumes, qu'on
n'en sçavoit chevir. Ol se carret comme
un pou dans eune rogne : Dame aussi, ol
avet la voix, reverence parlé, aussi finement claire qu'eune yau de roche. L'en
diset que Monsieu le Curé avet trempé
souvent son goupillon dans son benai-
quié ; mais ardé sont des mediseux, les
faut laisser dire ; & pis, quand oul auret
ribaudé un tantinet, c'est à ly à faire, &
à nous à nous taire ; pis qu'il donne bian
la pollution aux autres, il ne l'oublit pas
pour ly. Monsieu le Vicaire itou étet d'u-
ne humeur bian domicile & bian tur-
quoise ; mais ardé ...

CHASTEAUFORT.

Et de grace, Villageois, acheve-nous
tes avantures du voyage de Monsieur de
Marsilly.

GAREAU.

Ho, ho, ous n'estes pas le Roi Minos,
ous estes le Roi Priant. O donc, je voya-
gimes vers l'Oriant, & vers la Mardy
terre année.

CHASTEAUFORT.

Tu veux dire au contraire, vers l'Orient,
sur la Mediterranée.

GAREAU.

Hé bian, je me repren, un var se reprend bian, Mais guian, si vous pensiais
que je deviemes entendre tous ces tinta-
marres-là, comme vous autres Latini-
seurs, dame nanain: Et vous, comme
guebe déharnachez-vous votre Philo-
phie? J'arrivîmes itou au Deux Trois de
Gilles le Bâtard, dans la Transvilanie,
en Bethlian de Galilene, en Harico, &
pis au Païs.... au Païs.... du Beurre.

CHASTEAUFORT.

Que Diable veux-tu dire, au Païs du
Beurre?

GAREAU.

Ouy, au Païs du Beurre, Tanquia que
c'est un Païs qui est mou comme beurre,
& où les gens font durs comme piarre.
Ah! c'est la Graisse; hé bian, les gens n'y
font-ils pas bian durs, pis que ce sont des
Grais? Et pis, après ça, je nous en al-
limes, reverence parlé, en un Pays si
loin, si loin; je pense que mon Maistre
appellet cela le pays des Bassins, où le
monde est noir comme des Antechrists.
Ardé, je croi fixiblement que je n'eussiemes pas encore cheminé deux glicuës,
que j'eussiemes trouvé le Paradis & l'En-
far. Mais tenez, tout ce qui semblit de
pus biau à voir, c'est ces petits Sarasins d'I-
talie; cette petite graine d'andoüille n'est
pas plus grande que savequoy, & s'ils sa-
vont déja parler Italian. Dame, je ne fe-
simes là gueres d'ordure. Je nous bandî-
mes nos quaisses tout au bout du mon-

de dans la Turquife, moy & mon Maître. Par ma fy pourtant, je difis biantoft
à mon Maiftre qu'oul s'en reveniſt. Hé
quemant, quelle vilanie? Tous ces Turcs-
là font tretous Huguenots comme des
chiens. Oul fe garmantet par efcouſſe
de leur bailler des exultations à la Tur-
quoiſe.

CHASTEAUFORT.

Il faut dire des exhortations à la Turque.

GAREAU.

O bian, tanquia qu'il les farmonet comme il falet.

CHASTEAUFORT.

Ton Maiftre fçavoit donc l'Idiome
Turc?

GAREAU.

Eh vramant ouy, oul favet tous ces Ge-
rofmes-là; les avet-il pas veus dans le Latin? Son Frere itou étet bian favant, mais
oul n'étet pas encore fi favant, car n'en
marmufet qu'oul n'avet appris le Latin
qu'en François. C'étet un bon Nicolas,
qui s'en allet tout devant ly, hurlu, bre-
lu; n'en eût pas dit qu'oul y touchet, &
ftanpandant oul marmonet toûjours dans
une bâtelée de Livres. Je ne me fauras tenir de rire, quand je me ramenteu des
noms fi bifcornus; & fi par le fanguoy
tout ça étet vrai, car oul étet moulé.
D'aucuns s'intiloient, s'intuloient : oïïais!
ce n'eft pas encore come ça : S'inlutu-
loient, j'y fis cafi : S'intilutoient; s'in, s'in,
s'in.... Tanquia que je m'entens bian.

CHASTEAUFORT.

Tu veux dire, s'intituloient.

GAREAU.

Ouy, ouy, s'in, s'in, hé là, qui se fe-
sient come ous dites : Vla tout come il le
défrinchet. Je ne say pas où j'en sis, ous
me l'avez fait pardre.

CHASTEAUFORT.

Tu parlois du nom de ces Livres.

GAREAU.

Ces Livres donc, pis que livres y a . . . .
Oüiais ! Ah, je sai bian. Ol y avet des
Amas de Gaules, des Cadets de Tirelire,
& des Aînez de Vigile.

CHASTEAUFORT.

Il faut dire, mon grand Amy, des Ama-
dis de Gaules, des Décades de Tite-Live,
des Eneïdes de Virgile. Mais poursuis.

GAREAU.

O ! par la sangué, va-t'en chercher tes
poursuiveux. Aga qu'il est raisonnabe aujourd'y, il a mangé de la soupe à neuf
heures. Eh, si je ne veux pas dire come
ça moi ? Tanquia qu'à la parfin je nous
en revînmes. Il apportit de ce Païs-là
tant de guiamans rouges, des hemorroï-
des vartes, & une grande épée qui at-
tendret d'ici à demain. C'est à tout ces
fatremens, que ces mangeux de petits
enfans se battont en deuil. Il apportit
itou de petits engingorniaux remplis de
naissance, à celle fin de conserver, ce feset-il, l'humeur ridicule ; à celle fin, ce
feset-il, de vivre aussi long-temps que
Maquieu salé. Tenez, n'a-vous point

veu Niquedoüille, qui ne sçauret rire
sans montrer les dents ?

CHASTEAUFORT.

Je ne ris pas de la vertu de tes essences.

GAREAU.

O guian, sçachez que les naissances
ont de marveilleuses propretez ; c'est un
certain oignement dont les Anciens s'oi-
gnient quand ils étient morts, dont ils
vivient si longuement. Mais morgué, il
me viant de souvenir que vous vouliais
tantost que je vous disi le nom de ces Livres. Et je ne veux pas moy ; & vous
estes un sot drès-là ; & testigué ous estes
un inorant là dedans. Car ventregué, si
ous estes un si bon diseux, morgué, ta-
pons nous donc la gueule comme il faut.
Dame, il ne faut point tant de beurre
pour faire un cartron. Et quien, & vela
pour toy. (*Il le frappe.*)

CHASTEAUFORT.

Ce coup ne m'offense point, au contraire il publie mon courage invincible à
souffrir. Toutefois, afin que tu ne te
rendes pas indigne de pardon pour une
seconde faute, encore que ce soit ma coûtume de donner plutost un coup d'épée
qu'une parole, je veux bien te dire qui je
suis. J'ai fait en ma vie septante mille
combats, & n'ai jamais porté botte qui
n'ait tué sans confession. Ce n'est pas que
j'aye jamais feraillé le fleuret, je suis a-
droit grace à Dieu, & partant la science
que j'ai des armes, je ne l'ai jamais apprise que l'epée à la main. Mais que cet

X 4

avertiſſement ne t'effraye point. Je ſuis
tout cœur, & il n'y a point par conſequent de place ſur mon corps où tu puiſ-
ſes adreſſer tes coups ſans me tuer. Sus
donc, mais gardons la vûë; ne portons
point de même temps, ne pouſſons point
de prés, ne tirons point de ſeconde : Mais
viſte, viſte, je n'aime pas tant de diſcours.
Mardieu depuis le temps je me ſerois mis
en garde, j'aurois gagné la meſure, je
l'aurois rompuë, j'aurois ſurpris le fort,
j'aurois pris le temps, j'aurois coupé ſous
le bras, j'aurois marqué tous les batte-
mens, j'aurois tiré la flanconnade, j'aurois porté le coup de deſſous, je me ſerois
allongé de tierce ſur les armes, j'aurois
quarté du pied gauche, j'aurois marqué
feinte à la pointe & dedans & dehors,
j'aurois eſtramaçonné, ébranlé, empie-
té, engagé, volté, porté, paré, ripoſté,
carté, paſſé, deſarmé & tué trente hommes.

GAREAU.

Vramant, vramant, vla bien la muſicle
de S. Innocent, la plus grande piqué du
monde. Quel embrocheux de limas! Et
quien, quien, vla encore pour t'agacer.

(*Il le frappe encore.*)

CHASTEAUFORT.

Je ne ſçai, Dieu me damne, ce que m'a
fait ce maraut, je ne me ſçaurois fâcher
contre lui. (*Il le frappe encore.*) Foi de Cavalier, cette gentilleſſe me charme. Voila
le faquin du plus grand cœur que je vis

jamais. (*Il le frappe encore.*) Il faut neces-
fairement , ou que ce beliltre foit mon
fils , ou qu'il foit démoniaque. (*Il est
frappé derechef.*) D'égorger mon fils à mon
efcient , je n'ai garde ; De tuer un poffe-
dé , j'aurois tort , puifqu'il n'eft pas coupable des fautes que le Diable lui fait
faire. Toutefois , ô pauvre Payfan ! fça-
che que je porte à mon côté la Mere-
nourrice des Foffoyeurs ; que de la tefte
du dernier Sophy , je fis un pomeau à
mon épée ; que du vent de mon chapeau,
je fubmerge une Armée navale , & que
qui veut fçavoir le nombre des hommes
que j'ai tuez , n'a qu'à pofer un 9. & tous
les grains de fable de la mer enfuite , qui
ferviront de zeros. (*Il est encore batu.*)
Quoi que tu faffes , ayant protefté que je
gagnerois cela fur moi-même , de me
laiffer battre une fois en ma vie , il ne fera pas dit qu'un maraut comme toi me
faffe changer de refolution. (*Gareau fe
retire en un coin du Theatre , & le Capitan
demeure feul.*) Quelque faquin de cœur
bas & ravalé , auroit mefuré fon épée a-
vec ce vilain ; mais moi qui fuis Gentilhomme , & Gentilhomme d'extraction ,
je m'en fuis fort bien fçu garder. Il ne
s'en eft cependant quafi rien fallu que je
ne l'aye percé de mille coups , tant les
noires vapeurs de la bile offufquent quelquefois la clarté des plus beaux Genies.
En effet , j'allois tout maffacrer. Je jure
donc aujourd'huy par cette main difpen-
fatrice des couronnes & des houletes , de

ne plus dorénavant recevoir perſonne au
combat, qu'il n'ait lû devant moi ſur le
pré ſes Lettres de Nobleſſe; & pour plus
grande prévoyance, je m'en vais faire
promptement avertir Meſſieurs les Ma-
rêchaux qu'ils m'envoyent des Gardes
pour m'empêcher de me battre; car je ſens
croître ma colere, mon cœur s'enfler, &
les doigts qui me demangent de faire
un homicide. Viſte, viſte, des Gardes,
car je ne répons plus de moi. Et vous
autres, Meſſieurs, qui m'écoutez, allez
m'en querir tout à l'heure; ou par moi
tantoſt vous n'aurez point d'autre lumiere à vous en retourner, que celle des
éclairs de mon ſabre, quand il vous tombera ſur la teſte; & la raiſon eſt, que je
vais, ſi je n'ay un Garde, ſouffler d'icy
le Soleil dans les Cieux comme une chandelle. Je te maſſacrerois, mais tu as du
cœur, & j'ai beſoin de ſoldats. (*Gareau*
revenant, *le frappe encore*, & *le Capitan*
s'en va.)

SCENE III.

GRANGER, GAREAU, MANON, FLEURY.

MANON.

QUel démêlé donc, mon pauvre Jean, avois-tu avec ce Capitaine?

GAREAU.

Aga, ou me venet ravaudé de fa Phi-lophie. Ardé, tenez, c'eft tout fin dret comme ce grand Cocfigruë de Monfieu du Mény; vous favez bian, qui avet ces grands penaches, quand je demeurais chez Mademoirelle de Carnay. Dame pelamor, qu'oul étet brave comme le tems, qu'oul luifet dans le moulé, qu'oul jargonet par efcouffe des Afnes à Batifte, des Peres-Paticiers, il velet que je l'y fi-fiefmes tretous l'obenigna. Pelamor itou, à ce que fuchequient les médifeux, qu'a-vec Mademoirelle notre Metraiffe, il bou-tet ceti-ci dans ceti-là, (ce n'eft pas no-nobftant, comme dit l'autre, pour ce cho-re là, car ardé bonne renommée vaut mieux que ceinture dorée :) mais par la morguoy sfefmon, c'étet un bel oifiau pour tourner quatre broches; & pis itou, l'en marmufet qu'oul étet un tantet tara-bufté de l'entendement. Bonnefy la barbe l'y étet venuë devant eune bonne Ville, ol l'y étoit venuë devant Sens. Ce Jean

qui de tout se mêle, il y a déja eune bonne escousse da, s'en venir me ramener
avos les échegnes eune oussene de dix ans.
Vartigué je n'etais pas Gentizome pour
me battre en deüil, mais.... O donc, c'etet
Mademoirelle notre Metraisse qui m'avet
loüé, & stanpandant il voulet, ce dit-il,
me faire, ce dit-il, enfiler la porte. O, ce
me fit-il, je te feray bian enfiler la porte,
ce fit-il. Guian, cette parole-là me prenit
au cœur. O par la morguoy, ce li fis-je,
vous ne me ferais point enfiler la porte ;
& pis au fons, ce li fis-je, c'est Mademoirelle qui m'a loüé : si Mademoirelle
veut que je l'enfile, je l'enfileray bian,
mais non pas pour vous.

GRANGER.

Or-ça notre Gendre, mettons toutes
querelles sous le pied, & donnons-leur
d'un oubli à travers les hypocondres. Si
l'Hymenée porte un flambeau, ce n'est
pas celuy de la Discorde : il doit allumer
nos cœurs, non pas notre fiel : c'est le sujet qui nous assemble tous. Voila ma fille
qui voudroit déja qu'on dît d'elle & de
vous ; *sub, super, in, subter, casu jungun-
tur utroque, in vario sensu.*

MANON.

Mon Pere, je ne suis pas capable de
former des souhaits, mais de seconder les
vôtres : conduisez ma main dans celle que
vous avez choisie, & vous verrez votre
fille d'un visage égal, ou descendre, ou
monter.

GRANGER.

Rien donc ne nous empêche plus de conclure cet accord, aussi-tôt que nous sçaurons les natures de votre bien.

FLEURY.

Là-donc, ne perdons point de temps.

GRANGER.

Vos facultez consistent-elles en rentes, en maisons, ou en meubles?

GAREAU.

Dame ouy, j'ay tres-bian de tout-ça, par le moyan d'un heritage.

GRANGER.

Qu'on donne promptement un siege à Monsieur. Manon, saluëz votre mari. Cette succession est-elle grande?

GAREAU.

Elle est de vint mille francs.

GRANGER.

Vîte, Paquier, qu'on mette le couvert.

GAREAU *se mettant dans une chaise.*

Là, là, vous mocquez-vous? rafubez votre bonnet; entre nous autres, il ne faut point tant de fresmes, ni de simonies. Eh! qu'es-ce donc? Notre-dinse, n'en diret que je ne nous connoissiens plus. Quoy, ous avez bouté en oblivian-ce de quand ous équiais au Chaquiau? Parguene alez, ous n'équiais qu'un navet en ce temps-là, ous êtes à cette heure-ci une citroüille bian grosse. Vramant laissez faire, je pense que Guieu marci, j'a-vons bian sarmoné de vous feu noute mi-nagere & moy. Si vous étet venu des cor-nes toutes les fois que les oreilles ous ont

corné (ce que j'en dis pourtant ce n'est
pas que j'en parle, ce crois-je bian qu'ous
en avez sans nous.) Tanquia que donc,
pour revenir à notre conte, jerniguoy j'é-
quiêmes tous deux de méchantes petites
vermenes. J'alliêmes vreder avaux ces
bois. Et y à propos, ce biau marle qui su-
blet si finement haut : hé bian, regardez,
ce n'étoit que le Clocu Fili Davi ! Ous
équiais un vrai Juy d'Avignon en ce tems-
là : ous équiais tréjours à pandriller autour ces cloches, & y à sauter comme un
maron. O bian, mais ce n'est pas le tout
que des choux, il faut de la graisse.

GRANGER.

Avez-vous ici les contracts acquisitoi-
res de ces heritages-là ?

GAREAU.

Nanain vramant ; & si, l'on ne me les
veut pas donner ; mais je me doute bian
de ce qu'oul y a. Testigué, je m'amuse
bian à des papiers, moy ! Hé ardé, tous
ces brinborions de contracts, ce n'est que
de l'écriture qui n'est pas vraye, car ol n'est
pas moulée. Oh bian, accoutez-la, c'est
eune petite sussion qui est vramant bian
grande da, de Nicolas Girard, hé là, le
pere de ce petit Loüis Girard, qui étet si
semillant ; ne vous sçauriais-vous recor-
der ? c'est li qui s'allit neger à la grand
Mare. O bian, son pere est mort, & si je
l'avons conduit en tare, s'il a plû à Guieu,
sans repruche, comme dit l'autre. Ce pauvre guiebe étet allé dénicher des pies sur
l'orme de la commere Massée. Dame,

comme oul étet au copiau, le vela, bredi,
breda, qui commence à guiller tout avaux
les branches, & cheit eune grande escouf-
se, pouf, à la ranvarse. Guieu benit la
creſquianté, je croy que le cœur l'y écar-
botillit dans le ventre, car oul ne ſonit jamais mot ; ne grotillit, finon qu'oul gui-
monit en trépaſſant : guiébe ſet de la pie,
& des piaux. O donc li, il étet mon compere, & ſa femme ma commere. Or ma
commere, pis que commere y a, auparavant que d'avoir épouſé mon compere,
avet épouſé en preumieres nôces, le cou-
ſin de la brû de Piarre Olivier, qui touchet de bian prés à Jean Henauk, de par
le gendre du biaufrere de ſon onque. Or
celi-ci, retenez bian, avet eu des enfans de
Jaquelaine Brunet, qui mouritent ſans enfans : mais il ſe trouve que le neveu de
DenisGauchet avet tout baillé à ſa femme
par contract de mariage, à celle fin de
fruſtrifer les heriquiers de Thomas Plan-
çon qui devient y rentrer, pis que ſa mere-
grand n'avet rian laiſſé aux mineux de
Denis Vanel l'aîné. Or il ſe trouve que je
ſommes parens en gueuque magniere de
la veuve de Denis Vanel le jeune; & par
conſéquent, ne devons-je pas avoir la ſuc-
ſion de Nicolas Girard ?

GRANGER.

Mon ami, je fais ouvrir à ma conception plus d'yeux que n'en eut le Berger
gardien de la vache Io, & je ne vois goute en votre affaire,

GAREAU.

O Monsieu, je m'en vas vous l'éclaircir aussi finement claire, que la voix des Enfans de cœur de notre village. Acoutez donc? Il faut que vous sachiais que la veuve de Denis Vanel le jeune, dont je sommes parens en queuque magniere, étet fille du second lit de Georges Marquiau, le biaufiere de la sœur du neveu de Piarre Brunet, dont j'avons tantôt fait mention: or il est bian à clair, que si le cousin de la brû de Piarre Olivier, qui touchet de bian prés à Jean Henault, de par le gendre du biaufrere de son onque, étet pere des enfans de Jaquelaine Brunet, trépassez sans enfans; & qu'aprés tout ce tintamare-là, on n'avet rian laissé aux mineux de Denis Vanel le jeune, j'y devons rentrer, n'est-ce pas?

GRANGER.

Paquier, repliez la nappe, Monsieur n'a pas le loisir de s'arrêter. Ma foy, beau Sire, depuis que Cupidon segregea la lumiere du cahos, il ne s'est point vû sous le soleil un démêlé semblable. Dedale & son labirinthe en ont bien dans le dos. Je vous remercie cependant de l'honneur qu'il vous plaisoit nous faire : vous pouvez promener votre charruë ailleurs que sur le champ virginal du ventre de ma fille.

MANON.

Les valets de la fête vous remercissont.

FLEURY.

Vous avez bon courage, mais les jambes vous faillent.

GAREAU

GAREAU.

Ma foy voire! Auffi bian n'en velai-je
pus. J'aime bian mieux eune bonne mi-
nagere, qui vous travaille de fes dix
doigts, que non pas de ces Madames de
Paris qui fe fefont courtifer des courti-
fans. Vous verrais ces galouriaux, tant
que le jour eft long, leur dire, mon cœur,
mamour; par-ci, par-là, ie le veux bian,
le veux-tu bian: & pis c'eft à fe fabouler,
à fe patiner, à plaquer les mains au commencement fur les jouës, pis fur le cou,
pis fur les tripes, pis fur le brichet, pis
encore pus bas; & ainfi le vice gliffe.
Stanpendant, moy qui ne veux pas qu'on
me faffe des trogedies, fi j'avouas trouvé
queuque ribaut licher le morviau à ma
femme: comme cet affront-là frape bian
au cœur, peut-être que dans le defefpoir,
je m'emporterouas à jetter fon chapiau
par les frenêtres, pis ce feret du fcandale;
tigué, queuque gniais!

GRANGER.

O efperances futiles du concept des humains! De même que les chats, tu ne
flates que pour égratigner, Fortune mali-
cieufe.

SCENE IV.

CORBINELI, GRANGER, PAQUIER.

CORBINELI.

Elle n'est pas seulement malicieuse, elle est enragée. Helas ! tout est perdu, votre fils est mort.

GRANGER.

Mon fils est mort ! es-tu hors de sens ?

CORBINELI.

Non, je parle serieusement ; votre fils à la verité n'est pas mort, mais il est entre les mains des Turcs.

GRANGER.

Entre les mains des Turcs ? Soûtiens-moy, je suis mort.

CORBINELI.

A peine estions-nous entrez en batteau, pour passer de la Porte de Nesle au Quai de l'Ecole....

GRANGER.

Et qu'allois-tu faire à l'Ecole, baudet ?

CORBINELI.

Mon Maistre s'estant souvenu du commandement que vous lui avez fait d'acheter quelque bagatelle qui fût rare à Venise, & de peu de valeur à Paris, pour en régaler son oncle, s'étoit imaginé qu'une douzaine de cottrets n'étant pas chers, & ne s'en trouvant point par toute l'Eu-

rope de mignons comme en cette Ville,
il devoit en porter là: C'est pourquoi nous
passions vers l'Ecole pour en acheter ;
mais à peine avons-nous éloigné la Coste,
que nous avons été pris par une Galere
Turque.

GRANGER.

Eh ! de par le cornet retors de Triton
Dieu marin, qui jamais oüit parler que
la Mer fût à S. Clou ? qu'il y eût là des
galeres, des pyrates, ni des écueils ?

CORBINELI.

C'est en cela que la chose est plus mer-
veuse ; & quoy que l'on ne les ait point
vûs en France que cela, que sçait-on s'ils
ne sont point venus de Constantinople
jusqu'icy entre deux eaux ?

PAQUIER.

En effet, Monsieur, les Topinambours
qui demeurent quatre ou cinq cens lieuës
au delà du Monde, vinrent bien autrefois
à Paris ; & l'autre jour encore les Polo-
nois enleverent bien la Princesse Marie
en plein jour à l'Hôtel de Nevers, sans
que personne osât branler.

CORBINELI.

Mais ils ne se sont pas contentez de cecy, ils ont voulu poignarder votre fils. . . .

PAQUIER.

Quoy ? sans confession ?

CORBINELI.

S'il ne se rachetoit par de l'argent.

GRANGER.

Ah ! les miserables ! C'étoit pour incul-
ter la peur dans cette jeune poitrine.

PAQUIER.

En effet, les Turcs n'ont garde de toucher l'argent des Chretiens, à cause qu'il a une croix.

CORBINELI.

Mon Maiſtre ne m'a jamais pû dire autre choſe, ſinon : Va-t-en trouver mon pere, & lui dis.... Ses larmes auſſi-toſt ſuſſoquant ſa parole, m'ont bien mieux expliqué qu'il n'eût ſçu faire, les tendreſſes qu'il a pour vous.

GRANGER.

Que Diable aller faire auſſi dans la galere d'un Turc ? D'un Turc ! *Perge.*

CORBINELI.

Ces Ecumeurs impitoyables ne me vouloient pas accorder la liberté de vous venir trouver, ſi je ne me fus jetté aux genoux du plus apparent d'entre eux. Eh ! Monſieur le Turc, lui ai-je dit, permettez-moi d'aller avertir ſon Pere, qui vous envoyera tout-à-l'heure ſa rançon.

GRANGER.

Tu ne devois pas parler de rançon ; ils ſe ſeront moquez de toi.

CORBINELI.

Au contraire ; A ce mot il a un peu raſſerené ſa face. Va, m'a-t-il dit ; mais ſi tu n'es ici de retour dans un moment, j'irai prendre ton Maiſtre dans ſon College, & vous étranglerai tous trois aux antennes de notre navire. J'avois ſi peur d'entendre encore quelque choſe de plus fâcheux, ou que le Diable ne me vînt emporter, étant en la compagnie de ces

Excommuniez, que je me suis promptement jetté dans un esquif, pour vous
avertir des funestes particularitez de cette rencontre.

GRANGER.

Que Diable aller faire dans la galere
d'un Turc ?

PAQUIER.

Qui n'a peut-être pas été à confesse depuis dix ans !

GRANGER.

Mais penses-tu qu'il soit bien resolu
d'aller à Venise ?

CORBINELI.

Il ne respire autre chose.

GRANGER.

Le mal n'est donc pas sans remede. Paquier, donne-moi le receptacle des in-
strumens de l'Immortalité, *Scriptorium
scilicet.*

CORBINELI.

Qu'en desirez-vous faire ?

GRANGER.

Ecrire une lettre à ces Turcs.

CORBINELI.

Touchant quoy ?

GRANGER.

Qu'ils me renvoyent mon fils, parce
que j'en ai affaire ; Qu'au reste ils doivent
excuser sa jeunesse, qui est sujette à beaucoup de fautes ; & que s'il lui arrive une
autre fois de se laisser prendre, je leur promets, foy de Docteur, de ne leur en plus
obtondre la faculté auditive.

CORBINELI.

Ils se moqueront, par ma foy, de vous.

GRANGER.

Va-t-en donc leur dire de ma part, que je suis tout prest de leur répondre pardevant Notaire, que le premier des leurs qui me tombera entre les mains, je le leur renvoyerai pour rien. Ah! que diable, que diable, aller faire en cette galere? Ou dis-leur, qu'autrement je vais m'en plaindre à la Justice. Si-tost qu'ils l'auront remis en liberté, ne vous amusez ni l'un ni l'autre, car j'ai affaire de vous.

CORBINELI.

Tout cela s'appelle dormir les yeux ouverts.

GRANGER.

Mon Dieu, faut-il estre ruiné à l'âge où je suis? Va-t-en avec Paquier, prens le reste du Teston que je lui donnai pour la dépense, il n'y a que huit jours... Aller sans dessein dans une galere! Prens tout le reliqua de cette piece... Ah! malheureuse geniture, tu me coûtes plus d'or que tu n'es pesant. Paye la rançon; & ce qui restera, employe-le en œuvres pies... Dans la galere d'un Turc! Bien, va-t-en.... Mais miserable, dis-moi, que diable allois-tu faire dans cette galere? Va prendre dans mes Armoires ce Pourpoint découpé que quitta feu mon Pere, l'année du grand hyver.

CORBINELI.

A quoy bon ces fariboles? Vous n'y estes pas. Il faut tout au moins cent Pistoles pour sa rançon.

GRANGER.

Cent piftoles ! Ah ! mon fils , ne tient-
il qu'à ma vie pour conferver la tienne ?
Mais cent piftoles ! Corbineli , va-t-en
lui dire qu'il fe laiffe pendre fans dire
mot ; cependant qu'il ne s'afflige point ,
car je les en ferai bien repentir.

CORBINELI.

Mademoifelle Genevote n'étoit pas
trop fotte , qui refufoit tantôt de vous é-
poufer, fur ce que l'on l'affuroit que vous
eftiez d'humeur , quand elle feroit efcla-
ve en Turquie, de l'y laiffer.

GRANGER.

Je les ferai mentir…. S'en aller dans
la galere d'un Turc ! Eh quoy faire, de
par tous les diables, dans cette galere ? O !
galere , galere, tu mets bien ma bourfe
aux galeres.

SCENE V.

PAQUIER, CORBINELI.

PAQUIER.

Voilà ce que c'eft que d'aller aux galeres. Qui diable le preffoit? peut-être
que s'il eût eu la patience d'attendre encore huit jours, le Roy l'y eût envoyé en
fi bonne compagnie, que les Turcs ne
l'euffent pas pris.

CORBINELI.

Notre Maître ne fonge pas que ces Turcs
me devoreront.

PAQUIER.

Vous êtes à l'abry de ce côté-là, car les
Mahometans ne mangent point de porc.

SCENE VI.

GRANGER, CORBINELI, PAQUIER.

GRANGER.

Tien, va-t-en, emporte tout mon bien.
(*Il lui donne une Bourse, & s'en retourne en même temps.*)

SCENE VII.

CORBINELI *frappant à la porte de la Tremblaye.*

MOnjoye Saint Denis; Ville gagnée, *Accede*, Granger le jeune, *accede*. Ô le plus heureux des hommes! ô le plus cheri des Dieux! Tenez, prenez, parlez à cette Bourse, & lui demandez ce que je vaux.

CHARLOT.

Allons viste, allons inhumer cet argent mort pour mon Pere, au Coffre de Mademoisell Genevote. Ce sera de bon cœur, & sans pleurer, que je rendrai les derniers devoirs à ce pauvre trépassé; & cependant

pendant admirons la médifance du peuple, qui juroit que mon pere, bien loin de confentit au mariage de Mademoifelle Genevote & de moi, prétendoit lui-même à l'époufer; & voici que pour découvrir l'impofture des calomniateurs, il envoye de l'argent pour faire les frais de nos ceremonies.

SCENE VIII.

GRANGER, PAQUIER.

GRANGER.

FOrtune, ne me regarderas-tu jamais qu'en rechignant? jamais ne riras-tu pour moy?

PAQUIER.

Ne fçavez-vous pas qu'elle eft fur une roue, Damoifelle Fortune? Elle feroit bien ladre d'avoir envie de rire. Mais, Monfieur, affurément que vous eftes enforcelé.

GRANGER.

As-tu quelquefois entendu fretiller fur la minuit dans ta chambre quelque chofe de noir?

PAQUIER.

Vramant, vramant! Tantôt j'entens traîner des chaînes à l'entour de mon lit; tantôt je fens coucher entre mes draps une grande maffe lourde, tantôt j'apper-çois à notre âtre une vieille toute ridée fe

graiffer, puis à califourchon fur un balay
s'envoler par la cheminée : enfin je penfe
que notre College eft l'Icon, le Prototy-
pe, & le pere-grand du Château de Bi-
ceftre.

GRANGER.

Il feroit donc à propos, ce me femble,
de prendre garde à moy. Quelque Incube
pourroit bien venir habiter avec ma fille,
& faire pis encore, butinant les reliques
de mon chetif & malheureux *Gaza*. Ma
foi pourtant, Diables Folets, fi vous attendez cela pour dîner, vous n'avez qu'à
dire graces : Je m'en vais faire prendre à
toutes mes chambres une medecine d'eau-
benifte. Ils pourroient bien toutefois me
voler d'un côté, quand je les conjurerois
de l'autre. N'importe : Paquier va-t-en
chercher fous mes grandes armoires un
livre de plein-chant; déchire-le par morceaux, & en attache un feüillet à chaque
avenuë de ma chambre, comme aux portes, aux feneftres, à la cheminée, & principalement enduis-en un certain coffre-
fort, fidelle dépofitaire de mon magafin.
Ecoute, écoute, Paquier, il vient de me
fouvenir que les Démons s'emparent des
trefors égarez ou perdus. De peur que
quelqu'un d'eux ne vienne à fe méprendre, fouviens-toi bien d'écrire fur la Piece
de game qui couvre la ferrure, mais en
gros caractères : *Il n'eft égaré ni perdu, car*
je fçai bien qu'il eft là. Je me veux divertir de ces penfées mélancoliques : Ces
imaginations fepulchrales ufent bien fou-

vent l'ame auparavant le corps. Paquier,
adeste : Va-t-en au Logis de ma toute-
belle Navre-cœur : Souhaite-lui de ma
part le bon jour qu'elle ne me donne pas :
Parles-lui avantageusement de mon a-
mour ; & sur-tout ne l'entretiens que de
feux, de charbons, & de traits. Va viste,
& reviens m'apporter la réponse.

SCENE IX.

PAQUIER, GENEVOTE.

PAQUIER *seul.*

DE feux, de charbons, & de traits !
cela n'est pas si aisé qu'on diroit bien.

GENEVOTE *arrivant.*

Comment se porte ton Maistre, Paquier?

PAQUIER.

Il se porte comme se portoit S. Laurent
sur le Gril ; roussi, noirci, rosti, & tout
cela par feu.

GENEVOTE.

Je ne sçai pas s'il souffre ce que tu dis ;
mais je te puis asurer, que du jour qu'il
commença de m'aimer, je commençai
de meriter la couronne du martyre. Ô !
Paquier, fidele témoin de ma passion, dis
à ton Maistre que sa chere & malheureuse Genevote verse plus d'eau de ses yeux,
que sa bouche n'en boit ; qu'elle soûpire
autant de fois qu'elle respire, & que....

Z z

PAQUIER.

Mademoiselle, je vous prie, laissons-là toutes ces choses; parlons seulement de ce dont mon Maître m'a commandé de vous entretenir. Dites-moi, avez-vous beaucoup de bois pour l'hyver? car mon Maître ne se peut passer de feu.

GENEVOTE.

Sans mentir, j'aurois bien le cœur de roche, s'il n'étoit pas pénétrable aux coups des perfections de ton Maître.

PAQUIER.

Bon Dieu, quel Coc-à-l'asne! Répon-dez-moi catégoriquement. N'avez-vous jamais vû de Feu S. Elme?

GENEVOTE.

Je ne sçai de quoy tu me parles; je vou-drois seulement que Monsieur Granger...

PAQUIER.

Vous ne sçavez donc pas que votre fre-quentation a rempli mon Maître de feu sauvage?

GENEVOTE.

Mon pauvre Paquier, si tu m'aimes, je te supplie, entretiens-moi d'autre chose; parle-moi de l'amour que ton Maître me porte.

PAQUIER.

Ce n'est pas là ce dont j'ai à vous parler. Mais à quoi Diable vous sert de tourner ainsi la truye au foin? Dites-moy donc, ferez-vous cette année du feu Gregeois à la Saint Jean?

GENEVOTE.

Plût à Dieu que je pusse découvrir ma

flâme à ton Maiſtre ſans l'offenſer ! car je
brûle pour lui....

PAQUIER.

Ah , bon cela !

GENEVOTE.

D'une amour ſi violente , que je ſouhai-
terois qu'une moitié de lui devînt une
moitié de moi-même ; mais la glace de
ſon cœur....

PAQUIER.

Hé bien , ne voila pas toûjours quitter
notre propos ? Et tout cela , de peur que
votre ame ne prenne feu parmi tant d'autres : Mais ma foi , il n'en ira pas ainſi. Il
y a trois feux dans le monde , Mademoiſelle : Le premier eſt le feu central ; le
ſecond , le feu vital ; & le troiſiéme , le
feu élementaire. Ce premier en a trois
ſous ſoi , qui ne different que par les accidens ; le feu de colliſion , le feu d'attraction , & le feu de poſition.

GENEVOTE.

As-tu fait deſſein de continuer tes extravagances juſqu'au jour du Jugement ?

PAQUIER.

Mais vous-même , avez-vous fait deſſein de me faire enrager juſqu'à la fin du
monde? Vous me venez parler de l'amour
que vous portez à mon Maiſtre : voila de
belles ſottiſes! ce n'eſt pas cela qu'on vous
demande.Je veux ſeulement que vous ſça-
chiez que Monſieur Granger n'eſt qu'un
feu folet depuis qu'il vous a vuë ; que
bien-tôt , auſſi-bien que lui , vous arde-
rez , s'il plaiſt à Dieu , du feu Saint An-

Z 3

toine, & que.... Mais où Diable pêcher de nouveau feu? Ah! par ma foi
j'en tiens, Mademoifelle. Feu votre pere
& feu votre mere, avoient-ils fort aimé
feu leurs parens? car feu le pere & feu
la mere de Monfieur Granger avoient
cheri paffionément feu les Trépaffez; &
je vous jure que le feu eft une chofe fi
inféparable de mon Maiftre, qu'on peut
dire de lui, quoi qu'il foit plein de vie:
Feu le pauvre Monfieur Granger Prin-
cipal du College de Beauvais. Or-ça,
il me refte encore les charbons & les
traits.

GENEVOTE.

Je fouhaiterois autant de fcience qu'en
a ton Maiftre, pour répondre à fon Dif-
ciple.

PAQUIER.

O! Mademoifelle, je vous fouhaiterois, non point autant de fcience, mais
autant de charbons de pefte, & de cloux,
qu'il en a. Quoy, vous en riez? Et je vous
protefte moy, qu'à force de brûler, il
s'eft tellement noirci le corps, que fi
vous le voyiez, vous le prendriez plutôt pour un grand charbon, que pour
un Docteur. J'en fuis maintenant aux
Traits.

GENEVOTE.

Tu lui pourras témoigner combien je
l'aime, fi tu l'as compris par mes difcours;
& cependant je fuis bien affurée que fon
affection n'eft pas reciproque.

PAQUIER.

Pour cette particularité, Mademoiselle, vous avez tort de vous en mettre en peine, car il proteste tout haut de se ressentir des traits que vous lui joüez ; de reverberer sur vous les traits dont vous le navrez ; & de peur que par trait de temps, les traits de votre visage ne soient offensez des traits de la mort, il vous peint avec mille beaux traits d'esprit dans un Livre intitulé, *La tres-belle, tres-parfaite, & tres-accomplie Genevote, par son tres-humble, tres-obeïssant & tres-affectionné serviteur, Granger.*

GENEVOTE.

Tu diras à ton Maistre, que j'étois venuë ici pour le voir, mais que l'arrivée de ce Capitaine m'a fait en aller. Je reviendrai bientôt. Adieu.

SCENE X.

CHASTEAUFORT, PAQUIER.

CHASTEAUFORT.

HE', mon Dieu, Messieurs, j'ay perdu mon garde. Personne ne l'a-t-il rencontré ? Sans mentir j'en ferai reproche à la Connétablie, d'avoir fié à un jeune homme la garde d'un Diable comme moy. Si j'allois maintenant rencontrer ma Partie, que seroit-ce ? Il faudroit

Z 4

s'égorger comme des beftes farouches.
Pour moi, encore que je fois vaillant,
je ne fuis point brutal. Ce n'eft pas que
je craigne le combat ; au contraire,
c'eft le pain quotidien que je demande
à Dieu tous les jours en me levant. On
le verra, on le verra ; car, par la mort,
auffi-tôt que j'aurai retrouvé ce garde
qui me gardoit, je protefte de défobeïr
à quiconque, horfmis à ce pauvre garde, me voudroit détourner de tirer l'é-
pée. Hola, Garde-mulet, ne l'as-tu point
vû paffer mon garde ? C'eft un Garde
que les Maréchaux de France m'ont envoyé, pour m'empêcher de faire un
duel le plus fanglant qui ait jamais rougi
l'herbe du Pré aux Clercs. Ventre, que
dira la Nobleffe de moy, quand elle
fçaura que je n'ai pas eu le foin de bien
garder mon garde ? O ! toy donc, malheureux petit homme, va-t-en fignifier
à tous les Braves, qu'ils ayent à me laiffer
en patience dorénavant, parce qu'encore que mon garde ne foit pas ici, je
fuis cenfé comme l'ayant. Je luy donnois deux piftoles par jour ; & fi je le
puis retrouver, je promets à mon bon
Ange un cierge blanc de dix livres ; &
à luy, de luy donner par jour quatre
piftoles, au lieu de deux. Enfin je le
rendrai fi content de moy, qu'il ne fouf-
frira pas que je m'échape de luy, ou ce
fera le plus ingrat homme du monde.

PAQUIER.

Hé bien, Monfieur, qu'importe, puis

que vous voulez tuer votre ennemi, que ce garde vous ait abandonné ? vous pouvez à cette heure vous battre fans obftacle.

CHASTEAUFORT.

O! chien de mirmidon, chien de filou, chien de gripe-manteau, chien de traîne-gibet, que tu es brute en matiere de démêlez ! Où fera donc la foi d'un Cavalier? Quoy, tu te figures que je fois fi peu fenfible à l'honneur, que de me refoudre à tromper lâchement, perfidement, traîtreufement, la vigilance d'un honnefte homme qui me gardoit, & qui à l'heure que je parle, ne s'attend nullement que je me batte ? Ah ! plutoft le Ciel échape à fes liens, pour tomber fur ma tefte. Moy aggraver la faute d'un imprudent, par une plus grande ! Si je penfois qu'un feul homme fe le fût imaginé, pour me vanger d'un individu fur toute l'efpece, j'envoyerois défendre au genre humain d'eftre vivant dans trois jours.

PAQUIER.

Adieu, adieu.

CHASTEAUFORT.

Va toi-même à Dieu, poltron, & luy dis de ma part, que je lui vais envoyer bientôt tout ce qui refte d'hommes fur la Terre.

Fin du fecond Afte.

ACTE III.

SCENE PREMIERE.

PAQUIER, GRANGER.

PAQUIER.

CAR par les feux je l'ai brûlée, par les charbons je l'ai entêtée, & par les traits je l'ai percée.

GRANGER.

Ah ! Paquier, tu t'es aujourd'hui surpassé toi-même. N'espere pas toutefois de laureole condigne à cet exploit ; un tel service merite des Empires ; & la Fortune, cette ennemie de la vertu, ne m'en a pas donné. Mais vien chez ma Maistresse, me voir entrer dans la Place dont tu m'as ouvert la brêche.

PAQUIER.

Ne courez point si viste ; vous cherchez votre asne quand vous estes dessus. Ne vous ai-je pas dit qu'elle vous doit venir trouver ici ?

GRANGER.

Il m'en souvient. Je n'ai donc plus qu'à choisir lequel me siera le mieux de mes habits pontificaux. (*Il ouvre un grand ba-bu, d'où il tire de vieux habits, avec un mi-*

voir.) O Déeſſe Paphienne, ſois-moi en
aide & confort en cette mienne pré-
ſente tribulation. Et vous, ſacrez haillons de mes ancêtres, qui ne gagnez des
crottes qu'aux bons jours ; vous qui n'a-
vez point vu le jour, depuis celui du mariage de mon biſayeul, qu'il n'y ait ſur
votre texte, tache, trou, balafre, ou dé-
chirure, qui ne reçoive un ſanglot, une
larme, & une quérimonie particuliere. A-
mour, flâme folette, qui n'es jamais qu'-
au bord d'un précipice ! Ardant qui bril-
les pour nous ébloüir ! Feu qui brûles, &
ne conſumes point ! Guide aveugle, qui
creves les yeux à ceux que tu conduis :
Bourreau qui fais rire en tuant : Poiſon
que l'on boit par les yeux : Aſſaſſin que
l'ame introduit dans ſa maiſon par les fenêtres : Amour, petit poupar, c'eſt à tes
côtez doüillettement frétillars, que je
viens perager les reliques de la journée.
Plantons-nous diametralement devant ce
chef-d'œuvre Venitien, & faiſons avec
un compte exact la revüe de tous les
traits de mon viſage. Que le poil de ma
barbe qui paroîtra hors d'œuvre, ſoit
châtié comme un paſſe-volant. Eſſayons
quel perſonnage il nous ſiéra le mieux de
repreſenter devant elle, de Caton ou de
Momus. (*Il pleure & il rit en même temps.*)
Je tâche à rire & à pleurer ſans intervale,
& je n'en puis venir à bout. Mais que
viens-je de voir ? Quand je ris, ma ma-
choire, ainſi que la muraille d'une ville
battuë en ruine, découvre à côté droit

une brêche à paſſer vingt hommes : C'eſt pourquoi, mon viſage, il vous faut ſtyler à ne plus rire qu'à gauche, & pour cet effet, je vais marquer ſur mes jouës de petits points, que je défens à ma bouche, quand je rirai, d'outrepaſſer. On m'a dit que j'ai la voix un peu caſſée, il faut ſurprendre avec l'oreille mon image en ce miroir, avant qu'elle ſe taiſe. *Je ſaluë tres-humblement le Baſtion des Graces, & la Citadelle des Rigueurs de Mademoiſelle Genevote.* Ai-je parlé trop haut, ou trop bas ? Il ſeroit bon, ce me ſemble, d'avoir des lieux communs tout prêts, pour chaque Paſſion que je voudrai vêtir. Il faudra faire éclater, ſelon que je ſerai bien ou mal reçu, le Dédain, la Colere, ou l'Amour. Çà, pour *le Dédain.* Quoy, tu penſerois que tes yeux euſſent feru ma poitrine au défaut de la cuiraſſe ? Non, non, tes traits ſont ſi doux, qu'ils ne bleſſent perſonne. Quóy, je t'aurois aimée, chetif égoût de concupiſcence, vaſe de neceſſité, pot de chambre du ſexe maſculin ? Helas ! petite gueuſe, regarde-moy ſeulement, admire, & te tais.

Pour *la Colere.*

O trois & quatre fois Megere impitoyable, puiſſe le Ciel en courroux ébouler ſur ton chef des halebardes au lieu de pluye : puiſſes-tu boire autant d'encre, que ton amour m'a fait verſer de larmes : puiſſes-tu cent fois le jour ſervir aux Chiens de muraille pour piſſer ; enfin puiſſe la deſtinée tiſſer la trame de tes jours avec du crin, des chardons, & des étoupes.

Pour *l'Amour*.

Soleil, principe de ma vie, vous me donnez la mort, & déja je ne ferois plus qu'une ombre vaine & gemiffante, qui marqueroit de fes pas la rive blême de l'Achéron, fi je n'eufle redouté de faire perir en moy votre amour, qui ne doit pas moins vivre que fa caufe. Peut-être, ô belle tygreffe ! que mon chef negeux vous fait peur : Je fçai bien auffi que les jeunes ont dans les yeux moins de rouge, & plus de feu que nous ; que vous aimez mieux notre bourfe au fingulier qu'au pluriel ; qu'au déduit amoureux une femme eft infatiable ; & que fi la premiere nuit, *optat ut excedat digito*, la feconde nuit elle en veut, *pede longior uno.* Mais fçachez qu'un jour l'âge ayant promené fa charruë fur les rofes & fur les lys de votre teint, fera de votre front un grimoire en Arabe ; & que jeunes & vieux font quotidiennement épitaphez, à caufe que, *Compofitum, fimplexque, modo fimili gradiuntur.*

SCENE II.

GRANGER, PAQUIER, GENEVOTE.

GRANGER.

Mademoiselle, soyez venuë autant à la bonne heure, que la grace aux pendus, quand ils sont sur l'échelle.

GENEVOTE.

Est-ce l'amour qui vous a rendu criminel ? Vraiment la faute est trop illustre, pour ne vous la pas pardonner. Toute la penitence que je vous en ordonne, c'est de rire avec moi d'un petit conte que je suis venuë ici pour vous faire. Ce conte toutefois se peut appeller une histoire, car rien ne fut jamais plus veritable. Elle vient d'arriver il n'y a pas deux heures, au plus facétieux personnage de Paris ; & vous ne sçauriez croire à quel point elle est plaisante. Quoy, vous n'en riez pas ?

GRANGER.

Mademoiselle, je croi qu'elle est divertissante au delà de ce qui le fut jamais. Mais....

GENEVOTE.

Mais vous n'en riez pas ?

GRANGER.

Ha, a, a, a, a !

GENEVOTE.

Il faut, avant que d'entrer en matiere,

vous anatomiſer ce Squelette d'homme
& de vêtement, aux mêmes termes qu'un
Sçavant m'en a tantôt fait la deſcription.
Voici l'heure environ que le Soleil ſe
couche, c'eſt l'heure auſſi par conſequent
que les lambeaux de ſon manteau ſe viennent rafraîchir aux Etoiles. Leur maiſtre
ne les expoſe jamais au jour, parce qu'il
craint que le Soleil prenant une matiere
ſi combuſtible pour le berceau du Phœ-
nix, ne brûlât & le nid & l'oiſeau. Ce
manteau donc, cette cape, cette caſaque,
cette ſimare, cette robe, cette ſoutane,
ce lange, ou cet habit, (car on eſt encore à deviner ce que c'eſt, & le Syndic
des Tailleurs y demeureroit *à quia*) fait
bien dire aux gauſſeurs, qu'il fait peur
aux larrons, en leur montrant la corde.
Certains Dogmatiſtes diſent avoir appris
par tradition, qu'il fut apporté du Caire,
où on le trouva dans une vieille cave, à
l'entour de je ne ſçai quelle momie, ſous
les ſaintes maſures d'une Pyramide ébou-
lée. A la verité, les figures grotesques que
les trous, les pieces, les taches, & les filets, y compoſent bizarrement, ont beaucoup de rapport avec les figures hierogli-
fiques des Egyptiens. C'eſt un plaiſir ſans
pareil, de contempler ce Fantôme arrêté
dans une ruë. Vous y verrez amaſſer cent
curieux, & tout en extaſe diſputer de ſon
origine: L'un ſoûtenir que l'Imprimerie,
ni le Papier n'étant pas encore trouvez,
les Doctes y avoient tracé l'Hiſtoire uni-
verſelle; & ſur cela remontant de Phara-

mond à Cefar, de Romule à Priam, de
Promethée au premier homme, il ne laiſ-
ſera pas échaper un filet qui ne ſoit au
moins le Symbole de la décadence d'une
Monarchie. Un autre veut que ce ſoit le
Tableau du Cahos : Un autre la Metemp-
ſycoſe de Pytagore : Un autre diviſant ſes
guenilles par chapitres, y trouvera l'Al-
coran diviſé par Azoares : Un autre, le ſy-
ſtême de Copernic : Un autre enfin jurera
que c'eſt le manteau du Prophete Elie, &
que ſa ſechereſſe eſt une marque qu'il a
paſſé par le feu : Et moy, pour vous bla-
zonner cet Ecu, je dis qu'il porte, de Sable, engrêlé ſur la bordure, aux lambeaux
ſans nombre. Du manteau je paſſerois
aux habits ; mais je penſe qu'il ſuffira de
dire que chaque piece de ſon accoutre-
ment eſt une Antique. Venons de l'étoffe
à la doublure, de la guaîne à l'épée, &
de la Châſſe au Saint ; Traçons en deux
paroles le crayon de notre ridicule Docteur. Figurez-vous un rejetton de ce fameux arbre Cocos, qui ſeul fournit un
pays entier des choſes neceſſaires à la vie.
Premiérement, en ſes cheveux on trouve
de l'huile, de la graiſſe, & des cordes de
Luth : ſa teſte peut fournir les Couteliers
de corne ; & ſon front, les Négroman-
ciens de grimoire à invoquer le Diable ;
ſon cerveau, d'enclume ; ſes yeux, de
cire, de vernis, & d'écarlate ; ſon viſage,
de rubis ; ſa gorge, de cloux ; ſa barbe, de
décrotoires ; ſes doigts, de fuſeaux ; ſa
peau, de lime ; ſon haleine, de vomitif ;
ſes

ſes cauteres, de pois; ſes dartres, de fa-
rine; ſes oreilles, d'aiſles à moulin; ſon
derriere, de vent à le faire tourner; ſa
bouche, de four-à-ban; & ſa perſonne,
d'aſne à porter la mounée. Pour ſon nez,
il merite bien une égratignure particuliere. Cet autentique nez arrive par-tout
un quart-d'heure devant ſon maiſtre; dix
Savetiers de raiſonnable rondeur, vont
travailler deſſous à couvert de la pluye.
Hé bien, Monſieur, ne voila pas un joli
Ganimede! & c'eſt pourtant le Heros de
mon hiſtoire. Cet honnête homme regente une claſſe dans l'Univerſité. C'eſt
bien le plus faquin, le plus chiche, le
plus avare, le plus ſordide, le plus meſ-
quin.... Mais riez donc?

GRANGER.

Ha, a, a, a, a!

GENEVOTE.

Ce vieux Rat de College a un fils, qui
je penſe eſt le receleur des perfections que
la Nature a volées au pere. Ce chiche-
penard, ce radoteur....

GRANGER.

Ah! malheureux! je ſuis trahi, c'eſt ſans
doute ma propre hiſtoire qu'elle me conte. Mademoiſelle, paſſez ces épithetes,
il ne faut pas croire tous les mauvais rapports; outre que la vieilleſſe doit eſtre
reſpectée.

GENEVOTE.

Quoy? le connoiſſez-vous?

GRANGER.

Non, en aucune façon.

Tome I.   A 2

GENEVOTE.

O bien, écoutez donc. Ce vieux bouc veut envoyer son fils en je ne sçai quelle ville, pour s'ôter un rival; & afin de venir à bout de son entreprise, il lui veut faire accroire qu'il est fou. Il le fait lier, & lui fait ainsi promettre tout ce qu'il veut: mais le fils n'est pas long-temps creancier de cette fourbe. Comment? vous ne riez point de ce vieux bossu, de ce maussadas à triple étage?

GRANGER.

Baste, baste, faites grace à ce pauvre Vieillard.

GENEVOTE.

Or écoutez le plus plaisant. Ce gouteux, ce loup-garou, ce Moine-bourru....

GRANGER.

Passez outre, cela ne fait rien à l'Histoire.

GENEVOTE.

Commanda à son fils d'acheter quelque bagatelle, pour faire un present à son oncle le Venitien; & son fils un quart-d'heure aprés lui manda qu'il venoit d'être pris prisonnier par des Pyrates Turcs, à l'embouchure du golphe des Bons-hommes; & ce qui n'est pas mal plaisant, c'est que le bon homme aussi-tôt envoya la rançon. Mais il n'a que faire de craindre pour sa pecune, elle ne courra point de risque sur la mer de Levant.

GRANGER.

Traître Corbineli, tu m'as vendu, mais je te ferai donner la salle. Il est vrai, Ma-

demoiſelle, que je ſuis interdit : mais
jugez auſſi par le trouble de mon viſage,
de celui de mon ame. L'image de votre
beauté joüe inceſſamment dans mon cœur
à remu-ménage. Ce n'eſt pas toutefois du
deſordre d'un eſprit égaré, que je prétens
meriter ma recompenſe ; c'eſt de la force
de ma paſſion, que je prétens vous prouver par quatre figures de Rhetorique, les
Antitheſes, les Metaphores, les Compa-
raiſons, & les Argumens. Et pour les dé-
plier, écoutez parler l'*Antitheſe*.

Si ; mais je ne dis point ſi, il eſt plus
veritable que la verité : ſi, dis-je, l'a-
mere douceur, & la douce amertume,
le poiſon medecinal, & la medecine em-
poiſonnée, qui partent ſans ſortir de vous,
ô Monſtre indéfectueux, n'embraſoient
mon eſprit en le glaçant, & n'y faiſoient
tantôt vivre, tantôt mourir, un immor-
tel petit Geant (j'appelle ainſi les flames
viſibles dont le plus grand & le plus petit
des Dieux m'échauffe & me fait trembler.) Ou ſi ces aveugles clairvoyans (je
veux dire vos yeux, belle Tygreſſe, ces
innocens coupables) ſe publiant ſans dire
mot, amis ennemis de l'eſclave liberté des
hommes, n'avoient contraint volontairement mon genie dans la libre priſon de
votre ſorciere Beauté, lui qui faiſoit gloire auparavant d'une fermeté conſtante en
ſon inconſtance : ſi, dis-je, tout ce'a n'a-
voit fait faire & défaire à mes penſées
beaucoup de chemin en peu d'eſpace : ſi
bref vous ne m'aviez appe té des tene-

bres par vos rayons , je n'aurois pas appellé de mon Juge à mon Juge , pour demander ce que je ne veux pas obtenir : c'est,
pitoyable Inhumaine, la santé mortelle
d'une aigre-douce maladie , qu'on ren-
droit incurable, si on la gueristoit.

GENEVOTE.

Comment appellez-vous cette Figure-
là ?

GRANGER.

Nos Ancestres jadis la baptiserent , *An-*
tithese.

GENEVOTE.

Et moi qui la confirme aujourd'hui , je
lui change son nom, & lui donne celui de
Galimathias.

GRANGER.

Voici la Metaphore & la Comparaison,
qui viennent à vos pieds demander au-
diance.

GENEVOTE.

Faites-les entrer.

GRANGER.

Tout ainsi qu'un négeux Torrent, fier
Enfant de l'Olympe, quand son chenu
coupeau acravanté d'orages , & courbant
sous le faix des froidureux cotons , franc
qu'il se voit de l'étroite conciergerie , où
le calme le tenoit serf , *quà data porta*
ruit, va ravager insolemment le sein fer-
tile des pierreuses campagnes , & desho-
norant sans vergogne par le gueret champêtre la perruque dorée de Cerés aux pâ-
les couleurs, fait brouter illec son trou-
peau écaillé, où le coutre tranchant du

ménager Laboureur pieça se promenoit: ainsi mes esperances ne pouvant plus tenir contre l'impetuosité de mon déplaisir, l'huissier de ma tristesse tenant en main la baguette de mes soûpirs, a fait faire place à la grandeur de mes douleurs; j'ai débarricadé mes clameurs, lâché la bride à mes sanglots, donné de l'éperon à mes larmes, & foüetté mes cris devant moy. Ils feront bon voyage, car il me semble que je voy déja la sentinelle avancée de votre bonté, paroître entre les crêneaux & sur la platteforme de vos graces, qui crie à mes soûpirs, *Qui va là?* Puis ayant appellé le Caporal de votre Jugement, donné l'allarme au Corps de garde de votre pudicité, demandé le mot du guet à mes soûpirs, les avoir reconnu pour amis, & laissé passer à cause du paquet de perseverance, & bref les articles de bonne intention signez de l'Amant & de l'Aimée, voir la paix universelle entre les deux Etats de notre foy matrimoniale regner és Siecles des Siecles.

GENEVOTE.

Amen.

GRANGER.

Donc pour nous y acheminer, soyez comme un Jupiter qui s'appaise par de l'encens; je ferai comme Alexandre à vous en prodiguer. Soyez de même que le Lion qui se laisse fléchir par les larmes, je ferai de même qu'Heraclite à force de pleurer. Soyez tout ainsi que le Naphte auprés du feu, & je serai tout ainsi que le Mont

Ætna qui ne sçauroit s'éteindre. Soyez ne plus ne moins que le bon terroir, qui rend ce qu'on lui prête, & je serai ne plus ne moins que Triptoleme à vous ensemencer. Soyez ainsi que les Abeilles, qui changent en miel les fleurs; & les fleurs de ma Rhetorique, ainsi que celles d'Attique, se chargeront de manne. Soyez telle en fermeté que le Remora, qui bride la nef au plus fort de la tempête, & je serai tel que le vaisseau Caligula qui en fut arrêté; *Ne plus sim.* Soyez à la façon des trous qui ne refusent point de mortier, & je serai à la façon de la truelle qui bouchera votre crevasse.

GENEVOTE.

Vraiment, Monsieur, quoi que vous soyez incomparable, vous n'estes pas un homme sans comparaison.

GRANGER.

Ce n'est pas par la Metaphore seule, pain quotidien des Scholares, que je pretens capter votre benevolence : Voyons si mes argumens trouveront forme à votre pied; car si ce contingent metaphysique avoit couru du *Possibile ad factum*, je jure par toutes les Eaux infernales, par les Palus trois fois saints du Cocite & du Stix, par la Couronne de fer de l'enfumé Pluton, par l'éternel cadenas du Silence, par la bequille de Vulcain, bref par l'entousiasme prophetique du Tripier Sybilin, de vous rendre en beauté, non point la Déesse Paphienne, mais celle qui fera honte à celle-là. Et pour en descendre aux preuves, j'argumente ainſi. Du Monde, la plus belle partie, c'eſt l'Europe. La plus belle partie de l'Europe, c'eſt la France, *ſecundùm Geographos.* La plus belle Ville de France, c'eſt Paris. Le plus beau Quartier de Paris, c'eſt l'Univerſité, *Propter Muſas.* Le plus beau College de l'Univerſité, je ſoûtiens à la barbe de Sorbonne, de Navarre, & d'Harcourt, que c'eſt Beauvais; & ſon nom eſt le répondant de ſa beauté, puiſqu'on le nomma Beauvais, *quaſi* beau à voir. La plus belle chambre de Beauvais, c'eſt la mienne. *Atqui*, le plus beau de ma chambre, c'eſt moi. *Ergo*, je ſuis le plus beau du monde. *Et hinc infero*, que vous, pucelette mignardelette, mignardelette pucelette, êtant encore plus belle que moi, il ſeroit, je dis, *Sole ipſo clarius*, que vous incorporant au Corps de l'Univerſité, en vous incorporant au mien, vous ſeriez plus belle que le plus beau du monde.

GENEVOTE.

Vraiment, ſi j'avois dormi une nuit auprés de vous, je ſerois docte comme Heſiode, pour avoir dormi ſur le Parnaſſe.

GRANGER.

Mais j'ai d'autres armes encore qui ſont toutes neuves à force d'eſtre vieilles, dont je préſume outrepercer votre tendrelette poitrine : C'eſt l'éloquence du franc Gaulois. Or oyez.

Et déa Roine de haut parage, Mie de mes penſées, creſme, fleur & parangon des Infantes, vous qui chevauchez par illec du fin faîte de celtuy votre magnifique & moult doucereux palefroy, jouxte lequel gefir fouliez en bonne conche; prenez émoy de ma déconvenuë. Las! oyez le méchef d'un dolent moribond, qui crevé d'anhan fur un chetif grabat, oncques ne fentit au cœur joye. Point ne boutez en fourde obliviance cil à qui pieça Fortune porte guignon. Las! helas! reconfortez un pauvret en mariffon, à qui il conviendra foy gendarmer contre foy, s'occir, ou fe déconfir par quelque autre tour de mal engin, fe ne vous garmentez de luy donner foulas; car de finer ainfin pieça ne luy chaut. Or foyez, ma Pucelle aux yeux verts, comme un Faucon; quant à moy je ferai votre coint Damoifel, qui par rémuneration d'une fi grande mercy, fe aucune chofe avez à befogner de fon avoir; à tout fon tranchant glaive il redreffera vos torts, & défera vos griefs; il déconfira des Chevaliers felons, il hachera des Andriaques; il fera des chappelis inénarrables; il martellera des Paladins, ores à dextre, ores à fenextre; bref tant & fi beau jouftera, qu'il n'y aura piece de fiers, orgueilleux, outrecuidez & démefurez Geans, lefquels en dépit des armes Fées, & du Haubert de fine trempe, il ne pourfende jus les arçons. Quel ébaudiffement de voir adonc iffir le fang à grand randon du flanc pantois de l'endemené Sarafin; & pour feftoyement de cas tant beau, fe voir leans guerdonné d'un los de pleniere Chevalerie!

GENE-

GENEVOTE.

Monfieur, il eft vrai, je ne le puis celer, c'eft à ce coup que je rens les armes. Enfin je m'abandonne toute à vous ; Ufez de moi auffi librement que le chat fait de la fouris ; rognez, tranchez, taillez, faites-en comme des choux de votre jardin.

PAQUIER.

Je trouve pourtant bien du *diftinguo* entre les femmes & les choux ; car des choux la tête en eft bonne, & des femmes c'eft ce qui n'en vaut rien.

GRANGER.

Auriez-vous donc agreable, Mademoiselle, lorfque la nuit au vifage de More, aura de fes haillons noirs embeguiné le minois fouffreteux de notre Zenit, que je tranfporte mon individu aux Lares domeftiques de votre toît, pour faire humer à longs traits votre éloquence mellifluë, & faire fur votre couche un facrifice à la Déeffe tutelaire de Paphos ?

GENEVOTE.

Ouy, venez, mais venez avec une échelle, & montez par ma fenêtre ; car mon frere ferre tous les jours les clefs de notre maifon fous fon chevet.

GRANGER.

O! que ne fuis-je maintenant Julius Cefar, ou le Pape Gregoire, qui firent paffer le Soleil fous leur ferule ! Je ne le reculerois, ni ne l'arrêterois en Thiefte ou en Jofué ; mais je le contraindrois de marquer minuit à fix heures.

SCENE III.

GENEVOTE, LA TREMBLAYE,
GRANGER *le jeune.*
CORBINELI.

GENEVOTE.

JE pensois aller plus loin vous faire rire; mais je voi bien qu'il me faut dé-
charger ici.

GRANGER *le jeune.*
Aux dépens de mon pere?

GENEVOTE.
C'est bien le plus bouffon personnage
de qui jamais la tête ait dansé les sonnettes; & moy, par contagion, je suis devenuë facetieuse, jusques à luy permettre
d'escalader ma chambre. A bon enten-
deur, salut: Il se fait tard; les machines
sont peut-être déja en chemin; retirons-
nous.

SCENE IV.

LA TREMBLAYE, CORBINELI.

LA TREMBLAYE.

VA donc avertir Mademoiselle Manon. Tout va bien, la bête donnera

dans nos panneaux, ou je suis mauvais Chaſſeur.

Il heurte à la porte de Manon.

SCENE V.

LA TREMBLAYE, CORBINELI, MANON.

LA TREMBLAYE.

JE m'en vais amaſſer de mes amis pour m'aſſiſter, en cas que ſon College vou-lût le ſecourir. Mais une autre difficulté m'embaraſſe; C'eſt que je crains, ſi je ne ſuis arrivé aſſez tôt, qu'il n'entre dans la chambre de ma ſœur; & comme enfin elle eſt fille, qu'elle n'ait de la peine de ſe dépêtrer des pourſuites de ce Docteur é-chauffé; & qu'au contraire s'il trouve la fenêtre fermée, contre la parole qu'il a reçuë d'elle, il ne s'en aille, penſant que ce ſoit une burle.

CORBINELI.

O de cela n'en ſoyez point en peine, car je l'arrêterai en ſorte qu'il ne courra pas fort vîte eſcalader la chambre, & n'oſera, pour quelque autre raiſon que je vous tais, retourner en ſon logis. C'eſt pourquoy je vais m'habiller pour la Piéce.

LA TREMBLAYE.

J'étois venu pour imaginer avec vous un moyen de hâter notre mariage; mais votre pere luy-même nous en donne un fort bon. (*Il luy parle bas à l'oreille.*) Il va tout à l'heure assieger notre Château pour voir ma sœur ; & moy je ....

MANON.

C'est par là qu'il s'y faut prendre, n'y manquez pas. Adieu.

Fin du troisième Acte.

ACTE IV.

SCENE PREMIERE.

GRANGER, PAQUIER.

GRANGER.

TOUT est endormi chez nous d'un somme de fer; tout y ronfle jusqu'aux grillons & aux crapaux. Paquier, avance ton échelle : mais que c'est bien pour moi l'échelle de Jacob, puisqu'elle me va monter au Paradis d'Amour!

PAQUIER.

Je croi que voici la maison. Ah ! je suis mort. C'est ma faute, je ne lui avois pas donné assez de pied. (*Il tombe, ayant appuyé son échelle sur le dos de Corbineli.*)

GRANGER.

Monte encore un coup, pour voir si elle est bien appuyée. (*Il l'y met encore, & monte.*)

PAQUIER.

J'ai peur d'avoir donné trop de pied. Comment ? je ne rencontre point de mur ! (*Il nage des bras dans la nuit, pour toucher le mur.*) Notre machine tiendroit-elle bien toute seule ? *Domine,* plantez vous-même votre échelle, je n'y oserois plus toucher.

GRANGER.

Vade retro, mauvaise bête, je l'appliquerai bien moi-même. Je pense que j'y suis, voici la porte ; je la connois aux cloux, sur chacun desquels j'ai composé jadis maintes bonnes Epigrammes. *Scande*, pour essayer si elle est ferme.

PAQUIER.

Ah, miserable que je suis ! on vient d'arracher le dents à mon échelle. (*Corbineli transporte l'échelle d'un côté & d'autre avec tant d'adresse, que Paquier faisant aller sa main à droit & à gauche, frappe toûjours un des côtez de l'échelle, sans trouver d'échelons.*) Misericorde, mon échelle vient d'enfanter. Qui l'auroit engrossie ? Ne seroit-ce point moi, car j'ai monté dessus ? Mais quoy ? l'enfant est déja aussi gros que la mere.

GRANGER.

Tais-toy, Paquier, j'ai vû tout à l'heure passèr je ne sçay quoy de noir. C'est peut-être une de ces Larves au teint noir, dont nous parlions tantôt, qui vient pour m'effrayer.

PAQUIER.

Domine, on dit que pour épouvanter le Diable, il faut témoigner du cœur. Toussèz deux ou trois fois, vous vous rassûrerez.

GRANGER.

Qui es-tu ?

PAQUIER.

Un peu plus haut.

GRANGER.

Qui es-tu ?

PAQUIER.

Encore plus fort.

GRANGER.

Qui es-tu donc ?

PAQUIER.

Chantez un peu, pour vous raffurer.
(*Granger chante.*) Bon. Fort. Faites accroire au Spectre que vous ne le craignez
point. *Domine*, c'eft un Diable Huguenot, car il ne fe foucie point de la Croix.

GRANGER.

Il a peur lui-même, car il n'ofe parler.
Mais, Paquier, ne feroit-ce point mon ombre ? car elle eft vétuë tout comme moy,
fait tous mes mêmes geftes, recule quand
j'avance, avance quand je recule. Il faut
que je m'éclairciffe. Notre-Dame ! elle
me frappe. (*Il donne un coup, & Corbineli*
le luy rend. Corbineli entre viftement avec un
paffe-par-tout, & Granger court aprés pour
entrer auffi.

PAQUIER.

Monfieur, il fe peut faire que les ombres de la nuit étant plus épaiffes que celles du jour, font auffi plus robuftes; &
qu'ainfi elles pourroient frapper les gens.
Entrez, voila la porte ouverte.

GRANGER.

Ma foi, l'ombre eft plus habile que moi.
Ecoutez donc, me voici, c'eft moi.

PAQUIER.

Non vramant da, ce n'eft pas mon Maître qui eft chez vous, ce n'eft que foi

ombre. Que Diable, Monſieur, votre ombre eſt-elle folle, de marcher devant vous,
& d'entrer toute ſeule en un logis où elle
ne connoît perſonne ? Oh aſſurément que
nous nous ſommes trompez ; car ſi c'étoit
une ombre, la Lune l'auroit fait, & cependant la Lune ne luit pas. Helas ! *pro-
fectò*, je le viens de trouver ; nous en é-
tions bien loin. C'eſt votre ame : car ne
vous ſouvient-il pas qu'hier vous la donnâtes à Mademoiſelle Genevote ? Or n'é-
tant plus à vous, elle vous aura quitté ;
cela eſt bien viſible, puiſque nous la ren-
controns en chemin qui s'en va. Ah ! perfide Ame, vous ne deviez pas trahir un
Docteur de la façon. Ce qu'il en avoit
dit, n'étoit qu'en riant. Cependant vous
l'abandonnez pour une niaiſerie. Je m'en
vais bien voir ſi c'eſt elle ; car ſi ce l'eſt,
peut-être qu'en la flatant un peu, elle ſe
repentira de ſa faute. Je t'adjure, par le
Grand Dieu vivant, de me dire qui tu es ?

CORBINELI *par la fenêtre.*

Je ſuis le grand Diable Vauvert. C'eſt
moi qui fais dire la Patenôtre du Loup ;
Qui nouë l'éguillette aux nouveaux mariez : Qui fais tourner les Sas : Qui pétris
le Gâteau triangulaire : Qui rends inviſi-
bles les Freres de la Roſe-Croix : Qui di-
ĉte aux Rabbins la Cabale & le Talmud :
Qui donne la Main de gloire, le Trefle à
quatre, la Piſtole volante, le Guy de l'An
neuf, l'Herbe de Fouvoyement, la graine
de Fougere, le Parchemin vierge, les
·Gamahez, l'Emplâtre Magnetique. J'en-

feigne la composition des Brevets , des
Sorts, des Charmes , des Sigilles , des
caractères , des Talismans , des Images ,
des Miroirs , des Figures conftellées. Je
prêtai à Socrate un Démon familier; Je
fis voir à Brutus fon mauvais Génie; J'arrêtai Drufus à l'apparition d'un Lutin;
J'envoie les Démons familiers, les Efprits
folets , les Martinets , les Gobelins , le
Moine-bouru , le Loup-garou , la Mule-
ferrée , le Marcou, le Cochemar , le Roy
Hugon, le Connétable, les Hommes noirs,
les Femmes blanches , les Ardans , les
Lemures , les Farfadets , les Ogres , les
Larves , les Incubes , les Succubes, les Lamies , les Fées , les Ombres , les Mânes ,
les Spectres , les Phantômes : Enfin je fuis
le grand Veneur de la Foreft de Fontainebleau.

GRANGER.

Ah ! Paquier , qu'eft-ceci ?

PAQUIER.

Voila un Démon qui n'a pas eu toute fa
vie les mains dans fes pochettes.

GRANGER.

Qu'augures-tu de cette vifion ?

PAQUIER.

Que c'eft un Diable femelle, puifqu'il a
tant de caquet.

GRANGER.

En effet, je croi qu'il n'eft pas méchant,
car j'ai remarqué qu'il ne nous a dit mot,
jufqu'à ce qu'il s'eft vû armé d'un corcelet
de pierre.

PAQUIER.

Ma foi, Monfieur, ne craignez point les Diables, jufqu'à ce qu'ils vous emportent. Pour moi je ne les apprehende que fur les épaules des Femmes.

SCENE II.

LA TREMBLAYE, GRANGER, PAQUIER, CHASTEAUFORT.

LA TREMBLAYE.

AUx Voleurs, aux Voleurs : Vous ferez pendus, Coquins ; ce n'eft pas d'aujourd'huy que vous vous en mêlez. Peuple, vous n'avez qu'à chanter le *Salve*, le Patient eft fur l'échelle.

PAQUIER.

En mourra-t-il, Monfieur ?

LA TREMBLAYE.

Tu t'y peux bien attendre.

PAQUIER.

Seigneur, ayez donc pitié de l'ame de feu mon pauvre Maiftre Nicolas Granger : Si vous ne le connoiffez, Seigneur, c'eft ce petit homme qui avoit un chapeau à grand bord, & un haut-de-chauffe à la culote.

GRANGER.

Au fecours, Monfieur de Chafteaufort, c'eft votre Ami Granger, que la Tremblaye veut poignarder.

CHASTEAUFORT *par la fenêtre.*

Qui font les Canailles qui font du bruit
là bas ? Si je defcends , je lâcherai la bride
aux Parques.

LA TREMBLAYE.

Soldats, qu'on leur donne les offelets.

GRANGER.

Ah ! Monfieur de Chafteau-tres-fort ,
envoyez de l'arcenal de votre puiffance ,
la foudre craquetante , fur la temerité criminelle de ces chetifs mirmidons.

CHASTEAUFORT *defcendu
fur le Theatre.*

Vous voila donc marauts. Hé ! ne fçavez-vous pas qu'à ces heures muettes,
j'ordonne à toutes chofes de fe taire, horfmis à ma Renommée ? Ne fçavez-vous
pas que mon épée eft faite d'une branche
des cifeaux d'Atropos ? Ne fçavez-vous
pas que fi j'entre , c'eft par la brêche : fi je
fors, c'eft du combat : fi je monte , c'eft
fur un Trône : fi je defcens , c'eft fur le
pré : fi je couche , c'eft un homme par
terre : fi j'avance , ce font mes conquêtes :
fi je recule , c'eft pour mieux fauter : fi je
jouë , c'eft au Roi dépoüillé : fi je gagne,
c'eft une bataille : fi je perds , ce font mes
ennemis : fi j'écris , c'eft un Cartel : fi je
lis, c'eft un Arreft de mort : Enfin fi je
parle , c'eft par la bouche d'un canon.
Donc, pendant, tu fçavois ces chofes, &
tu n'as pas redouté mon tonnerre ? Choifis
toi-même le genre de ton fupplice , mais
dépêche-toi de parler, car ton heure eft
venuë.

LA TREMBLAYE.

Ah ! quelle frenesie !

GRANGER.

Monsieur de Chasteaufort, *à minori ad majus* ; Si vous traitez de la sorte un malheureux, que feriez-vous à vôtre Rival ?

CHASTEAUFORT.

Mon Rival ! Jupiter ne l'oseroit être avec impunité.

GRANGER.

Cet homme ose donc plus que Jupiter ?

CHASTEAUFORT.

Ce grimaut, ce fat, ce farfadet ? Docteur, vous avez grand tort : je l'allois faire mourir avec douceur ; maintenant que ma bile est échauffée, sans vous mettre au hazard d'être accablé du Ciel qui tombera de peur, je ne le sçaurois punir. N'avez-vous point sçu cet estramaçon dont les Siecles ont tant parlé ? Certain fat avoit marché dans mon ombre ; mon temperament s'en alluma ; je laissai tomber celui de mes revers, qu'on nomme l'Archi-épouvantable, avec un tel fracas, que le vent seul de ma Tueuse ayant étouffé mon ennemi, le coup alla foudroyer les omoplates de la Nature. L'Univers de frayeur, de quarré qu'il étoit, s'en ramassa tout en une boule : Les Cieux en virent plus de cent mille étoiles : La Terre en demeura immobile : L'Air en perdit le Vent : Les Nuës en pleurerent : Iris en prit l'écharpe : Le Soleil en courut comme un fou : La Lune en dressa les cor-

nes : La Canicule en enragea : Le Silence
en mordit fes doigts : La Sicile en trem-
bla : Le Vefuve en jetta feu & flâme : Les
Fleuves en garderent le lit : La Nuit en
porta le deüil : Les Fous en perdirent la
raifon : Les Chymiftes en gagnerent la
pierre : L'Or en eut la jauniffe : La Crotte
en fecha fur le pied : Le Tonnere en gron-
da : L'Hyver en eut le friffon : L'Eté en
fua : L'Automne en avorta : Le vin s'en
aigrit : L'écarlate en rougit : Les Rois en
eurent échec & mat : Les Cordeliers en
perdirent leur Latin ; Et les noms Grecs
en vinrent au Duel.

LA TREMBLAYE.

Pour éviter un femblable malheur, je
vous fais commandement de me fuivre.
Allons, Monfieur l'Archi-épouvantable,
je vous fais prifonnier à la requête de l'U-
nivers.

CHASTEAUFORT.

Vous voyez, Docteur, que pour ne
vous pas enveloper dans le defaftre de
ce Coquin, j'ay pû me refoudre à luy
pardonner.

SCENE III.

MANON, GRANGER, PA-QUIER, LA TREMBLAYE, CHASTEAUFORT.

MANON.

AH! Monsieur de la Tremblaye, mon cher Monsieur, donnez la vie à mon Pere, & je me donne à vous. Bon Dieu! j'étois dans le College, attendant qu'il fût arrivé, pour fermer les portes de notre montée, lors que j'ay entendu un grand bruit dans la ruë. Le cœur m'a dit qu'indubitablement il avoit eu quelque mauvaise rencontre. Hélas! mon bon Ange ne m'avertit point à faux. Il est vray, Monsieur, qu'il merite la mort, d'avoir été surpris en volant votre maison; mais je sçay bien aussi que tous les Gentilshommes sont genereux, & tous les genereux pitoyables. Vous m'avez autrefois tant aimée; ne puis-je, en devenant votre femme, obtenir la grace de mon pere? Si vous croyez que ceci soit dit seulement pour vous amuser, allons consommer notre mariage, pourvû qu'auparavant vous me promettiez de luy donner la vie. Encore qu'il ne témoigne pas d'y consentir, excusez-le, Monsieur; c'est qu'il a le cœur un peu haut, & tout homme courageux ne fléchit pas facilement; mais pour luy sauver la vie, je ferois bien pis que de luy désobeïr.

GRANGER.

O Dieux! quelle fourbe. Sans doute la miserable est d'intelligence avec son traître d'Amoureux. Non, non, ma fille, non, vous ne l'épouserez jamais.

MANON.

Ah! Monsieur de la Tremblaye, arrêtez; je connois à vos yeux que vous l'allez tuer. Bon Dieu! faut-il voir massacrer mon pere devant moy, ou mourir ignominieusement par les mains de la Justice? Donc à l'âge que je suis, il faut que je perde mon pere? Hé! pour l'amour de Dieu, mon pere, mon pauvre pere, sauvez-vous, sauvant la vie & l'honneur à vos enfans. Vous voyez que la Tremblaye est un brutal, qui ne vous pardonnera jamais, si vous ne devenez son beau-pere. Pensez-vous que votre mort ne me touche point? O dame si est. Sçachez que je ne vous survivrois pas, & que même pour vous sauver d'un peril encore moindre que celui-ci, je ne balancerois point de me prostituer: à plus forte raison pour vous sauver du gibet; n'ayant qu'à devenir la femme d'un brave Gentilhomme, pourquoy ne le ferois-je pas?

GRANGER.

Quò vertam, mes Amis, l'Optique de ma vuë & de mes esperances? C'est à vous, Monsieur de la Tremblaye. *Ne reminiscaris delicta nostra.* Je me reposois sur la protection de Chasteaufort, &

je croyois que ce Tranche-montagne...
CHASTEAUFORT.
Que diable voulez-vous que je fasse?
Perdray-je tous les hommes pour un?
GRANGER.
Oserois-je en ce piteux état vous offrir
ma fille, & demander votre sœur? Je sçai
que si vous ne détournez les yeux de mes
fautes, je cours fortune de rester un pi-
toyable racourci des catastrophes hu-
maines.
LA TREMBLAYE.
Desirer cela, c'est me le commander.
Mais n'oublions pas à punir ce grotesque
Rodomont de son impertinence. (*La
Tremblaye frappe*, & *Chasteaufort compte
les coups.*)
CHASTEAUFORT.
Un, deux, trois, quatre, cinq, six, sept,
huit, neuf, dix, onze, douze. Ah! le ruse,
qu'il a fait sagement! s'il en eût donné
treize, il étoit mort.
LA TREMBLAYE.
Voilà pour vous obliger à ce meurtre.
(*Il le jette à terre d'un coup de pied.*)
CHASTEAUFORT.
Aussi-bien me voulois-je coucher.
LA TREMBLAYE.
Allons chez nous passer l'accord.
GRANGER.
Entrez toujours, je vous suis. Je demeure ici un moment, pour donner ordre que nous ayons de quoi nous ébau-
dir.

SCENE IV.

SCENE IV.

GRANGER, PAQUIER, CORBINELI.

GRANGER.

PAquier, va-t-en *subitò* m'accerfer les Confreres d'Orphée. Mais d'abord que tu leur auras parlé, reviens, & amene-les ; car c'eſt un lieu où je te défens de prendre racine ; encore que la viande aërée de ces Meſſieurs, auſſi-bien que le chef de Meduſe, ait droit de te petri-fier ou t'immortaliser, par la même force dont uſa le Violon Thracien, pour tenir les Bêtes penduës à ſon harmonie. Pour toy, Corbineli, je te pardonne ta fourbe, en faveur de ma jonction matrimo-niale.

CORBINELI.

Monſieur, c'eſt aujourd'huy Sainte Ce-cile. Si Paquier ne trouve leurs maiſons auſſi vuides que leurs inſtrumens, je veux devenir As de Pique. Et puis, le pauvre Garçon a bien des affaires ; il doit aller en témoignage.

GRANGER.

En témoignage ! & pourquoy ?

CORBINELI.

Un Homme de ſon Pays fut hier dé-chargé de ce fardeau, qui n'eſt jamais plus leger que quand il peſe beaucoup.

Des Coupe-jarets l'attaquerent ; l'autre
cria, mais ses cris ne furent autre chose
que l'oraison funebre de son argent : ils
luy ôterent tout , jusques à ne luy laisser
pas même la hardiesse de les poursuivre.
Il soupçonne son hôte d'avoir été de la
cabale ; l'hôte soûtient qu'il n'a point été
volé , & prend Paquier à témoin , qui s'est
offert à lui.

GRANGER.

Hé bien, Paquier, que diras-tu par ta
foi, quand'tu seras devant le Juge ?

PAQUIER.

Monsieur, dirai-je, en levant la main,
J'entendis comme je dormois bien fort,
du monde dans notre ruë, crier tout bas
tant qu'il pouvoit , *Aux voleurs*. Dame,
je me levai sans me grouiller , je mis mon
chapeau dans ma tête , j'avalai mon chas-
sis , je jettai ma tête dans la ruë ; & comme je vis que je ne vis rien , je m'en re-
tournai coucher tout droit. Mais, *Domine*,
au lieu de m'envoyer querir des Baladins,
il seroit bien plus meritoire , & bien plus
agreable à Dieu , de me faire habiller.
Quelle honte sera-ce , qu'on me voye
aux Nôces , fait comme un gueux , sçachant que je suis à vous? *Induo vesse Pe-
trum , dic , aut vestem induo Petro.* Je m'appelle Pierre , Monsieur.

GRANGER.

Tu peux donc bien te resoudre à rogner
un morceau de l'Arc-en-Ciel ; car je ne
sçache point d'autre étoffe payée au Mar-
chand pour te vêtir. La Lune six fois n'a

pas rempli fon croiffant, depuis la maudite journée que je te caparaçonnai de
neuf.

PAQUIER.

Monfieur, *Sæpe quidem docti repetunt bene
præpofituram* ; c'eft à dire que toute la Nature vous prêche, avec Jean Defpautere,
de m'armer tout de nouveau d'un bon
Lange de bure.

GRANGER.

Va, confole-toi, la pitié me furmonte,
je te ferai bien-tôt habiller comme un
Pape. Premiérement, je te donnerai un
chapeau de fleurs, une leffe de chiens
courans, un Pannache de cocu, un colet
de mouton, un pourpoint de tripe Madame, un haut-de-chauffe de rats en
paille, un manteau de devotion, des bas
d'afne, des chauffes d'hypocras, des bottes d'efcrime, des aiguillons de la chair,
bref une chemife de chartre, qui te du-
rera long-temps, car je fuis afluré que tu
la doubleras d'un bufle. Cependant Corbineli tu vois un Pyrate d'Amour. C'eft
fur cette mer orageufe & fameufe, que
j'ai befoin pour guide du phare de tes inventions. Certaine voix fecrette me menace au milieu de mes joyes, d'un brifant,
d'un banc, ou d'un écueil. Penfes-tu que
ma Maiftreffe revoye mon fils, fans rallumer des flâmes qui ne font pas encore
éteintes ? Ah ! c'eft une playe nouvelle-
ment fermée, qu'on ne peut toucher fans
la r'ouvrir. Toi feul peux démêler les fi-
nueux détours d'un fi léthifere Dédale; toi

seul peux devenir l'Argus qui me conser-
vera cette Io. Fais donc, je te supplie, toi
qui es l'astre & la constellation de mes
felicitez, que mon fils ne soit plus retrograde à ma volonté. Mais si tu veux que
l'embrion de tes esperances, devenant le
plastron de mes liberalitez, fasse meta-
morphoser ta bouche en un Microcosme
de richesses, & ta poche en corne d'a-
bondance; fais, dis-je, que mon coquin
de fils prenne un verre au colet de si bonne sorte, qu'ils en tombent tous deux
sur le cul. Je présage un sinistre succés à
mes entreprises, s'il assiste à cette feste:
c'est pourquoi enfonce-le dans un cabaret,
où le jus des tonneaux le puisse entretenir
jusqu'à demain matin. Voici de l'or, voici
de l'argent; regarde si par un prodige surnaturel, je ne fais pas bien dans ma poche conjonction du Soleil & de la Lune,
sans éclipse. prens, ris, bois, mange,
& sur-tout fais-le trinquer jusqu'à l'œillet. Qu'il en creve, n'importe, ce ne sera
que du vin perdu.

CORBINELL.

Le voici comme si Dieu nous le devoit.
Permettez que je lui parle un peu particulierement, car votre mine effarouchante
ne l'apprivoiseroit pas.

SCENE V.

CORBINELI, GRANGER
le jeune, PAQUIER.

CORBINELI.

JE vous allois chercher. Vous ne sçavez pas ? On vient de condamner votre raison à la mort. En voulez-vous appeller ? J'ai moi-même reçu les ordres de vous enyvrer ; mais si j'en suis cru vous blesserez votre ennemi de sa propre épée. Il prétend le pauvre homme, faire tantôt les nôces de votre sœur avec Monsieur de la Tremblaye, & le contract des siennes avec Mademoiselle Genevote : Craignant donc que votre presence n'apportât beaucoup d'obstacles à la perfection de ses desseins, il m'a donné charge de vous saouler au cabaret ; & je trouve moi, que c'est un acheminement le meilleur du monde pour l'execution de tout ce que je vous ai tantôt mandé par celui que je vous ai envoyé.

GRANGER le jeune.
Quoy, pour contrefaire le mort ?

CORBINELI.
Ouy ; car je lui persuaderai que dans l'ecume du vin vous avez pris querelle ; & que .... (Il lui parle bas à l'oreille.) Mais viste, allez promptement étudier vos postures ; nous amuserons cependant

Paquier & moi, votre Pere, pous donner
du temps à votre feinte yvrognerie. Venez ici même reprefenter votre perfonna-
nage, & nous lui ferons accroire qu'enfuite de votre querelle....

SCENE VI.

CORBINELI, GRANGER, PAQUIER.

CORBINELI.

O Monfieur, je ne fçai ce que vous
avez fait à Dieu, mais il vous aime
bien. Votre fils eft à la Croix blanche,
avec deux ou trois de vos Penfionnaires
qui le traitent. Il n'aura pas ajoûté quatre
verres de vin à ceux qu'il a pris, que nous
lui verrons la cervelle tournée en Zodia-
que.

PAQUIER.

Avoüez, Monfieur, que Dieu eft bon:
Voila fans doute la récompenfe de la Mef-
fe que vous lui fiftes dire il n'y a que huit
jours.

SCENE VII.

LA TREMBLAYE, GRANGER, CORBINELI, PAQUIER.

LA TREMBLAYE.

JE vous venois querir, on n'attend plus
que vous.

GRANGER.

J'entrois au moment que vous êtes sorti.
Mais, ma foi, mon Gendre, nos conviez
sont infectez du venin de la Tarentule,
ils chercheront pour aujourd'hui d'autres
Medecins que les Sectateurs d'Amphion;
& le goulu Saturne eût bien pû devorer
Jupiter, si les Curettes eussent entonné
leur charivaris aussi loin d'Ida, que ces
Lutheriens égratigneront leurs chanterel-
les *procul* de nos Penates. Mais au lieu
de cet ébat, j'ai pourpensé d'exhiber un
Intermede de Muses fort jovial. C'est
l'effort le plus argut qu'on se puisse fan-
tasier. Vous verrez mes grimaux scander
les échignes du Parnasse têtu, avec des
pieds de Vers: Tantôt, à coups d'*Ergo*,
déchirer le visage aux Erreurs populaires:
Nunc, à Pegase, faire litiere de fleurs de
Rhetorique: *Hinc* d'un fendant tiré par
l'Exametre sur les jarets du Pentametre,
le rendre boiteux pour sa vie: *Illinc autem*
un de mes Humanistes, avec un Boulet
d'Etopée passer au travers des hypocon-

dres de l'Ignorance : Celui-ci , de la carne d'une Periode, fendre au difcours démembré le crane jufqu'aux dents : Un autre *denique* à force de pointes bien aiguës , piquer les Epigrammes au cul.

LA TREMBLAYE.

Je vous conseille de prendre là-dessus le conseil de Corbineli. Il est Italien, ceux de sa Nation joüent la Comedie en naissant ; & s'il est né jumeau , je ne voudrois pas gager qu'il n'ait farcé dans le ventre de sa mere.

GRANGER.

Ho, ho, j'apperçois mon fils yvre.

CORBINELI.

Helas ! Monsieur , il a tant bû , que je pense qu'il feroit du vin à deux sols , en soufflant dans une éguiere d'eau.

SCENE VIII.

GRANGER , GRANGER *le jeune* , LA TREMBLAYE, CORBIN: PAQUIER.

GRANGER *le jeune.*

L Hôtesse, je ne vous dois rien , je vous ai tout rendu. Miracle, miracle, je voi des étoiles en plein jour. Copernic a dit vrai , ce n'est pas le Ciel en effet, c'est la Terre qui tourne. Ah ! que n'étois-je Gruë depuis la tête jusqu'aux pieds! j'aurois goûté ce Nectar le long-temps qu'il

auroit

auroit été à baigner le long tuyau de cette
gorge. Corbineli, dis-moy, suis-je bien
enluminé, à ton avis ? Si mon visage étoit
un Calendrier, mon nez rouge y marqueroit bien la double Fête que je viens
de chommer. Ca, ça, courage, mon Breviaire est à demi dit ; j'ay commencé à
Gaudeamus, & j'en suis à *Lætatus sum.* Garçon, encore chopine, & puis plus : blanc
ou clairet, il n'importe : mais qu'ils demeurent en paix, car à la premiere querelle, je les mets hors de chez moy. C'est
de s'être enyvré de blanc & de clairet,
que la Rose & le Lys sont Rois des autres
Fleurs. Vîte donc, haut le coude ; dans la
soif où je suis, je te boirois, toy, ton pere,
& tes ayeuls, s'ils étoient dans mon verre. Buvez toujours, compagnons, buvez
toujours ; vous ne sçauriez rien perdre,
on donne à la Croix blanche douze rubis
pour la valeur d'une pinte de vin. En effet,
voyez un peu comme on devient riche à
force de boire : je pensois n'avoir qu'une
maison tantôt, j'en vois deux maintenant.
C'est la vertu du vin qui fait tous ces prodiges. Sans mentir, Démocrite étoit bien
fou, de croire que la Verité fût dans un
puits ; n'avoit-il pas ouï dire, *In vino ve-*
ritas ? Mais luy qui rioit toujours, il pouvoit bien ne l'avoir dit qu'en riant. Nature en sera bernée ; elle qui nous a donné
à chacun deux bras, deux pieds, deux
mains, deux oreilles, deux yeux, deux
naseaux, deux rognons, & deux fesses,
& ne nous aura donné qu'une bouche ?

Encore n'est-elle pas tout à fait destinée
à boire ; nous en mangeons, nous en bai-
sons, nous en crachons, & nous en res-
pirons. Ah qu'heureuse entre les Dieux
est la Renommée, d'avoir cent bouches !
C'est pour s'en bien servir, que la mienne
ne dit mot ; car sympatisant à mon humeur, elle boit toujours sans relâche, &
mange tout jusques à ses paroles. La Parque fera bien de me laisser long-temps
sur la terre, car si elle me mettoit dedans,
j'y boirois tout le vin, avant qu'il fût en
grape. Point d'eau, point d'eau, si ce n'est
au moulin ; non plus que de ces vendanges qui se font à coups de bâton. La seule
pensée m'en fait serrer les épaules : Fy de
la pomme & des pommiers.

GRANGER.

Une pomme en effet ligua les Dieux
l'un contre l'autre : une pomme ravit la
femme à Menelas : une pomme, d'un
grand Empire n'en fit qu'un peu de cendres : une pomme fit du Ciel un Hôpital
d'Insensez : une pomme fit à Persée égorger trois pauvres filles : une pomme em-
pêcha Proserpine de sortir des Enfers :
une pomme mit en feu la maison de
Theodose. Enfin une pomme a causé le
peché de notre premier Pere ; & par con-
sequent tous les maux du genre humain.

GRANGER le jeune.

Que vient faire ici ce Neptune, avec
sa fourche ? Contente-toi d'avoir par ton
eau rouge attrapé Pharaon. Le bon nigaut, surpris par la couleur, te prenant

pour du vin, te but, & se noya. Ca, compere au Trident, c'est trop faire des tien-
nes ; tu boiras en eau douce, aussi-bien
que ton Recors de Triton que voilà.

PAQUIER.

Voyez-vous, Monsieur l'yvrogne, je ne
suis point Recors , je suis homme de
bien.

GRANGER le jeune.

Quoy , tu me repliques , crapaut de
Mer ? (*Il le frappe, & Granger le Pere s'enfuit.*)

SCENE IX.

LA TREMBLAYE,
GRANGER le jeune.

LA TREMBLAYE.

MArchez, marchez. Il faut bien que la
passion éborgne étrangement votre
bonhomme de Pere ; car il étoit bien aisé
de juger, que ni vos yeux, ni vos gestes,
ni vos pensées ne sentoient point le vin.
Mais encore je n'ay pas sçu ce que vous
prétendez par cette galanterie ?

GRANGER le jeune.

Je vous l'apprendray chez vous.

Fin du quatriéme Acte.

ACTE V.

SCENE PREMIERE.

GRANGER, PAQUIER.

GRANGER.

QUoy, tout ce que j'ai vû....

PAQUIER.

N'eſt que feinte.

GRANGER.

Donc mes yeux, donc mes oreilles....

PAQUIER.

Vous ont trompé.

GRANGER.

Conte-moy donc la ſerie & la concate-
nation des projets qu'ils machinent.

PAQUIER.

Que diantre, que vous avez la tête dure! Je vous ai dit que votre fils a contrefait l'yvrogne, afin que tantôt Corbineli
vous perſuade plus facilement, qu'ayant
pris querelle dans les fumées de la débauche, il ſe ſera batu, & aura été tué ſur la
place.

GRANGER.

Mais *cui bono*, toute cette machine de
fourbes?

PAQUIER.

Cui bono? Je m'en vais vous l'apprendre. C'est qu'étant ainsi trépassé, Mademoiselle Genevote, laquelle a pris langue des conjurez, doit feindre qu'elle avoit promis au défunt de l'épouser vif ou mort, & qu'à moins de s'être acquitée de sa parole, elle n'ose vous donner la main. Corbineli là-dessus vous conseillera de lui faire épouser le cadavre (au moins de faire toutes les ceremonies qu'on observe dans l'action des épousailles;)afin qu'étant ainsi libre de sa promesse, elle vous la puisse engager. Donc, comme ils s'y attendent bien, quand vous leur aurez fait prêter la foy conjugale, votre fils doit ressusciter, & vous remercier du present que vous lui aurez fait.

GRANGER.

Donc la mine est éventée, & j'en suis obligé à Paquier, mon *Fac-totum!* Je ne te donnerai point une Couronne Civique à la façon des Romains, quoy que tu ayes sauvé la vie à un Bourgeois, honorable homme Maistre Mathieu Granger, ayant pignon sur ruë: mais je te donne un impôt sur la pitance de mes Disciples. Voici l'heure à laquelle ces Pêcheurs s'empêtreront dans leurs propres filets. Justement j'apperçois le Fourbe qui vient. Considere à ton aise la tempête du port.

SCENE II.

CORBINELI, GRANGER, PAQUIER.

CORBINELI.

SErai-je toûjours Ambaſſadeur de mau-
vaiſes nouvelles ? Votre fils eſt mort.
Au ſortir d'ici, étant, comme vous ſçavez,
un peu plus gay que de raiſon, il a cho-
qué d'une S un Cavalier qui paſſoit. L'un
& l'autre ſe ſont offenſez ; ils ont déguaîné ; & preſque en même temps votre fils
eſt tombé mort, traverſé de deux grands
coups d'épée. J'ai fait porter ſon corps…

GRANGER.

Quoy ? la Fortune reſervoit au déclin
de mes ans le ſpectacle d'un revers ſi lugubre ? Miſerable individu, je te plains,
non point pour t'être acquité de bonne
heure de la dette où nous nous obligeons
tous en naiſſant : Je te plains, ô trois &
quatre fois malheureux ! de ce que tu as
occombé d'une mort où l'on ne peut rien
dire qui n'ait été déja dit ; car de bon
cœur, je voudrois avoir donné un talent,
& que tu euſſes été mangé des mouches à
à ces vendanges dernieres : J'aurois com-
poſé là-deſſus une épitaphe la plus acute
qu'ayent jamais vanté les Siecles priſtins.

PAQUIER.

A-t-il eu le temps de ſe reconnoître ? eſt-
il bien mort ?

CORBINELI.

Si bien mort, qu'il n'en reviendra point.

GRANGER.

Corbineli, appelle Mademoiselle Genevote ; elle diminuëra mes douleurs, en les partageant. Vraiment ouy, c'est aux Pelerins de S. Michel qu'il faut apporter des coquilles !

SCENE III.

GENEVOTE, GRANGER, PAQUIER, CORBINELI.

GRANGER.

MOn fils a vêcu, Mademoiselle, & je dirois qu'il vit encore, si j'avois achevé un Poëme que je medite sur le genre de son trépas. Je vous avertis toutefois que vous seriez sacrilege, si vous lamentiez la fin d'un homme, qui pour une vie méchante & périssable, en recouvre une dans mes cahiers, immortelle & tranquille.

GENEVOTE.

Quoy, Monsieur Granger n'est plus ? Nous étions trop bien unis, pour être si-tôt separez. Je veux, comme lui, sortir de la vie : mais d'autant que la Nature qui nous a mis au jour sans notre consentement, ne nous permet pas de le quiter sans le sien, je veux sortir de la vie, & rester entre les vivans ; c'est à dire que

dés aujourd'huy je vais faire dans un
Cloître un solemnel sacrifice de moi-même. Je n'ignore pas, Monsieur, ce que je
dois à votre affection ; mais l'honneur
qui me défend de manquer à ma foi, ne
me défend pas de manquer à mon amour,
& je vous jure que si par un impossible
ces deux incidens ne souffroient point de
répugnance, je me sacrifierois de tout
mon cœur à votre desir.

GRANGER.

Ouy, ma Citherée, ouy, vous pouvez
m'épouser, & garder votre parole. Il faut,
pour vous rendre quitte de votre promesse, que vous l'épousiez mort. Nous
passerons le Contract, & ferons le reste
des ceremonies ; puis, quand ainsi vous
serez libre de votre serment, nous proce-
derons tout à loisir à notre Mariage.

CORBINELI.

Il semble que vous soyez inspiré de
Dieu, tant vous parlez divinement.

GRANGER.

Une seule chose m'arrête ; c'est qu'étant
un miracle, vous n'en fassiez un ; que
vous ne rendiez la vie à ceux qui ne sont
pas morts, & que vous ne fassiez arriver
ceans la Resurrection avant Pâques.

CORBINELI *tout bas*.

O ! puissant Dieu des Fourbes, ma corde
vient de rompre. Fais que je la renouvelle
en sorte, par ton moyen, qu'elle vaille
mieux qu'une neuve.

GRANGER.

Et toy, tu me trahis, fugitif infidele du

parti de mon amour ! Toi que j'avois élû
pour la boëte, l'étui, le coffre, & le gar-
de-manger de toutes mes pensées ! Tu
m'es Cornelius Tacitus, au lieu de m'ê-
tre Cornelius Publius.

PAQUIER.

Choisis lequel tu aimes mieux, d'être
assommé ou pendu.

CORBINELI.

J'aime mieux boire.

GRANGER.

Ce n'étoit pas assez de m'avoir volé au
nom des Turcs ; il falloit ajoûter une nouvelle trahison. Et de son corps donc, menteur infame, qu'en as-tu fait ?

CORBINELI.

Ma foy, là-dessus je m'éveillai.

GRANGER.

Que veux-tu dire, tu t'éveillas ?

CORBINELI.

Vraiment ouy. Il ne me fut pas possible
de dormir davantage, car votre fils faisoit un tonnerre de diable avec une assiette
dont il tambourinoit sur la table.

GENEVOTE.

Et moi, j'ai fait semblant de croire que
votre fils étoit mort, pour vous faire
goûter quand vous le reverriez, un plus
pur contentement, par l'opposition de son
contraire.

GRANGER.

Quoi qu'il en soit, Mademoiselle, le
fiel importun de mes angoisses n'est que
trop adouci par le miel sucré d'un si friand
discours, Mais pour ce fourbe de Corbi-

neli, il faut avoüer que c'est un grand menteur.

CORBINELI.

J'affecte, pour moi, d'être remarqué par le titre de Grand, sans me soucier que ce soit celui de grand Menteur, grand Yvrogne, grand Politique, grand Cnez, grand Cam, grand Turc, grand Mufty, grand Visir, grand Tephterdat, Alexandre le Grand ou grand Pompée. Il ne m'importe, pourvû que cette épithete remarquable m'empêche de passer pour mediocre.

GRANGER.

Tu t'excuses de si bonne grace, que je serois presque en colere que tu ne m'eusses point fâché. Je t'ordonne pourtant, pour penitence, de nous exhiber le spectacle de quelque Intrigue, de quelque Comedie. J'avois mis en jeu mon Paranymphe des Muses, mais Monsieur de la Tremblaye n'a pas trouvé bon que rien se passât sur ces matieres, sans prendre ton avis.

CORBINELI.

En effet, votre declamation n'eût pas été bonne, parce qu'elle est trop bonne. Ces doctes antiquitez ne sont pas proportionnées à l'esprit de ceux qui composent les membres de cette compagnie. J'en sçai une Italienne, dont le démêlement est fort agreable. Amenez seulement ici Monsieur de la Tremblaye, votre Fils, & les autres, afin que je distribuë les rôles sut le champ.

GRANGER.

Exemplo, je les vais congreger.

SCENE IV.

GENEVOTE, CORBINELI.

GENEVOTE.

LA corde a manqué, Corbineli.

CORBINELI.

Ouï, mais j'en avois plus d'une. Je vais engager notre bon Seigneur dans un laby-rinte, où de plus grands Docteurs que luy demeureroient *à quia*.

SCENE V.

GRANGER, PAQUIER. GENEVOTE, CORBINELI.

GRANGER.

AU feu, au feu.

GENEVOTE.

Où est-ce ? où est-ce ?

GRANGER.

Dans la plus haute region de l'air, selon l'opinion des Peripateticiens. Hé bien, ne suis-je pas habile à la risposte ? N'ay-je pas gueri le mal aussi-tôt que je l'ay fait ? Ma langue est une vipere qui porte le venin & le thériaque tout ensemble : C'est la pique d'Achille, qui seule peut guerir les blessures qu'elle a faites ; & bien loin de reſſembler aux bourreaux de la Faculté de Medecine, qui d'une égratignure font une grande playe, d'une grande playe je fais moins qu'une égratignure.

CORBINELI.

Nous perdons autant de temps, que ſi nous ne devions pas aujourd'huy faire la Comedie. Je m'en vais inſtruire ces gens-ci de ce qu'ils auront à dire. Je te donnerois bien des préceptes, Paquier, mais tu n'aurois pas le temps d'apprendre tant de choſes par cœur; je prendrai ſoin, me tenant derriere toy, de te ſouffler ce que tu auras à dire. Vous, Monſieur, vous paroîtrez durant toute la Piece; & quoy que d'abord votre perſonnage ſemble ſerieux, il n'y en a pas un ſi bouffon.

GRANGER.

Qu'eſt-ce ceci? Vous m'engagez à ſoutenir des rolles dans vos bâtelages, & vous ne m'en racontez pas ſeulement le ſujet?

CORBINELI.

Je vous en cache la conduite, parce que ſi je vous l'expliquois à cette heure, vous auriez bien le plaiſir maintenant de voir un beau démêlement; mais non pas celuy d'être ſurpris. En verité, je vous jure que lors que vous verrez tantôt la péripetie d'une intrigue ſi bien démêlée, vous confeſſerez vous-même que nous aurions été des Idiots, ſi nous vous l'avions découvert. Je veux toutefois vous en ébaucher un racouci. Doncques ce que je deſire vous repreſenter eſt une veritable Hiſtoire, & vous le connoîtrez quand la Scene

ſe fermera. Nous la poſons à Conſtantino-
ple, quoy qu'elle ſe paſſe autrepart. Vous
verrez un homme du tiers Etat, riche de
deux enfans, & de force quarts d'écus : le
fils reſtoit à pourvoir ; il s'affectionne
d'une Damoiſelle de qualité fort proche
parente de ſon beaufrere ; il aime, il eſt
aimé, mais ſon pere s'oppoſe à l'acheve-
ment mutuel de leurs deſſeins. Il entre en
deſeſpoir, ſa Maîtreſſe de même : enfin
les voilà prêts, en ſe tuant, de clore cette
Piece : mais ce pere dont le naturel eſt
bon, n'a pas la cruauté de ſouffrir à ſes
yeux une ſi tragique avanture : il prête
ſon conſentement aux volontez du Ciel,
& fait les ceremonies du Mariage, dont
l'union ſecrete de ces deux cœurs avoit
deja commencé le Sacrement.

GRANGER.

Tu viens de raſſeoir mon ame dans la
chaire pacifique d'où l'avoient culbuté
mille apprehenſions cornuës. Va paiſible-
ment conferer avec tes Acteurs ; je te declare Plenipotentiaire de ce Traité comique. Toy, Paquier, je te fais le portier
effroyable de l'introïte de mes Lares.
Aye cure de les propugner de l'introïte
du Fanfaron, du Bourgeois, & du Page ;
qui ſçachant qu'on fait ici des jeux, ne
manqueront pas d'y tranſporter leurs
ignares perſonnes. Je te mets là des monſ-
tres en tête, qui te faut combattre diver-
ſement. Tu verras diverſes ſortes de viſa-
ges. Les uns t'aborderont froidement ; &
ſi tu les refuſes, auſſi-tôt, le glaive en l'air,

ils forceront ta porte avec brutalité : le moins de resiſtance que tu feras, c'eſt le meilleur. Il t'en conviendra voir d'autres, la barbe faite en garde de poignard, aux mouſtaches rubantées, au crin poudré, au manteau galonné, qui tout échauffez ſe preſenteront à toy. Si tu t'oppoſes à leur torrent, ils te traiteront de fat ; ſe formaliſeront que tu ne les connois pas : dés qu'ils t'auront arraiſonné de la ſorte, juge qu'ils ont trop bonne mine pour être bien méchans ; Avale toutes leurs injures : mais ſi la main entreprend d'officier pour la langue, ſouviens-toy de la régle *Mobile pro fixo*. D'autres, pour s'introduire, de-manderont à parler à quelque Acteur pour affaire d'importance, & qui ne ſe peut remettre : d'autres auront quelques hardes à leur porter : à tous ceux-là, *Neſcio vos*. D'autres, comme les Pages, environnez chacun d'un Ecolier, d'un Courtaut, & d'une Putain, viendront pour être admis ; reçois-les. Ce n'eſt pas que cette race de Pigmées puiſſe de ſoy rien effectuer de terrible, mais elle iroit conglober un torrent de canailles armées, qui déborderoient ſur toy, com-me un Eſſain de Gueſpes ſur une poire molle. *Vale, mi care.*

SCENE VI.

PAQUIER.

O Ma foy, c'est un étrange métier que celuy de portier. Il luy faut autant de têtes qu'à celuy des Enfers, pour ne point fléchir : autant d'yeux qu'à Argus, pour bien veiller : autant de bouches qu'à la Renommée, pour parler à tout le monde : autant de mains qu'à Briarée, pour se défendre de tant de gens : autant d'ames qu'à l'Hydre, pour reparer tant de vies qu'on luy ôte, & autant de pieds qu'à un cloporte, pour fuir tant de coups.

SCENE VII.

PAQUIER, CHASTEAUFORT.

PAQUIER.

V Oici mon coup d'essay; courage, j'en vais faire un chef-d'œuvre.

CHASTEAUFORT.

Bourgeois, haut : hola haut, Bourgeois. Vous autres malheureux, ne representez-vous pas aujourd'huy ceans quelques coyonneries & jolivetez?

PAQUIER.

salvá pace, Monsieur, mon Maître n'appelle pas cela comme cela.

CHASTEAUFORT.

Quelque Momie, quelque Fadaife? Vîte, vîte, ouvre-moy.

PAQUIER.

Je penfe qu'il ne vous faut pas ouvrir, car vous avez la barbe faite en garde de poignard; vous ne m'avez pas abordé froidement; vous n'avez pas déguaîné; ni vous n'êtes pas Page.

CHASTEAUFORT.

Ah! vertubleu, Poltron, dépêche-toy; je ne fuis ici que par curiofité.

PAQUIER.

Vous ne faites point du tout comme il faut.

CHASTEAUFORT.

Morbleu, mon camarade, de grace, laiffe-moy paffer.

PAQUIER.

Hé vous faites encore pis; vraiment il ne faut pas prier.

CHASTEAUFORT.

Sçavez-vous ce qu'il y a, petit godelureau? Je veux être fricafsé comme Judas, fi je me foucie ni de vous, ni de votre College: car aprés tout, j'ay encore une centaine de Maifons, Châteaux s'entend, dont la moindre.... Mais je ne fuis point difcoureur; ouvre-moy vîte, fi tu ne me veux obliger de croire qu'il n'entre ceans que des coquins, puis qu'on m'en refufe l'abord. Cap-de-biou, & que penfes-tu que je fois? un nigaut? Mardi, j'entens le jargon & le galimathias. Il eft vray que j'ay fur moy une mauvaife cappe, mais

en

en recompenfe je porte à mon côté une
bonne tueufe, qui fera venir fur le pré
tout le plus réfolu de la Troupe.

PAQUIER.

Vous raifonnez là tout comme ceux qui
ne doivent point entrer.

CHASTEAUFORT.

De grace, pauvre Homme, que j'aille
du moins dire à ton Maiftre que je fuis
ici, & qu'il me rende un mien Goujat qui
s'eft enfui fans congé.

PAQUIER.

*Il en viendra d'autres qui defireront parler
à quelque Aĉteur pour affaire d'importance.*
Je ne fçai plus comme il faut dire à ceux-
là. Ah! Monfieur, à propos, vous ne devez pas entrer.

CHASTEAUFORT.

Ventre, je vous dis encore que je ne fuis
ici que par promenade. Penfes-tu donc,
vieillaque, qu'un Gentilhomme de qualité....

PAQUIER.

Domine, Domine, accede teleriter. Vous
ne m'avez point dit ce qu'il falloit répondre à ceux qui parlent de promenade.

SCENE VIII.

GAREAU, PAQUIER, CHASTEAUFORT.

GAREAU.

O Parguene sfesmon, vela bian debuté! Et pensez-vous don que set un parsonnage comme les autres, à bâtons rompus ? Dame nanin. C'est un homme qui sçait peu & prou. Comment, oul dit d'or, & s'oul n'a pas le bec jaune. C'est le Garçon de st'homme qui en sçait tant. Vela le Maistre tout craché, vela tout fin drœt son armambrance.

CHASTEAUFORT.

J'aurois déja fait un crible du ventre de ce coquin ; mais j'ai crainte de faillir contre les regles de la Comedie, si j'ensanglantois la Scene.

GAREAU.

Vartigué, qu'ous estes considerant ! ous avez mangé de la soupe à neuf heures.

CHASTEAUFORT.

J'enrage, de servir ainsi de bornes dans une rüe.

GAREAU.

O ma foy, ous estes bian délicat en harbes, ous n'aimez ni la Rüe, ni la Patiance.

SCENE IX.

GRANGER, CHASTEAUFORT, GAREAU, PAQUIER.

GRANGER.

QUel climat font allez habiter nos Rosciens ? l'Antipode, ou notre Zenit ? Je vous décoche le bon jour, Chevalier du grand Revers ; & vous l'Homme à l'heritage, salut & dilection.

GAREAU.

Parguene, je sis venu nobstant pour vous defrincher ma sussion encore une petite escousse : Excusez l'importunance da ; car c'est la Mainagere de mon Onque qui ne feset que huyer environ moi, que je venis. Que velez-vous que je vous dise ? ol feset la guieblesse. Ah ! vramant, ce feset-elle à par soy, Monsieur Granger, pis qu'il set tout, c'est à ly à sçavoir ça. Va-t-en, va, Jean, il te dorra un consille là-dessus. Dame j'y sis venu.

GRANGER.

O ! mon cher ami, par Apollon claire-face, qui communique sa lumiere aux choses les plus obscures, ne nous veuille rejetter dans le creux manoir de cette spelonque genealogique.

GAREAU.

Parguene, Monsieu, sacoutez dont eun tantet, & vous orez, si je ne vous

Ee 2

la boute pas auſſi clair qu'un cribe.

GRANGER.

Ma parole eſt auſſi tenable qu'un De-
cret du Deſtin.

GAREAU.

O bian, comme dit Pilatre, *qnod ſcriſi,*
ſcriſi; n'importe, n'importe, ce niau-
moins, tanquia, qu'odon, comme dit
l'autre, vela eune petite douceur que notre Mere-grand vous envoye. (*Il lui pre-*
ſente une Freſſure de Veau penduë au bout
d'un baſton.)

GRANGER.

Va, cher Ami, je ne ſuis point Juriſ-
conſulte mercenaire.

GAREAU.

Là, là, prenez trejours ; vaut mieux un
tian, que deux tu l'auras.

GRANGER.

Je te dis encore un coup que je te remercie.

GAREAU.

Prenez, vous dis-je, vous ne ſçavez pas
qui vous prenra.

GRANGER.

Et ſi, champeſtre Eterogene, prens-tu
mes vêtemens pour la marmite de ta Maiſon?

GAREAU.

Ho, ho, tredinſe, il ne ſera pas dit que
j'uſions d'obliviance ; cor que je ſiomes
petits, je ne ſommes pas vilains.

GRANGER.

Veux-tu donc me difamer *à capite ad*
anlcem?

GAREAU.

Bonnefy, vous le prendrais. Je fçai bian, comme dit l'autre, que je ne fis pas digne d'être capable ; mais ftanpandant oul n'y a rien qui reffemble fi bian à eun chat qu'eune chate. Bonnefy, vous le prendrais da, car on me huiroit ; & pis, vous en garderiais de la rancœur encontre moi.

GRANGER.

O venerable Confrere de Pan, des Faunes, des Silvains, des Satyres, & des Driades, ceffe enfin par un excés de bonne volonté de difamer mes ornemens, & je te permets, par rémuneration, de refter fpectateur d'une invention Theatrale la plus hilarieufe du monde.

CHASTEAUFORT.

J'y entre auffi ; & pour récompenfe, je te permets, en cas d'allarme, de te mettre à couvert fous le bouclier impénetrable de mon terrible nom.

GRANGER.

J'en fuis d'accord, car que fçauroit refufer un Mari le jour de fes nôces ?

PAQUIER à *Chafteaufort.*

Mais, Monfieur, je voudrois bien fçavoir qui vous êtes, vous qui vouliez entrer ?

CHASTEAUFORT.

Je fuis le Fils du Tonnerre, le Frere aîné de la Foudre, le Coufin de l'Eclair, l'Oncle du Tintamarre, le Neveu de Caron, le Gendre des Furies, le Mari de la Parque, le Ruffien de la Mort, le Pere, l'Ancêtre, & le Bifayeul des Eclairciffemens.

PAQUIER.

Voyez fi j'avois tort de lui refufer l'entrée? Comment un fi grand Homme pouvoit-il paſſer par une ſi petite porte? Monſieur, on vous ſouffre, à condition que vous laiſſerez-là vos Parens; car avec le Bruit, le Tonnerre, & le Tintamarre, on ne pourroit rien entendre.

CHASTEAUFORT.

Garde-toi bien une autre fois de te méprendre. D'abord que quelqu'un viendra s'offrir, demande-luy ſon nom; car s'il s'appelle la Montagne, la Tour, la Roche, Bute, Fort-château, Châteaufort, ou de quelqu'autre Titre inébranlable, tu peux t'aſſurer que c'eſt moi.

PAQUIER.

Vous portez pluſieurs Noms, pource que vous avez pluſieurs Peres.

(Ils entrent.)

SCENE X.

CORBINELI, GRANGER, CHASTEAUFORT, PAQUIER, GAREAU, LA TREMBLAYE, GRANGER *le jeune*, GENE-VOTE, MANON.

CORBINELI à *Granger*.

Toutes choſes ſont prêtes; Faites ſeulement apporter un fiege, & vous y

colloquez, car vous avez à paroître pendant toute la Piece.

PAQUIER à *Chasteaufort*.

Pour vous, ô Seigneur de vaste étenduë,
plongez-vous dans celle-ci ; mais gardez
d'ébouler sur la compagnie, car nos reins
ne sont pas à l'épreuve des Pierres, des
Montagnes, des Tours, des Rochers, des
Butes, & des Chasteaux.

GRANGER.

Cà donc, que chacun s'habille. Hé quoi,
je ne vois point de préparatifs ? Où sont
donc les Masques des Satyres ? les Chapelets, & les barbes d'Hermites ? les trousses
des Cupidons ? les Flambeaux poirasins
des Furies ? Je ne voi rien de tout cela.

GENEVOTE.

Notre action n'a pas besoin de toutes ces
simagrées. Comme ce n'est pas une fiction,
nous n'y mêlons rien de feint ; nous ne
changeons point d'habit ; cette place nous
servira de Theatre ; & vous verrez toutefois que la Comedie n'en sera pas moins
divertissante.

GRANGER.

Je conduis la ficelle de mes desirs au ni-
veau de votre volonté. Mais déja le feu
des Gueux fait place à nos Chandelles.
Cà, qui de vous le premier estropiera le
silence ?

COMMENCEMENT DE LA PIECE.

GENEVOTE.

Enfin qu'est devenu mon Serviteur ?

GRANGER *le jeune.*

Il est si bien perdu, qu'il ne souhaite pas
de se retrouver.

GENEVOTE.

Je n'ai point encore sçu le lieu, ni le
temps où commença votre passion.

GRANGER *le jeune.*

Helas ! ce fut aux Carmes, un jour que
vous étiez au Sermon.

GRANGER *le Pere, interrompant.*

Soleil, mon Soleil, qui tous les matins
faites rougir de honte la celeste Lanterne,
ce fut au même lieu que vous donnâtes
échec & mate à ma pauvre liberté. Vos
yeux toutefois ne m'égorgerent pas du
premier coup; mais cela provint de ce
que je ne sentois que de loin l'influence
porte-trait de votre rayonnant visage: car
ma rechignante destinée m'avoit colloqué
superficiellement à l'ourlet de la Sphere
de votre activité.

CORBINELI.

Je pense, ma foi, que vous êtes fou,
de les interrompre : Ne voyez-vous pas
bien que tout cela est de leur personnage ?

GRANGER *le jeune.*

Toutes les especes de votre beauté vinrent en gros assieger ma raison; mais
il ne me fut pas possible de haïr mes ennemis,

nemis, aprés que je les eus confiderez.

GRANGER *le Pere, interrompant.*

Allons, ma Nymphelette, il eſt vergogneux aux Filles de colloquiſer *diu & privatim* avez tant vert Jouvenceau. Encore ſi c'étoit avec moy, ma barbe jure de ma ſageſſe : mais avec un petit cajoleur....

CORBINELI.

Que Diable, laiſſez-les parler, ſi vous voulez ; ou bien nous donnerons votre rôle à quelqu'un qui s'en acquitera mieux que vous.

GENEVOTE *à Granger le jeune.*

Je m'étonne donc que vous ne travaillez plus courageuſement aux moyens de poſſeder une choſe pour laquelle vous avez tant de paſſion.

GRANGER *le jeune.*

Mademoiſelle, tout ce qui dépend d'un bras plus fort que le mien, je le ſouhaite & ne le promets pas. Mais au moins ſuis-je aſſuré de vous faire paroître mon amour par mon combat, ſi je ne puis vous témoigner ma bonne fortune par ma victoire. Je me ſuis jetté aujourd'huy pluſieurs fois aux genoux de mon Pere, le conjurant d'avoir pitié des maux que je ſouffre; & je m'en vais ſçavoir de mon Valet s'il lui a dit la reſolution que j'avois priſe de lui deſobeïr, car je l'en avois chargé. Viens-ça, Paquier, as-tu dit à mon Pere, que j'étois reſolu, malgré ſon commandement, de paſſer outre ?

PAQUIER.

Corbineli, ſouffle-moy.

Tome I. F f

CORBINELI *tout bas.*

Non, Monſieur, je ne m'en ſuis pas
ſouvenu.

PAQUIER.

Non, Monſieur, je ne m'en ſuis pas
ſouvenu.

GRANGER *le jeune.*

Ah, maraut! ton ſang me vangera de
ta perfidie. (*Il tire l'épée ſur lui.*)

CORBINELI.

Fuis-t-en donc, de peur qu'il ne te frape.

PAQUIER.

Cela eſt-il de mon rôle ?

CORBINELI.

Ouy.

PAQUIER.

Fuis-t-en donc, de peur qu'il ne te frape.

GRANGER *le jeune, à Genevote.*

Je ſçai qu'à moins d'une Couronne ſur
la tête, je ne ſçaurois ſeconder votre merite.

GENEVOTE.

Les Rois, pour être Rois, ne ceſſent pas
d'être hommes ; penſez-vous que....

GRANGER *le Pere, interrompant.*

En effet, les mêmes appétits qui agitent
un ciron, agitent un éléphant : Ce qui
nous pouſſe à battre un ſupport de marmite, fait à un Roi détruire une Province : L'ambition allume une querelle entre
deux Comediens : La même ambition allume une guerre entre deux Potentats. Ils
veulent de même que nous, mais ils peuvent plus que nous.

CORBINELI.

Ma foi, je vous enchaînerai.

GRANGER *le jeune.*

On croira....

GENEVOTE.

Suffise qu'on croye toutes chofes à votre avantage. A quoy bon me faire tant de proteftation d'une amitié dont je ne doute pas ? Il vaudroit bien mieux être pendu au col de votre Pere, & à force de larmes & de prieres, arracher fon confentement pour notre Mariage.

GRANGER *le jeune.*

Allons-y donc. (à *Granger le Pere.*) Monfieur, je viens vous conjurer d'avoir pitié de moi, & ....

GENEVOTE.

Et moi, vous témoigner l'envie que j'ai de vous faire bien-tôt grand-Pere.

GRANGER.

Comment grand-Pere ? Je veux bien tirer une propagation de petits individus ; mais j'en veux être caufe prochaine, & non pas caufe éloignée.

CORBINELI.

Ne vous tairez-vous pas ?

GRANGER.

Cœur bas & ravalé, n'as-tu point de honte de confumer l'Avril de tes jours à cajoler une Fille ?

CORBINELI.

Ne voyez-vous pas que l'ordre de la Piece demande qu'ils difent tout cela ?

GRANGER.

Ils n'ont pas affez de bien l'un pour

l'autre ; Je ne souffrirai jamais . . . .
GENEVOTE.
Non , non, Monsieur, je suis d'une condition qui vous défend d'apprehender la
pauvreté. Je souhaiterois seulement que
vous eussiez vû une Terre que nous avons
à huit lieuës d'ici. La solitude agreable
des Bois , le vert émaillé des Prairies , le
murmure des Fontaines , l'harmonie des
oiseaux ; Tout cela repeintureroit de noir
votre poil déja blanc.
PAQUIER.
Mademoiselle , ne passez pas outre, voila tout ce qu'il faut à Charlot. Il ne sçauroit mourir de faim , s'il a des Bois , des
Prez, des Oiseaux , & des Fontaines ; Car
les Arbres lui serviront à se guerir du mal
des Mouches ; les Prez lui fourniront de
quoy paître ; & les Oiseaux prendront le
soin de chifler quand il ira boire à la Fontaine.
GRANGER.
Ah ! sirenique larronnesse des cœurs ! je
voi bien que vous guettez ma raison au
coin d'un Bois , que vous la voulez égorger sur le Pré ; ou bien l'ayant submergée
à la Fontaine , la donner à manger aux oiseaux.
GRANGER *le jeune.*
Je suis venu . . . .
PAQUIER.
J'ai vu , j'ai vaincu , dit Cesar au retour
des Gaules.
GRANGER *le jeune.*
Vous conjurer . . . .

PAQUIER.

Dieu vous fasse bien, Monsieur l'Exorcitte, mon Maître n'est pas Démoniaque.

GRANGER *le jeune*.

Par les services que je vous ai faits....

PAQUIER.

Et par celui des Morts, qu'il voudroit bien vous avoir fait faire.

GRANGER *le jeune*.

De reprendre la vie que vous m'avez prêtée.

PAQUIER.

Il étoit bien fou de vous prêter une chose dont on n'a jamais assez.

GRANGER *le jeune*, *tirant un poignard*.

Prenez ce poignard, Pere dénaturé; faites deux homicides par un meurtre; écrivez le destin de ma Maîtresse avec mon sang, & ne permettez pas que la moitié d'un si beau couple expire de .... Mais à quoy bon tant de discours ? Frappez, qu'attendez-vous ?

CORBINELI.

Répondez donc, si vous voulez. Qu'est-ce ? êtes-vous trépassé ?

GRANGER.

Ah! que tu viens de m'arracher une belle pensée ! Je rêvois quelle est la plus belle figure de l'Antithese, ou de l'Interrogation.

CORBINELI.

Ce n'est pas cela dont il est question.

GRANGER.

Et je ruminois encore à ces Speculateurs

qui tant de fois ont fait faire à leurs rêveries le plongeon dans la Mer, pour découvrir l'origine de son Flux & de son Reflux ; mais pas un, à mon goût, n'a frappé dans la visiere. Ces raisons salées me semblent si fades, que je conclus qu'infailliblement . . . .

CORBINELI.

Ce n'est pas de ces matieres-là, vous dit-on, dont il est question. Nous parlons de marier Mademoiselle & votre Fils, & vous nous embarquez sur la Mer !

GRANGER.

Quoy, parlez-vous de Mariage avec cet Houbereau ? êtes-vous orbe de la faculté intellectuelle? Estes-vous heteroclite d'entendement, ou le Microcosme parfait d'une continuité de chimeres abstractives?

CORBINELI.

A force de representer une Fable, la prenez-vous pour une verité? Ce que vous avez inventé vous fait-il peur ? Ne voyez-vous pas que l'ordre de la Piece veut que vous donniez votre consentement ? Et toi, Paquier, sur-tout maintenant garde-toi bien de parler, car il paroît ici un Muet que tu representes. Là donc, dépechez-vous d'accorder votre Fils à Mademoiselle ; mariez-les.

GRANGER.

Comment marier? c'est une Comedie.

CORBINELI.

Hé bien, ne sçavez-vous pas que la conclusion d'un Poëme Comique est toûjours un Mariage?

GRANGER.

Ouy ; mais comment feroit-ce ici la
fin ? il n'y a pas encore un Acte de fait.

CORBINELI.

Nous avons uni tous les cinq en un, de
peur de confufion : Cela s'appelle Piece à
la Polonoife.

GRANGER.

Ah bon ! Comme cela, je te permets de
prendre Mademoifelle pour legitime é-
poufe.

GENEVOTE.

Vous plaît-il de figner les Articles ? voila
le Notaire tout preft.

GRANGER.

Sic ita fane, tres-volontiers. (*Il figne.*)

PAQUIER.

J'enrage d'être muet, car je l'avertirois.

Fin de la Comedie.

CORBINELI.

Tu peux parler maintenant, il n'y a plus
de danger.

GRANGER.

Hé bien, Mademoifelle, que dites-vous
de notre Comedie ?

GENEVOTE.

Elle eft belle ; mais apprenez qu'elle eft
de celles qui durent autant que la vie.
Nous en avons tantôt fait le recit comme
d'une Hiftoire arrivée, mais elle devoit
arriver. Au refte, vous n'avez pas fujet de
vous plaindre, car vous nous avez mariez
vous-même, vous-même vous avez figné
les Articles du Contract. Accufez-vous
feulement d'avoir enfeigné le premier à

Ff 4

fourber. Vous fistes accroire aux Parens de votre Fils, qu'il étoit fou, quand vous vîtes qu'il ne vouloit point entendre au voyage de Venise ; cette insigne faussété luy montra le chemin de celle-cy ; il crut qu'il ne pouvoit faillir en imitant un si bon Pere.

CORBINELI.

Enfin c'est une pillule qu'il vous faut avaler.

LA TREMBLAYE.

Vous l'avalerez, ou par la mort....

GAREAU.

Ah ! par ma fy, je sommes logez à l'enfaigne de *J'en tenons*. Parmanda, j'en avoüas queuque souleur, que cette petite Ravodiere-là ly grimoneret queuque Trogedie. Hé bian, ne vela pas notre putain de mainagere toute revenuë ? Feu la paure defunte, devant Guieu set son ame da, m'en baillit eun jour d'eune belle vredée. Par ma fiquette, ol me boutit à Corniiaille en tout bian & tout honneur. Stanpandant la bonne Chienne qu'ol estet.... Aga hé ! ous estes don de ces saintes sucrées-là ? Bonnefy je le voyas bian, qu'ous aviais le nez torné à la friandise. Or un jour qu'il plut tant ; Jacquelaine, ce ly fis-je tout en gaussant, il fait cette nuit clair de l'eune, il fera demain clair de l'autre. Enfin, tanquia, qu'odon, ce nonobstant, après ça... ô dame, éclaircissez-moi à dire. Tanquia que je m'en revenis tout-épouvanté tintamarrer à notre huis. A la par fin je me couchis tout

fin nu auprés de notre bonne Femme. Un
tantet aprés que je me fuffis rabougri
tout en un petit tanpon, je fentis queuque chofe qui groüiflet. Jacquelaine, ce
ly fis-je, je penfe qu'il y a là queuqu'un
couché. Ouy, ce me fit-elle, je t'en répons! & que guiante y auret-il? Eune
bonne efcouffe aprés, je facoute encore
fretiller. Han, Jaquelaine, il y a là queuqu'un. J'allongis ma main, je tâtis. Hoüai!
ce fis-je, eune tête, deux têtes; pis frou-
gonant entre les draps, deux jambes, quatre jambes: Han! Jaquelaine, il y a là
queuqu'un. Hé! Piarre, que tu es fou, ce
me fit-elle, tu contes mes jambes deux
foiias. Parguene je ne me contentis point,
je me levis; Dame je découvris le pot aux
rofes. Ho! ho! vilaine, ce ly fis-je, qu'-
eft-ce que ça? *Fili Davi!* Ton Ribaut
fera étripé. Vramant Jean, ce me fit-elle,
garde-t-en bian: C'eft ce paure Maiftre
Loüis le Barbier, qui venet de faigner eun
Malade de tout là bas; il eftet tout rede
de fred, & avet encore bian du villin
chemin à paffer. Il m'exhorfifoit d'alumer
du feu; Dame, comme tu fçais, le bois
eft char; je lui ai dit qu'il fe venift plutôt
réchauffer environ moi: Il ne fefet que
de s'y bouter quand tu es venu. Allons,
allons, ce ly fis-je, Maitre Loüis, on vous
apprenra de venir coucher avec les Femmes des gens. Dame, je ne fus ni fou ni
étourdy; je le claquis bel & biau fur mes
épaules, & le portis jufqu'à moitié che-
main de fa mairon; mais n'y revenez pas

eune autre foüas; car parguene, s'il vous arrive, je vous porterai encore eune escousse aussi loin. Et bian regardez, il ne faut qu'eun malheur. Cette petite dévargondée m'en eust peut-être fait autant : C'est pourquoi bon jour & bon soir, c'est pour deux foüas.

CORBINELI.

C'est maintenant à vous, Monsieur, pour combler la félicité de ces nouveaux Mariez, d'augmenter leur revenu de celui d'un Empire. Il vous sera bien aisé, puisque vous faites chanceler la Couronne d'un Monarque en le regardant.

CHASTEAUFORT.

Je donne assez, quand je n'ôte rien; & je leur ai fait beaucoup de bien, de ne leur avoir point fait de mal.

GRANGER *le jeune.*

Mon petit cœur, il est fort tard, allons nous mettre au lit.

PAQUIER.

Je n'ai donc plus qu'à faire venir la Sa-Femme, car vous allez entrer en travail d'Enfant.

LA TREMBLAYE.

Je n'oserois quasi prendre la hardiesse de vous consoler.

GRANGER.

N'en prenez pas la peine, je me consolerai bien moy même. O *Tempora ! ó Mores !*

Fin du Pedant joüé.

LA MORT

D'AGRIPPINE,

TRAGEDIE.

ACTEURS.

TIBERE, Empereur de Rome.

SEJANUS, Favori de Tibere.

NERVA, Senateur, Confident de l'Empereur.

TERENTIUS, Confident de Sejanus.

AGRIPPINE, Veuve de Germanicus.

CORNELIE, sa Confidente.

LIVILLA, Sœur de Germanicus, & Bru de l'Empereur.

FURNIE, sa Confidente.

Troupe de Gardes.

La Scene est à Rome, dans une Salle du Palais de Tibere.

LA MORT,
D'AGRIPPINE,

TRAGEDIE.

ACTE I.
SCENE PREMIERE.
AGRIPPINE, CORNELIE.

AGRIPPINE.

E te vais retracer le tableau de sa gloire,
Mais feins encore aprés d'ignorer son
   histoire ;
Et pour me rendre heureuse une secon-
   de fois,
Presse-moy de nouveau de conter ses
exploits.
Il doit être en ma bouche aussi-bien qu'en mon ame,
Pour devoir chaque instant un triomphe à sa Femme.
Mais ne te fais-je point de discours superflus ?
Je t'en parle sans cesse.

CORNELIE.
        Il ne m'en souvient plus,
Et j'attens . . .

AGRIPPINE.
Apprens donc, comme ce jeune Alcide

Fut des Geans du Rhin le superbe homicide,
Et comme à ses côtez faisant marcher la mort,
Il échauffa de sang les rivieres du Noit.
Mais pour voir les dangers où dans cette conquête
La grandeur de son ame abandonna sa tête,
Pour voir ce que son nom en emprunta d'éclat,
Ecoute le recit de son dernier combat.
 Déja notre Aigle en l'air balançoit le tonnerre
Dont il devoit brûler la moitié de la terre,
Quand on vint rapporter au grand Germanicus,
Qu'on voyoit l'Allemand sous de vastes écus,
Marcher par un chemin couvert de nuits sans nom-
  bre.
L'éclat de notre acier en dissipera l'ombre,
(Dit-il) & pour la charge il leve le signal ;
Sa voix donne la vie à des corps de metal.
Le Romain par torrens se répand dans la plaine,
Le Colosse du Noit se soûtient à grand'peine ;
Son énorme grandeur ne luy sert seulement
Qu'à montrer à la Parque un plus grand logement ;
Et tandis qu'on heurtoit ces murailles humaines,
Pour épargner le sang des Legions Romaines,
Mon Héros ennuyé du combat qui traînoit,
Se cachoit presqu'entier dans les coups qu'il donnoit.
Là des bras emportez, là des têtes brisées,
Des troupes en tombant sous d'autres écrasées,
Font frémir la campagne du choc des combattans,
Comme si l'Univers trembloit pour ses enfans.
De leurs traits assemblez l'effroyable descente
Forme entr'eux & la nuë une voûte volante,
Sous qui ces fiers Tyrans, honteux d'un sort pareil,
Semblent vouloir cacher leur défaite au Soleil.
Germanicus y fit ce qu'un Dieu pouvoit faire,
Et Mars en le suivant crut être téméraire.
Ayant fait du Germain la sanglante moisson,
Il prit sur leurs Autels leurs Dieux même à rançon,
Afin qu'on sçût un jour par des exploits si braves,
Qu'un Romain dans le Ciel peut avoir des esclaves.
O quel plaisir de voir sur des monceaux de corps,
Qui marquoient du combat les tragiques efforts,
Dans un Livre d'airain la superbe Victoire

Graver Germanicus aux fastes de la Gloire!
CORNELIE,
Votre Epoux soûmettant les Germains à ses loix,
Ne voulut que leur nom pour prix de ses exploits.
AGRIPPINE.
Du Couchant à l'Aurore ayant porté la guerre,
Notre Héros parut aux deux bouts de la terre,
En un clin d'œil si prompt, qu'on peut dire aujour-
   d'huy
Qu'il devança le jour qui couroit devant luy.
On crut que pour défendre en tous lieux notre Em-
   pire,
Ce Jupiter sauveur se vouloit reproduire;
Et passant comme un trait tant de divers climats,
Que d'un degré du Pôle il ne faisoit qu'un pas,
Dans ces Pays brûlez où l'arene volante,
Sous la marche des siens étoit étincelante:
De cadavres pourris il infecta les airs,
Il engraissa de sang leurs steriles deserts,
Afin que la moisson pouvant naître en ces plaines,
Fournit de nourriture aux Legions Romaines;
Que par cet aliment notre peuple orgueilleux
Suçât avec leur sang quelque amitié pour eux;
Et qu'un jour le succés d'un combat si tragique
Pût reconcilier l'Europe avec l'Afrique.
Enfin tout l'Univers il se seroit soûmis;
Mais il eut le malheur de manquer d'ennemis.

   Mon cher Germanicus étoit donc sur la terre
Le souverain Arbitre & de paix & de guerre,
Et se trouvoit si haut par dessus les humains,
Que son pied se posoit sur le front des Romains,
Alors qu'en Orient terminant sa carriere,
Dans la source du jour il perdit la lumiere,
Et pour un lit superbe, à son dernier sommeil,
Il s'alla reposer au berceau du Soleil.

   Voila comme il vécut, & je te veux encore
Peindre dans son couchant cet Astre que j'adore,
Afin que le malheur de mon illustre Epoux
Par ces tristes tableaux réveille mon courroux,
Et que par les horreurs de la fin de sa vie,
Je m'excite à haïr ceux qui l'ont poursuivie.

CORNELIE.

C'est accroître vos maux.

AGRIPPINE.

Ne me refuse pas
D'écouter le recit d'un si sanglant trépas,
Ou mon cœur déchiré de Bourreaux invisibles,
En iroit émouvoir les rochers insensibles.

Tibere qui voyoit les pleurs de l'Univers
Conjurer mon Epoux de le tirer des fers,
Et qui sçavoit assez qu'au milieu des batailles
Ses amis lay seroient de vivantes murailles,
Comme un acier tranchant, comme un brûlant tison,
Du filet de ses jours il approcha Pison.
Pison part, il s'avance, & dans chaque Province
Qu'il oyoit recueil des armes de mon Prince,
Par des coups non sanglans, des meurtres de la voix,
Ce lâche ternissoit l'éclat de ses exploits:
Mais semblable au rocher, qui battu de l'orage,
De la Mer qui le bat semble être le naufrage,
Le nom de mon Heros, par le choc affermi,
Reflechissoit les coups dessus son ennemi.
Il arrive, & mon Prince ignorant sa malice,
D'un veritable amour payoit son artifice,
Quand nous vismes tomber ce demi-Dieu Romain
Sous l'invisible coup d'une invisible main.
Une brûlante fiévre allume ses entrailles;
Il contemple vivant ses propres funerailles;
Ses arteres enflées d'un sang noir & pourri,
Regorgent du poison dont son cœur est nourri.
A qui le considere, il semble que ses veines,
D'une liqueur de feu sont les chaudes fontaines,
Des serpens enlacez qui rampent sur son corps,
Ou des chemins voûtez qui menent chez les morts:
La terre en tremble mesme, afin que l'on pût dire
Que sa fiévre causoit des tourmens à l'Empire.

CORNELIE.

Jamais la mort ne vint d'un pas si diligent.

AGRIPPINE.

Et Pison toutesfois le trouve encor trop lent.
Pour le precipiter joignant le sortilege,
Du poison sans horreur il monte au sacrilege,

Et donne à terrasser par des charmes couverts,
Le Démon des Romains au Démon des Enfers.
Ainsi l'Enfer, les Cieux, la Nature, & l'Envie,
Unirent leurs fureurs contre une seule vie.

CORNELIE.

Ah! ne condamnez point la lâcheté du sort!
Pour perdre un si grand Homme il faut plus d'une
   mort.

AGRIPPINE.

D'un rouge ténébreux sa chair ensanglantée,
Fut le triste témoin, que Nature irritée
Produisit du poison, afin de se purger
Du crime dont à Rome on eût pû la charger.

CORNELIE.

Les auteurs de sa mort meritoient ses supplices.

AGRIPPINE.

Je sçauray les punir avecque leurs complices.
Pison est déja mort, & bientôt l'Empereur,
Livilla, Sejanus sentiront ma fureur:
Ce couple criminel qu'un adultere assemble,
S'étant joints pour le perdre, expireront ensemble;
Ils suivront mon Epoux, ces lâches ennemis,
Qui de tous mes enfans ne m'ont laissé qu'un fils.

SCENE II.

SEJANUS, AGRIPPINE, CORNELIE.

SEJANUS.

Madame, la nouvelle en est trop assûrée;
L'Empereur ce matin est sorti de Caprée:
Il marchoit droit à Rome accompagné des siens,
Des Soldats Allemans, & des Prétoriens;
Et l'on croit que demain nous verrions à nos portes
Trois de ses Legions, & cinquante Cohortes.

AGRIPPINE.

C'est un sujet de joye, & non pas de douleur:

Ennuyé de l'attendre, il court à son malheur,
Et n'approche de Rome en homme de courage,
Que pour nous épargner la peine du voyage.
Voy comme aveuglément il vient chercher l'Autel ;
Frappons, cette victime attend le coup mortel :
Mais gardons qu'échapant au couteau du Ministre,
Sa fuite ne devienne un présage sinistre.

SEJANUS.

Sans avancer nos jours, pour avancer sa mort,
Regardons son naufrage à couvert dans le port ;
Et gauchissons de sorte en montant à l'Empire,
Que selon le succés nous puissions nous dédire.
L'Empereur qui connoît tous vos desseins formez,
Ignore que je trempe à ce que vous tramez ;
Il m'écrit qu'il espere, assisté de ma brigue,
Joindre avec le Senat tout le peuple à sa ligue.
Ce trait de confiance est un gage asseuré,
Qu'il ne soupçonne point que j'aye conjuré.
Ainsi, quoy que d'affreux son courroux entreprenne,
Je vous tiendray toujours à couvert de sa haine :
Prononcez son Arrest irrevocablement ;
Mais parmi tant d'écueils hâtons-nous lentement.

AGRIPPINE.

Conduis ma destinée ; aussi-bien la Fortune,
Triomphans, ou vaincus, nous doit être commune :
Mais sçache, si de moy tu pretens disposer,
Que le Trône est le Temple où je dois t'épouser.
Informe Livilla du retour de Tibere,
De peur que sa surprise effarouche son pere :
Moy j'iray cependant solliciter nos Dieux,
Ils me doivent secours, puisqu'ils sont mes Ayeux.

SCENE III.

AGRIPPINE, CORNELIE.

AGRIPPINE.

Qu'en dis-tu, Cornelie ? Enfin...

CORNELIE.

Enfin, Madame,
Du traître Sejanus deviendrez-vous la Femme?
Faut-il que l'affaffin de votre cher Epoux
Se trace par fon crime un chemin jufqu'à vous?
Que dans fon meurtrier votre Mari fe trouve,
Et vienne fe fauver dans le lit de la Veuve?
Quoy! n'entendez-vous point le grand Germanicus,
Porté fur un monceau de cadavres vaincus,
S'écrier des Enfers: Femme ingrate & perfide,
Tu vas joindre ma race avec mon homicide?
Voila comme il fe plaint, ce Heros outragé,
Que fa Veuve en dix ans n'a pas encor vangé.

AGRIPPINE.

Moy, de mes ennemis je deviendrois la mere!
Moy qui les dois punir du crime de leur pere!
Rouge encor de mon fang, il viendroit l'affaffin,
En qualité d'Epoux me prefenter fa main!
Donc mes fils en mes flancs ne pourroient trouver
place,
Sans augmenter le nom du Bourreau de ma race!
Donc avec eux naîtroit, malgré tout mon amour,
L'execrable devoir de les priver du jour!
Donc ces infortunez, fans le pouvoir connêtre,
Seroient mes ennemis avant même que d'être!
Deviendroient criminels entre les mains du Sort,
Et pour avoir vécu meriteroient la mort!
Du plus vil des Romains je me ferois un Maître!
Et veuve d'un Heros j'épouferois un Traître!
Ah! ne m'accufe point de tant de lâcheté,
Et pénétre un peu mieux dans mon cœur irrité.
Voy jufqu'où doit aller le courroux d'Agrippine,
Qui l'oblige à flater l'Auteur de fa ruine;
Et combien il eft grand, puis que pour l'occuper,
Etant ce que je fuis, je m'abaiffe à tromper.
Ouy, j'abhorre ce Monftre. Aprés l'avoir ravie,
Pour le tuer encor, je luy rendrois la vie;
Et je voudrois qu'il pût, fans tout-à-fait périr,
Et fans ceffe renaître, & fans ceffe mourir.
Mais helas! je ne puis me vanger de Tibere,
Que par la feule main de mon lâche adverfaire:

Car Sejanus vainqueur luy percera le flanc ,
Ou Sejanus vaincu payera de son sang.
Si Tibere y demeure , alors je suis vengée ;
Si contre Sejanus la Fortune est rangée ,
Je verray satisfaite, entrer au monument ,
De mon Epoux meurtri le premier instrument.

    Mais Livilla paroît , j'évite sa presence ,
Elle hait ma rencontre , & la sienne m'offense.

SCENE IV.

LIVILLA, SEJANUS, TERENTIUS.

LIVILLA.

J'Ay beau voit en triomphe un Empereur Romain
S'avancer contre nous le tonnerre à la main ;
Ce n'est pas l'ennemi que je crains davantage.

SEJANUS.

Ah ! dites-moy son nom , cette longueur m'outrage ;
Vous le plaindrez plûtôt que vous ne le craindrez ,
Et j'attens , pour agir, ce que vous resoudrez.

LIVILLA.

Ecoute. Auparavant qu'un refus m'ait blessée ,
Sur tout ce que tu crains applique ta pensée ,
Propose-toy le fer , la flâme , & le poison ,
Fais jusques dans ton cœur descendre ta raison ,
Et t'informe de luy , quoy que je te demande ,
S'il est prêt d'accorder tout ce qu'il apprehende.

SEJANUS.

Il est tout prêt , Madame , à remplir vos souhaits.

LIVILLA.

Encore un coup, prens garde à ce que je promets.
Ce que je veux sera peut-être ta ruine.

SEJANUS.

N'importe , parlez ; c'est ? ...

LIVILLA.

        C'est la mort d'Agrippine.

SEJANUS.

D'Agrippine , Madame ! helas ! y pensez-vous ?

LIVILLA.

D'Agrippine ma Sœur, qui conspire avec nous :
Mon Mari sous ma haine est tombé pour victime,
Mon cœur après cela ne connoît plus de crime :
Jeune encore & timide, en mon timide sein,
Il osa me pousser à ce noble dessein.
Et toy perfide Amant, dont l'amour me diffame...

SEJANUS.

Tremperay-je ma main dans le sang d'une Femme ?

LIVILLA.

Je fais, pour m'animer à ce coup plein d'effroy,
Des efforts bien plus grands que tu n'en fais sur toy.
J'entens de toutes parts le Sexe & la Nature,
Qui me font de ce meurtre une horrible peinture :
Mais Femme, je pourray voir du sang sans horreur :
Et patente, souffrir qu'on égorge ma Sœur.
Je l'ay trop offensée ; & la mort qui m'effraye,
Est le seul appareil qui peut fermer sa playe.
On voit fumer encor de ses plus chers parens,
Sur la route d'Enfer, les vestiges sanglans :
Rien qu'un cercueil ne couvre un acte de la sorte,
Et pour elle ou pour moy, c'est la fatale porte,
Par qui le sort douteux, d'un ou d'autre côté,
Mettra l'un des partis en pleine liberté.
Encor si mon trépas satisfaisoit sa haine :
Mais de ta mort peut-être elle fera ma peine,
Puis qu'elle a découvert, au gré de son courroux,
A l'éclat de ma flame un passage à ses coups.
Donc pour me conserver, conservant ta personne,
Sauve-moy des frayeurs que sa rage me donne.

SEJANUS.

Non, non, détrompez-vous de ces vaines frayeurs,
Elle croit l'Empereur cause de son malheur,
Je l'ay persuadée.

LIVILLA.

Elle feint de le croire :
Pour un temps sur sa haine elle endort sa memoire ;
Mais crains-la d'autant plus qu'elle craint de s'ouvrir,
C'est pour elle trop peu de te faire mourir,
Si par ta mort toy-même assouvissant sa rage,
Tu n'en es l'instrument, & n'en hâtes l'ouvrage.

Quoy, je t'ay de mon Frere immolé jufqu'au nom !
Sur fon fameux débris élevé ton renom,
Et chaffé, pour complaire à toy feul où j'afpire,
De mon lit & du jour l'heritier de l'Empire !
Je femblois un Lion fur le Trône enchaîné,
Qui t'en gardoit l'abord comme à toy deftiné.
J'ay fait à ton amour, au peril de la tombe,
Des Heros de ma race un funefte hecatombe ;
Et ne préjugeant pas obtenir les fouhaits
D'un fi grand criminel, que par de grands forfaits,
On m'a vû promener, encor jeune, encor fille,
Le fer & le poifon par toute ma famille,
Et rompre tous les nœuds de mon fang, de ma foy,
Pour n'être plus liée à perfonne qu'à toy.
Chaque inftant de ma vie eft coupable d'un crime,
Paye au moins tant de fang du fang d'une victime,
Je n'en brûle de foif qu'afin de te fauver
Du bras qu'à ton malheur ce fang fera lever.
Ofe donc, ou permets, quand on joindra notre ame,
Que je fois ton Mari, fi tu n'es que ma Femme.

SEJANUS.

Du précipice affreux prêt à nous engloutir,
Agrippine & fon rang nous peuvent garantir ;
Prodiguons fa puiffance à terraffer Tibere ;
Quand elle aura fans nous détruit notre Adverfaire,
Nous trouverons par elle un Trône dans le port,
Et ferons en état de fonger à fa mort.

LIVILLA.

Tu m'en donnes parole ; hé bien, je fuis contente,
L'efpoir que j'en auray flattera mon attente ;
A Jupiter vengeur je vais offrir des vœux,
Si pourtant d'un tel coup j'ofe parler aux Dieux,
Car le crime eft bien grand de maffacrer Tibere.

SEJANUS.

Tibere, ce Tyran qui fit mourir ton pere !

LIVILLA.

Ah ! le traître en mourra ; fais, fais-moy fouvenir,
Quand d'injuftes remords viendront m'entretenir,
Afin de s'oppofer au meurtre de Tibere,
Que Tibere eft celuy qui fit mourir mon pere.

SCENE IV.

TERENTIUS, SEJANUS.

TERENTIUS.

IMmoler Agrippine à l'objet de ton feu !
La victime fera plus noble que le Dieu.

SEJANUS.

Que vous connoissiez mal le sujet qui m'enflâme !

TERENTIUS.

Quoy ! Livilla n'est point ...

SEJANUS.

Non, je la hay dans l'ame,
Et quoy qu'elle m'adore, & qu'elle ait à mes vœux
Immolé son Epoux, son Frere, & ses Neveux,
Je la trouve effroyable ; & plus sa main sanglante
Execute pour moy, plus elle m'épouvante :
Je ne puis à sa flâme apprivoiser mon cœur,
Et jusqu'à ses bienfaits me donnent de l'horreur :
Mais j'aime sa Rivale avec une Couronne,
Et je brûle du feu que son éclat luy donne ;
De ce bandeau Royal les rayons glorieux
Augmentent la beauté des rayons de ses yeux ;
Et si l'âge flétrit l'éclat de son visage,
L'éclat de sa Couronne en repare l'outrage.
Enfin pour exprimer tous ses charmes divers,
Sa foy me peut en dot apporter l'Univers.
Quoy que de son Epoux ma seule jalousie,
Par les mains de Pison ait terminé sa vie,
Elle a toujours pensé, que des raisons d'Etat
Ont poussé l'Empereur à ce lâche attentat.
Ainsi, Terentius, un Royal Hymenée
Doit bientôt à son sort unir ma destinée ;
Un Diadême au front en sera le lien.

TERENTIUS.

Le cœur d'une Amazone étoit digne du tien.

SEJANUS.

Tel, jaloux de mon rang tenteroit ma ruine,
Qui n'osera choquer un Epoux d'Agrippine ;
Ce nœud m'affermira dans le Trône usurpé ;
Et son Fils qui me hait, dans sa fureur trompé,
Au profond de son ame arrêtant sa colere,
Craindra de s'attaquer au Mari de sa Mere,
Ou forcée à le perdre, avec moins de courroux,
Elle en pardonnera le meurtre à son Epoux.
Mais allons préparer, dans la pompe celebre
Du retour de Tibere, une pompe funebre.

Fin du premier Acte.

ACTE

ACTE II.

SCENE PREMIERE.

TIBERE, NERVA.

TIBERE.

OUy, la Couronne enferme, & cache beaucoup
plus
De pointes sous le front, qu'il n'en paroît
dessus ;
De ma triste grandeur j'ay vû Rome Idolâtre :
Mais que j'ay pour regner d'ennemis à combatre !

NERVA.

C'est trop te défier de ton noble destin :
Agrippine te hait, mais elle est femme enfin.

TIBERE.

Que de justes frayeurs s'emparent de mon ame !
Le grand Germanicus me combat dans sa Femme,
De ce Prince au tombeau le nom ressuscité,
Sensible accourit aux vœux qui l'ont sollicité ;
Sous mon Trône abbatu, ce nouvel Encelade
Du profond des Enfers à ma Cour retrograde,
Et jette un cri si haut, que du bruit effrayé,
Je doute s'il foudroye, ou s'il est foudroyé.
Par un souffle brûlant que sa rage respire,
Il émeut la revolte au sein de mon Empire ;
Et le perfide encor, pour braver mes desseins,
Me combat à couvert dans le cœur des Romains.

NERVA.

D'un tout si dangereux pers le dangereux reste.

TIBERE.

Je sçais bien qu'Agrippine à mes jours est funeste :

Mais si sans l'achever ma haine l'entreprend,
Le courroux qui l'anime en deviendra plus grand ;
Et si dans le Senat on la trouve innocente,
Je la force à venger cette injure sanglante.

NERVA.

Que me dis-tu , Seigneur ? elle est coupable.

TIBERE.

En quoy ?

NERVA.

D'être ou d'avoir esté plus puissante que toy.
Elle rameine au choc les bandes allarmées ,
Casse ou nomme à son gré les Empereurs d'Armées ,
Montre en Caligula son Ayeul renaissant ,
Intimide le foible , achete le puissant ;
Emplit ton cabinet de ses pensionnaires :
Enfin jusqu'à ta garde & tes Legionnaires ,
Fallût-il se noircir d'une lâche action ,
Sont généralement à sa dévotion.
Elle est ambitieuse , elle te croit coupable ,
Crains qu'elle ne corrompe un serviteur de table ;
Rarement un grand Roy que l'on peut envier ,
Echappe du poison donné par l'heritier.

TIBERE.

O Ciel ! si tu veux perdre un Empereur de Rome ,
Que son trépas au moins soit l'ouvrage d'un homme !

NERVA.

Cesar, pour prévenir ses desseins furieux ,
Elle est dans ton Palais, qu'on l'égorge à tes yeux ?

TIBERE.

L'équité nous oblige à plus de retenuë ;
On ne l'a qu'accusée , & non pas convaincuë.

NERVA.

Le Sceptre qu'en tes mains dispute son renom ,
Dans tes mains ébranlé , ne tient plus qu'à ton nom;
Cours le prix d'une gloire en gloire sans seconde ,
Au bout de la carriere est le Trône du monde :
Mais encor qu'il puisse être à tous deux destiné ,
Qui l'atteindra plûtôt , y sera couronné ;
En partant le premier devance donc sa course ,
Et coupe les ruisseaux du torrent dés la source,
Quoy ? suporteras-tu sans honte ou sans effroy ,

Que l'Empire balance entre une femme & toy?
Pers, pers cette orgueilleuse, avant qu'elle connoisse
De ton regne ébranlé la mortelle foiblesse.
Un soupçon de revolte à l'apparence joint,
Est un crime d'Etat qu'on ne pardonne point :
Cesar, il la faut perdre.

TIBERE.

Ouy, Nerva, je la donne,
Sans rien examiner, au bien de ma Couronne :
Elle mourra.

NERVA.

Cesar...

TIBERE.

Elle mourra : mais Dieux !
Comment me dérober au peuple furieux ?
Car si de ce combat j'emporte la victoire,
Son sang pour la vanger peut jaillir sur ma gloire.
C'est un foudre grondant, suspendu, prêt à cheoir,
Qu'au dessus de ma tête il ne faut pas mouvoir.

NERVA.

Non, Seigneur, non, sa perte est & seure & facile.

TIBERE.

Il faut donc l'engager à sortir de la Ville.

NERVA.

Elle iroit, la superbe, en cent climats divers
Promener la revolte aux bouts de l'Univers ;
Et jettant du discord la semence féconde,
Armeroit contre toy les deux moitiez du monde :
Elle uniroit les bras de tout le Genre humain,
Joindroit les deux Soleils du Parthe & du Germain,
Provoqueroit la Paix à te faire la guerre,
Et sur toy seul enfin renverseroit la terre.

TIBERE.

Pour l'empêcher d'agir, il faut la rassûrer,
Si son crime paroît, feindre de l'ignorer :
Et puis, quand nous aurons le secours que j'espere,
La mienne à découvert bravera sa colere.
Mais la voicy : n'importe, il la faut regaler
D'un offre dont l'éclat suffit pour l'aveugler.
Voy comme son front cache & montre sa vengeance,
Et dans quelle fierté la superbe s'avance :

Hh2

Pour me tromper encor elle vient en ces lieux:
Mais écoute-nous feindre à qui feindra le mieux.

SCENE II.

TIBERE, AGRIPPINE, SEJANUS, NERVA, TERENTIUS,

AGRIPPINE.

TOn retour imprévû, tes gardes redoublées;
Trois fortes Legions prés de Rome assemblées,
M'ont fait avec raison craindre quelque attentat
Ou contre ta Personne, ou contre ton Etat :
C'est pourquoy dans un temps suspect à ma patrie,
Où le Romain troublé s'attroupe, s'arme & crie,
J'amene à ton secours mes proches, mes amis,
Et tous ceux que mon rang me peut avoir soûmis.

TIBERE *bas à Nerva.*

L'impudente, Nerva ! Genereuse Princesse,
Je ne puis par ma bouche exprimer ma tendresse,
Car un moindre present que le Trône d'un Roy
Ne sçauroit m'acquitter de ce que je te doy :
De Rome à ce dessein j'approche mon Armée,
Pour forcer cette Esclave au joug accoûtumée,
D'adorer dans ton fils ce Prince bien aimé,
L'Image d'un Heros qu'elle a tant estimé :
Ouy, je viens sur son front déposer ma Couronne;
Et quiconque osera choquer ce que j'ordonne,
C'est un traître, un mutin, qu'en vassal plein de cœur
J'immoleray moy-même au nouvel Empereur.

AGRIPPINE.

Qui renonce à sa gloire en offrant sa Couronne,
Il en acquiert, Cesar, plus qu'il n'en abandonne;
Tu m'estimes beaucoup de me la presenter,
Mais je m'estime trop pour pouvoir l'accepter :
C'est en la refusant qu'on s'en doit rendre digne,
Je veux que l'Univers en juge par ce signe,

TIBERE.

Auguste ton Ayeul, contre les droits du sang,
M'adopta pour monter aprés luy dans son rang :
Quoy qu'avecque ton sexe il connût ton audace,
Il n'osa te choisir pour occuper sa place ;
Il eut peur, connoissant combien sans se flater,
La Machine du monde est pesante à porter,
Que d'un poids inégal à la grandeur de l'ame,
Cet énorme fardeau tombât sur une femme ;
Et qu'un Sceptre appuyé d'une si foible main,
Soûtint mal la grandeur de l'Empire Romain :
Mais quoy que sa prudence, en bravant la Nature,
T'ait ravy la Couronne avec beaucoup d'injure,
Puis qu'aujourd'huy son sang en ces bras affoibli
A dans ceux de ton fils ses forces rétabli,
Je le veux élever par droit hereditaire,
Aprés un interregne, au Trône de son pere.

AGRIPPINE.

Fille du grand Cesar que je dois imiter,
Je le cede au Heros qu'il crut le meriter,
Pour montrer par un choix aussi grand, aussi juste,
Que je suis & du sang & dans l'esprit d'Auguste.

TIBERE.

Et par cette raison, son esprit & son sang
Sont des droits à ton fils pour monter à mon rang ;
J'en ay le Diadéme, & d'une foy sincere,
Je le veux rendre au fils, l'ayant reçû du Pere.

AGRIPPINE.

Avec un Diadéme on n'attache pas bien
Un cœur tout genereux qui veut aimer pour rien.

TIBERE.

Pour te la conserver, j'ay reçû la Couronne ;
Je te la rends, Princesse.

AGRIPPINE.

          Et moy je te la donne.

TIBERE.

Mais comme j'en dispose au gré de tes parens,
C'est moy qui te la donne.

AGRIPPINE.

          Et moy je te la rends.
As-tu droit d'esperer que cette ame hautaine

En générosité succombe sous la tienne?
TIBERE.
Ecoute dans ton sein ton cœur te démentir.
AGRIPPINE.
Qui choisit par raison, ne se peut repentir.
TIBERE.
Tu me hais, & tu veux éteindre par envie
La plus belle action dont éclate ma vie.
Ah! pardonne à l'honneur du Monarque des Rois,
Ou de ton pere en nous respecte au moins le choix.
AGRIPPINE.
Aux siécles à venir quelque jour à ta gloire
Nos Neveux étonnez apprendront dans l'Histoire,
Qu'un Roy de sa Couronne a dépoüillé son front;
Et ces mêmes Neveux, à ma gloire apprendront,
Que ce Prince en fit l'office à la seule personne
Qui pouvoit refuser l'éclat d'une Couronne,
Et que l'ordre des Dieux luy voulut désigner,
De peur qu'un si bon Roy ne cessât de regner.
TIBERE.
Regne, je te l'ordonne, & regnant fais connoître
Que tu sçais m'obéïr encor comme à ton Maître.
AGRIPPINE.
Regne, je te l'ordonne, & respectant ma loy,
Obéïs, pour montrer que tu n'es plus mon Roy:
Regne, & puis que tu veux me rendre Souveraine,
Montre, en m'obéïssant, que je suis déja Reine;
Reprens donc ta Couronne; aussi-bien, couronner
Celle qui te commande, est ne luy rien donner.
TIBERE.
Tâche, mon Sejanus, d'ébranler sa constance,
Toy qui lis dans mon cœur, & vois ce que je pense;
Tu luy découvriras les secrets de mon cœur,
Et les vastes desseins que j'ay pour sa grandeur.

SCENE III.

SEJANUS, AGRIPPINE, TERENTIUS.

SEJANUS.

LOrs que contre foy-même avec nous il con-
ſpire ,
Quelle raiſon vous meut à refuſer l'Empire ?

AGRIPPINE.

Alors que dans ton ſein mon portrait fut tracé ,
Le portrait de Tibere en fut-il effacé ?
Ou deſaccoûtumé du viſage d'un traître ,
L'as-tu vû ſans le voir, & ſans le reconnoître ?
Je t'excuſe pourtant ; non , tu ne l'as point vû ,
Il étoit trop maſqué pour être reconnu.
Un homme franc , ouvert , ſans haine , ſans colere ,
Incapable de peur , ce n'eſt point là Tibere ;
Dans tout ce qu'il paroît , Tibere n'eſt point là ;
Mais Tibere eſt caché derriere tout cela.
De monter à ſon Trône il ne m'a pourſuivie ,
Qu'à deſſein d'épier s'il me faiſoit envie ;
Et pour peu qu'à ſon offre il m'eût vû balancer ,
Conclure aveuglément que je l'en veux chaſſer.
Mais quand il agiroit d'une amitié ſincere ,
Quand le reſſentiment des bienfaits de mon pere ,
Ou quand ſon repentir eſt mon choix appellé
A la poſſeſſion du bien qu'il m'a volé ,
Sçache que je préfere à l'or d'une Couronne,
Le plaiſir furieux que la vengeance donne ;
Point de Sceptre aux dépens d'un ſi noble couroux ,
Et du vœu qui me lie à venger mon Epoux.
    Mais bien loin qu'acceptant la ſuprême puiſſance,
Je perde le motif d'une juſte vengeance ,
Je veux qu'il la retienne , afin de maintenir
Agrippine & ſa race au droit de le punir :
Si je l'euſſe accepté , ma vengeance aſſouvie

Hh 4

N'auroit pû sans reproche attenter sur sa vie,
Et je veux que le rang qu'il me retient à tort,
Me conserve toujours un motif pour sa mort.

D'ailleurs c'est à mon fils qu'il remettoit l'Empire,
Est-ce au nom de Sujet où ton grand cœur aspire ?
Penses-y meurement ; quel que soit ton dessein,
Tu ne m'épouseras que le Sceptre à la main.

Mais adieu, va sonder où tend tout ce mystere,
Et confirme toujours mon refus à Tibere.

SCENE IV.

SEJANUS, TERENTIUS,

TERENTIUS.

PAr les cuisans soucis où flotte l'Empereur,
Du peril où tu cours mesure la grandeur,
Crains que dans le complot, comme un sage inter-
prete,
De la moitié connuë il passe à la secrette :
Car je veux que le Ciel, secondant tes souhaits,
Tu menes ta Victoire où tendent tes projets ;
D'une marche du Trône Agrippine approchée,
La soif de se venger non encore étanchée,
Et par un si grand coup ne redoutant plus rien,
Elle voudra du sang, & peut-être le tien :
Peut-être qu'en ton lit, aux bras de l'Hymenée,
Le fer de son Epoux attend ta destinée
Que sa douleur secrette espere en te tuant,
Venger son mari mort sur son mari vivant,
Et qu'à ce cher Epoux qui regle sa colere
Elle veut immoler le vainqueur de Tibere :
Donc pour sauver ta tête, abandonne la Cour ;
Tu connois la Fortune, & son funeste amour.

SEJANUS.

Mettre les voiles bas n'ayant point perdu l'Ourse ?
Je suis trop ébranlé pour retenir ma course ;
Je veux monter au Trône, ou m'en voir accabler,

Car je ne puis si tard commencer à trembler.

TERENTIUS.

Superbe, ta naissance y met un tel obstacle,
Que pour monter au Trône il te faut un miracle.

SEJANUS.

Mon sang n'est point Royal, mais l'heritier d'un
     Roy
Porte-t-il un visage autrement fait que moy ?
Encor qu'un toit de chaume eût couvert ma naissance,
Et qu'un Palais de marbre eût logé son enfance,
Qu'il fût né d'un grand Roy, moy d'un simple Pa-
     steur,
Son sang auprés du mien est-il d'autre couleur ?
     Mon nom seroit au rang des Héros qu'on renomme,
Si mes Prédecesseurs avoient saccagé Rome :
Mais je suis regardé comme un homme de rien,
Car mes Predecesseurs se nommoient gens de bien.
Un César cependant n'a guéres bonne vûë,
Dix degrez sur sa tête en bornent l'étenduë,
Il ne sçauroit au plus faire monter ses yeux
Que depuis son berceau jusques à dix Ayeux :
Mais moy je retrograde aux Cabanes de Rome,
Et depuis Sejanus jusques au premier homme :
Là n'étant point borné du nombre ni du choix,
Pour quatre Dictateurs j'y rencontre cent Rois.

TERENTIUS.

Mais le crime est affreux de massacrer son Maître !

SEJANUS.

Mais on devient au moins un magnifique traître.
Quel plaisir sous ses pieds de tenir aux abois
Celuy qui sous les siens fait gémir tant de Rois !
Fouler impunément les Têtes couronnées,
Faire du genre humain toutes les destinées,
Mettre aux fers un Cesar, & penser dans son cœur,
Cet Esclave jadis étoit mon Empereur !

TERENTIUS.

Peut-être en l'abbattant tomberas-tu toy-même.

SEJANUS.

Pourvû que je l'entraîne avec son Diadéme,
Je mourray satisfait, me voyant terrassé
Sous le pompeux débris d'un Trône renversé :

Et puis, mourir n'est rien, c'est achever de naître,
Un Esclave hier mourut pour divertir son Maître:
Aux malheurs de la vie on n'est point enchaîné,
Et l'ame est dans la main du plus infortuné.

TERENTIUS.
Mais n'as-tu point d'horreur pour un tel patricide ?

SEJANUS.
Je marche sur les pas d'Alexandre & d'Alcide,
Penses-tu qu'un vain nom de traître, de voleur,
Aux hommes demi-Dieux doive abbatre le cœur ?

TERENTIUS.
Mais d'un coup si douteux peux-tu prévoir l'issuë.

SEJANUS.
De courage & d'esprit cette trame est tissuë :
Si César massacré, quelques nouveaux Tyrans
Elevez par mon crime au Trône où je prétens,
Songent à s'emparer du pouvoir Monarchique,
J'appelleray pour lors le peuple en Republique,
Et je luy feray voir que par des coups si grands
Rome n'a point perdu, mais changé ses Tyrans.

TERENTIUS.
Tu connois cependant que Rome est Monarchique,
Qu'elle ne peut durer dans l'Aristocratique,
Et que l'Aigle Romaine aura peine à monter,
Quand elle aura sur soy plus d'un homme à porter.
Respecte & crains des Dieux l'effroyable tonnerre.

SEJANUS.
Il ne tombe jamais en Hyver sur la terre,
J'ay six mois pour le moins à me moquer des Dieux,
Ensuite je feray ma paix avec les Cieux.

TERENTIUS.
Ces Dieux renverseront tout ce que tu proposes.

SEJANUS.
Un peu d'encens brûlé rajuste bien des choses.

TERENTIUS.
Qui les craint, ne craint rien.

SEJANUS.
                        Ces enfans de l'effroy,
Ces beaux riens qu'on adore, & sans sçavoir pour-
        quoy,
Ces alterez du sang des bestes qu'on assomme,

Ces Dieux que l'homme a fait, & qui n'ont point
fait l'homme,
Des plus fermes Estats ce fantasque soûtien,
Va, va, Terentius, qui les craint ne craint rien.

TERENTIUS.

Mais s'il n'en étoit point, cette Machine ronde...

SEJANUS.

Ouy, mais s'il en étoit, serois-je encore au monde ?

SCENE V.

SEJANUS, TERENTIUS, LIVILLA.

LIVILLA.

QUoy tu restes à Rome, & le Foudre grondant
Ne pourra t'éveiller, si ce n'est en tombant ?
Fuy, fuy, tout est perdu.

SEJANUS.

　　　　　L'Empereur sçait la trame ?

LIVILLA.

Tout est perdu, te dis-je !

SEJANUS.

　　　　　Ah ! poursuivez, Madame.

LIVILLA.

Tu n'as plus qu'un moment.

SEJANUS.

　　　　　Mais de grace pourquoy ?
Tibere...

LIVILLA.

Au nom des Dieux, Sejanus, sauve-toy.

SEJANUS.

Apprenez-nous au moins qui vous rend si troublée ?

LIVILLA.

J'ay honte de l'effroy dont je suis accablée ;
Mais on peut bien trembler quand le Ciel tremble aussi.
Ecoute donc sur quoy je m'épouvante ainsi.
Des poings du Victimaire aujourd'hui nos Hosties,
Le couteau dans la gorge, en fureur sont parties,

L'Aruſpice a trouvé le cœur défectueux,
Les poulmons tout flétris & le ſang tout bourbeux,
La chair du Sacrifice au braſier petillante,
Diſtilloit ſur l'Autel une liqueur puante ;
Le bœuf n'a pas eſté mortellement atteint,
L'encenſoir allumé par trois fois s'eſt éteint ;
Il eſt ſorti de terre une vaine figure ;
On n'a point vû manger les oyſeaux de l'Augure,
Le Sacrificateur eſt chû mort en riant,
Le Temple s'eſt fermé du côté d'Orient,
Il n'a tonné qu'à droite, & durant cet extaſe
J'ay vû nos Dieux foyers renverſez de leur baſe.

SEJANUS.

Quoy? ces préſages vains étonnent ton courroux ?
Ils ſont contre Tibere, & non pas contre nous.
Si les Dieux aux mortels découvroient leurs myſteres,
On en liroit au Ciel les brillans caracteres :
Mais quoy qu'il en puiſſe être, il ſera glorieux
D'avoir fait quelque choſe en dépit de nos Dieux :
Car ſi notre fureur ſuccombe à la fortune,
Au moins dans les tranſports d'une rage commune
Nous pourſuivrons Tibere avec tant de courroux,
Que l'on verra ſuer le Deſtin contre nous.

LIVILLA.

Le Deſtin grave tout ſur des tables de cuivre,
On ne déchire pas les feüillets d'un tel Livre.

SEJANUS.

Achevons donc le crime où ce Dieu nous aſtraint,
C'eſt luy qui le commet, puis qu'il nous y contraint.

LIVILLA.

Mon eſprit eſt remis, & ton noble courage,
Quoy qu'annonce le Ciel, eſt un heureux préſage.
Allons de cent Argus Tibere environner,
Arrêtons les avis qu'on luy pourroit donner ;
Et puis qu'il ne tient pas tout le ſecret encore,
Coupons vers notre bout la moitié qu'il ignore.

Fin du ſecond Acte.

ACTE III.

SCENE PREMIERE.

AGRIPPINE, CORNELIE.

AGRIPPINE.

S Anglante Ombre qui paſſe & repaſſe à mes yeux,
Fantôme dont le vol me pourſuit en tous lieux,
Tes travaux, ton trepas, ta lamentable hiſtoire,
Reviendront-ils ſans ceſſe offenſer ma memoire ?
Ah ! trève, cher Epoux, ſi tu veux m'affliger,
Prête-moy pour le moins le temps de te venger,

CORNELIE.

Il vient vous conſoler de ſa cruelle abſence.

AGRIPPINE.

Il vient, il vient plûtôt me demander vengeance.
Te ſouvient-il du temps qu'au fort de ſes douleurs,
Couronné dans ſon lit de ſes amis en pleurs,
Il crioit : O Romains, cachez-moy cette offrande,
C'eſt un bras, non des yeux, que mon ſort vous de-
  mande ;
Mes plus grands ennemis n'ont rien tant déſiré,
Que de me voir un jour digne d'être pleuré,
A de plus hauts penſers élevez donc votre ame,
Pleurer Germanicus, c'eſt le venger en Femme,
On me plaindra par-tout où je ſuis renommé :
Mais pour vous, vengez-moy, ſi vous m'avez aimé;
Car, comme il eſt honteux à qui porte une épée,
D'avoir l'ame à pleurer mollement occupée,
Si du ſang répandu ſont les pleurs d'un Romain,
J'eſpere que vos yeux ſeront dans votre main,

Forcez donc mes Bourreaux de soupirer ma perte,
C'est la seule douleur qui me doit être offerte ;
Ouy, cherchez, poursuivez, jusqu'à la terre ouvrir,
La terre parlera pour vous les découvrir.
Que par les yeux sanglans de cent mille bleſſures,
Leurs corps défigurez pleurent mes avantures,
Et que Piſon le traître... A ce mot de Piſon
Son ame abandonna ſa mortelle priſon,
Et s'envola mêlée au nom de ce perfide,
Comme pour s'attacher avec ſon homicide :
Enfin je l'ay vû pâle, & mort entre mes bras ;
Il demanda vengeance, & ne l'obtiendroit pas !
Un ſi lâche refus...

CORNELIE.
L'aimez-vous ?
AGRIPPINE.
Je l'adore.
CORNELIE.
Madame, cependant Tibere vit encore.
AGRIPPINE.
Attens encore un peu, mon déplorable Epoux ;
Tu le verras bientôt expirant ſous mes coups,
Et ravi par le ſort aux mains de la Nature,
Son ſang à gros boüillons croître chaque bleſſure ;
Son eſprit, par le fer, dans ſon ſiége épuiſé,
Pour ſentir tout ſon mal en tous lieux diviſé,
Entre cent mille éclairs de l'acier qui flamboye,
Gemiſſant de douleur, me voir paſmer de joye,
Et n'entendre, percé de cent glaives aigus,
Que l'effroyable nom du grand Germanicus.
Qu'il eſt doux, au milieu des traits qu'on nous dé-
c, che,
De croire être offenſé quand la vengeance aproche !
Il ſemble que la joye au milieu de mes ſens
Reproduiſe mon cœur par-tout où je la ſens.
Pour former du Tyran l'image plus horrible,
Chaque endroit de mon corps devient intelligible,
Afin que tout entiere en cet accés fatal,
Je renferme, je ſente, & comprenne ſon mal.
Uſurpant les devoirs de ſon mauvais génie,
Je l'attache aux douleurs d'une lente agonie ;

Je compte ses sanglots, & j'assemble en mon sein
Les pires accidens de son cruel destin ;
Je le voy qui pâlit, je voy son ame errante
Couler dessus les flots d'une écume sanglante,
L'estomac enfoncé de cent coups de poignard,
N'avoit pas un Ami qui luy jette un regard ;
S'il pense de sa main boucher une blessure,
Son ame s'échapper par une autre ouverture :
Enfin ne pouvant pas m'exprimer à moitié,
Je le conçois réduit à me faire pitié.
Voy quels transports au sein d'une femme offensée
Cause le souvenir d'une injure passée.
Si la Fortune instruite à me desobliger,
M'ôtoit tous les moyens de me pouvoir venger,
Plûtôt que me resoudre à vaincre ma colere,
Je m'irois poignarder dans les bras de Tibere,
Afin que soupçonné de ce tragique effort,
Il attirât sur luy la peine de ma mort.
Vu moins dans les Enfers j'emporterois la gloire
De laisser, quoy que Femme, un grand nom dans
    l'Histoire :
Mais le discours sied mal à qui cherche du sang.

CORNELIE.
Vous !

AGRIPPINE.
Ouy moy, de Cesar je veux percer le flanc,
Et jusques sur son Trône herissé d'hallebardes,
Je veux, le massacrant au milieu de ses Gardes,
Voir couler par ruisseaux de son cœur expirant,
Tout le sang corrompu dont se forme un Tyran.

SCENE II.

TIBERE, AGRIPPINE, CORNELIE, Troupe de Gardes.

TIBERE se presentant.

Poursuivez.

AGRIPPINE.
Quoy, Seigneur?

TIBERE.
Le propos détestable
Où je vous ay surprise.

AGRIPPINE.
Ah! ce propos damnable
D'une si grande horreur tous mes sens travailla,
Que l'objet du fantôme en sursaut m'éveilla.

TIBERE.
Quoy, cela n'est qu'un songe, & l'horrible blasphême
Qui choque des Cesars la Majesté suprême,
Ne fut dit qu'en dormant?

AGRIPPINE.
Non, Cesar, qu'en dormant:
Mais les Dieux qui pour lors nous parlent clairement,
Par de certains effets dont ils meuvent les causes,
En nous fermant les yeux, nous font voir toutes cho-
ses,
Ecoute donc, Seigneur, le songe que j'ay fait,
Afin que le recit en détourne l'effet.
Je reclamois des Dieux la sagesse profonde,
De regir par tes mains les affaires du monde;
Quand les sacrez Pavots qui nous tombent des Cieux,
D'un sommeil prophetique ont attaché mes yeux.
Aprés mille embarras d'especes mal formées,
Que la chaleur vitale entretient de fumées,
Je ne sçay quoy de blême, & qui marchoit vers moy,
A crié par trois fois! Cesar, prens garde à toy.

Un

Un grand bruit aussi-tôt m'a fait tourner visage,
Et j'ay vû de Cesar la pâlissante image,
Qui couroit hors d'haleine en me tendant les bras :
Ouy, Cesar, je t'ay vû menacé du trépas.
Mais comme à ton secours je volois, ce me semble,
Nombre de meurtriers qui couroient tous ensemble,
T'ont percé sur mon sein : Brutus les conduisoit,
Qui loin de s'étonner du grand coup qu'il osoit,
Sur son Trône, a-t-il dit, herissé d'hallebardes,
Je veux le massacrant au milieu de ses Gardes,
Voir couler par ruisseaux de son cœur expirant,
Tout le sang corrompu dont se forme un Tyran.
J'en étois là, Seigneur, quand tu m'as entenduë.

TIBERE.

La réponse est d'esprit, & n'est pas mal conçuë.

AGRIPPINE.

Ah ! Cesar, il n'est plus d'azile en ta maison.
Quoy ! tu tiens pour suspects de fer & de poison
Jusques à tes parens, avec qui la Nature
T'attache par des nœuds d'immortelle tissure ?
Connois mieux Agrippine, & cesse d'opprimer,
Avec ceux que ton sang obligent de t'aimer,
Ceux que soutient ton rang. Sejanus, par exemple,
Superbe, sanguinaire, homme à brûler un Temple,
Mais qui pour ton salut accepteroit la mort,
Ne peut être accusé, ni soupçonné qu'à tort.
Et cependant, Cesar, un fourbe, un lâche, un traître,
Pour gagner en flateur l'oreille de son Maître,
Peut se dire aujourd'hui . . .

Sejanus entre, sans être vû d'Agrippine ni de
Tibere.

SCENE III.

TIBERE, AGRIPPINE, SEJANUS.

AGRIPPINE continuë sans voir Sejanus.

Sejanus te trahit,
Il empiete à pas lents ton Trône, l'envahit,
Il gagne à son parti les Familles puissantes,
Il se porte heritier des Maisons opulentes,
Il brigue contre toy la faveur du Senat.

SEJANUS bas.

O Dieux ! elle m'accuse.

AGRIPPINE.

Il renverse l'Etat,
Il seme de l'argent parmi la populace.

SEJANUS bas à Agrippine, en se jettant
aux pieds de l'Empereur.

Nous perirons, Madame, & sans implorer grace.
Ouy, Seigneur, il est vray, j'ay conjuré.

TIBERE.

Qui, toy ?

AGRIPPINE.

On peut te dire pis encor de luy, de moy :
Mais à de tel rapports il est d'un Prince sage
De ne pas écouter un foible témoignage.

SEJANUS bas.

Imprudent, qu'ay-je fait ? tout est desesperé.

TIBERE.

Mais enfin, Sejanus luy-même a conjuré.
Il l'avoüe.

SEJANUS.

Ouy, Seigneur.

TIBERE.

L'eussiez-vous crû, Princesse ?

SEJANUS.

J'ay conjuré cent fois ta profonde sagesse,

De ne point écouter ces lâches ennemis
Qui te rendent suspects Agrippine & son Fils.
Ne souffre pas, Seigneur, qu'une ame déloyale
Dégorge son venin sur la Maison Royale ;
Tout le Palais déja frémit de cet affront,
Et ta couronne même en tremble sur ton front ;
Rome en est offensée, & le peuple en murmure.
Préviens de grands malheurs, Cesar, je t'en conjure,
Je t'en conjure encor par l'amour des Romains,
Et par ces tristes pleurs dont je mouille tes mains.

TIBERE.

Comment ?

SEJANUS.

Tes Legions qui s'approchent de Rome
Réveillent en sursaut la ville d'un grand somme ;
Elle croit que tu veux abreuver ses remparts
De ce qui reste encor du sang de nos Cesars,
Et qu'aprés tant de sang que ta soif se destine,
Tu viens pour te baigner dans celuy d'Agrippine.
Le peuple en tous ses bras commence à se mouvoir,
Il fait aux plus sensez tout craindre & tout pouvoir,
Pour te l'ôter de force, il résout cent carnages,
Autour de ton Palais il porte ses images,
Il brave, il court, il crie, & presque à ton aspect
Menace insolemment de perdre tout respect ;
Etouffe en son berceau la revolte naissante.

TIBERE.

Il arrête Agrippine qui veut sortir.
Agrippine, arrêtez ; si le desordre augmente,
Un desaveu public aux yeux de ces mutins,
En vous justifiant, calmera nos destins ;
Vos efforts feront voir si le ver qui vous ronge
Méditoit le recit d'un complot ou d'un songe ;
Eteignez au plûtôt le feu que je prévoy,
Ou bien resolvez-vous de périr avec moy.
Se tournant vers Sejanus.
C'est pour l'intimider. Les rayons de ma ve-t,
Comme ceux du Soleil, résoudront cette nuë.

SEJANUS.

Il seroit à propos qu'on te vît escorté ;
De grands desseins par là souvent ont avorté.

SCENE IV.

SEJANUS, AGRIPPINE, CORNELIE.

SEJANUS.

Que vous m'avez fait peur !

AGRIPPINE.

Que vous m'avez troublée?
Je sens mon ame encor de surprise accablée.
Confesser au Tyran la conjuration !

SEJANUS.

Mais vous , luy reveler la conspiration !
J'ay crû que votre cœur vous prenoit pour une autre ,
J'en ay senti mon front rougir au lieu du vôtre ,
Et j'appellois déja la mort avec fierté ,
Pour épargner ma honte à votre lâcheté ,
Pour en perdre au tombeau la funeste memoire ,
Et pour ne pas enfin survivre à votre gloire :
Ouy , j'allois sans lâcher ni soupir ni sanglot ,
Moy seul , pour mourir seul , m'accuser du complot ,
Et vous justifiant , quoy que mon ennemie ,
Combler par mon trépas votre nom d'infamie.

AGRIPPINE.

Vous m'offensez , cruel , par cet emportement ,
Mon amour en dépôt vous tient lieu de serment ,
Puis que c'est une Loy du Dieu qui nous assemble ,
Que si vous perissez , nous perissions ensemble.

SEJANUS.

Si j'ay de grands soupçons , ce n'est pas sans sujet;
Ce que j'espere est grand , & mon sort est abjet :
Vous faites relever le bonheur de ma vie
D'un bien que l'Univers regarde avec envie ;
Et c'est pourquoy je tremble au front de l'Univers ,
Quand dessus mon tresor je voy tant d'yeux ouverts ,
Ouy , j'ay peur qu'Agrippine icy-bas sans seconde ,

Elevée au sommet de l'Empire du monde,
Comme un prix de Heros, comme une autre Toison,
Ne réchauffe le sang de quelqu'autre Jason ;
Et cette peur, helas ! doit bien être soufferte
En celuy que menace une si grande perte.

AGRIPPINE.

Non, croyez, Sejanus, avec tous les humains,
Que je ne puis sans vous achever mes desseins,
Et que vous connoîtriez dans peu, comme moy-même,

Vers équivoques.

Si veritablement Agrippine vous aime.

SEJANUS.

Enfin, quoy que Cesar puisse faire aujourd'huy,
La peur dont j'ay tremblé retombera sur luy ;
Il faut que je me rende auprés de sa personne,
De peur qu'un entretien si secret ne l'étonne ;
Vous, sortez en public, pour tromper le Tyran,
Et guerissez un mal qui n'est pas assez grand :
Contre trois Legions qui frapent à nos portes,
Tous les Prétoriens, & cinquante Cohortes,
Nos gens épouvantez ne feroient que du bruit,
Et n'en recueilleroient que la mort pour tout fruit.
Attendons que l'aspect d'un Astre moins contraire,
Dedans son Isle infame entraîne encor Tibere.

SCENE V.

AGRIPPINE, CORNELIE, LIVILLA.

LIVILLA.

LA Discorde allumant son tragique flambeau,
Vous consacre, Madame, un spectacle assez beau,
Et je viens, comme Sœur, prendre part à la joye,
Que lassé de vos maux le destin vous envoye :
Le peuple soulevé pour un exploit si grand,
Vous tient comme en ces bras à couvert du Tyran,
Et ce transport subit, aveugle, & plein de zele,

Témoigne que les Dieux font de votre querelle.
AGRIPPINE.
Les Dieux font obligez de venger mon Epoux,
Si les Dieux icy-bas doivent juſtice à tous ;
Deux partis ont chargé leur balance équitable,
Agrippine outragée , & Tibere coupable.
LIVILLA.
Pour ſe bien acquitter , ils vous couronneront.
AGRIPPINE.
Ils s'acquitteront bien, quand ils me vengeront ;
C'eſt la mort que je veux , non le rang du Monarque.
LIVILLA.
Se joindre à Sejanus, n'en eſt pas une marque.
AGRIPPINE.
Je fais encore pis , je me joins avec vous.
LIVILLA.
Vous nous aviez long-temps caché votre couroux.
AGRIPPINE.
Je regle à mon devoir les tranſports de mon ame.
LIVILLA.
Au devoir en effet vous reglez votre flâme ;
Car comme l'amour ſeul eſt le prix de l'amour,
Sejanus vous aimant, vous l'aimez à ſon tour.
AGRIPPINE.
Il vous ſied mieux qu'à moy d'aimer un adultere,
Aprés l'aſſaſſinat d'un Epoux & d'un Frere.
LIVILLA.
Sont-ils reſſuſcitez pour vous le réveler ?
AGRIPPINE.
S'ils ſortoient du cercueil , il vous feroient trembler.
LIVILLA.
Cette ardeur dont j'embraſſe & preſſe leur vengeance,
De l'Envie & de vous ſauve mon innocence.
AGRIPPINE.
Si ſans exception votre main les vengeoit ,
Vous verſeriez du ſang qui vous affoibliroit :
Mais quand vous vengerez leurs Ombres magnanimes,
Vous leur déroberez tout au moins deux Victimes.
LIVILLA.
Vous pourriez m'attendrir par de telles douleurs ,
Qu'enfin j'accorderois Sejanus à vos pleurs.

AGRIPPINE.

Si m'en faifant le don vous faites un miracle,
J'en promets à vos yeux le tragique fpectacle :
Mais il vous eft utile, & vous le garderez
Pour le premier Epoux dont vous vous laflerez.

LIVILLA.

Quiconque ofe inventer ce crime abominable,
Du crime qu'il invente il a l'efprit capable.

AGRIPPINE.

Votre langue s'emporte, appaîfez fa fureur,
Ce n'eft pas le moyen d'acquerir un vainqueur
Que vous dites m'aimer avec tant de conftance ;
Car s'il m'aime, il reçoit la moitié de l'offenfe.

LIVILLA.

Sejanus vaut beaucoup, vous devez l'eftimer.

AGRIPPINE.

Son merite eft trop grand, pour pouvoir m'exprimer ;
Mais Tibere étant mort, que nous avons en bute,
Sejanus à fon tour fera notre difpute ;
Il doit être immolé pour victime entre nous,
Ou bien de votre Frere, ou bien de mon Epoux.
Adieu donc ; & de peur que dans la folitude
Votre jaloux foupçon n'ait de l'inquiétude,
J'engage à ma parole un folemnel ferment,
Que je fors fans deffein d'aller voir votre Amant.

SCENE VI.

LIVILLA *feule.*

Ites, dites le vôtre, Agrippine infidelle,
Qui de Germanicus oubliant la querelle,
Devenez, fans refpect des droits de l'amitié,
De fon lâche aflaffin l'execrable moitié.
Femme indigne du nom qui foûtient votre race,
Et qui du grand Augufte avez perdu la trace,
Rougiffez en voyant votre Epoux au tombeau,
D'étouffer fa memoire au lit de fon Bourreau.
Mais que dis-je, infenfée? ah ! mon trouble eft extrême,

Ce reproche honteux rejaillit fur moy-même,
Puis que de rang égal, & filles d'Empereurs,
Nous tombons elle & moy dans les mêmes erreurs.
Elle aime ce que j'aime, & quoy que je contemple
De lâche dans fon cœur, fon cœur fuit mon exemple.
Et puis, il s'eft donné : mais le traître eft-il fien ?
M'ayant fait fa Maîtreffe, a-t-il droit fur mon bien ?
Non, fi par fon Hymen ma naiffance j'affronte,
J'en cueilleray la gloire, ayant femé fa honte ;
Pour me le conferver, je hazarderay tout,
Je n'entreprendray rien que je ne pouffe à bout,
Rien par qui dans fa mort mon bras ne fe fignale,
Si je puis découvrir qu'il ferve ma Rivale.
    Qu'il y penfe, ou bientôt des effets inhumains
Feront de fon fupplice un exemple aux Romains :
Ouy, par les Dieux vengeurs, lâche, je te protefte,
Si ton manque de foy me paroit manifefte,
Qu'avant que le Soleil ait fon char remonté,
Tu feras comme ceux qui n'ont jamais efté.

Fin du troifiéme Acte.

ACTE IV.

ACTE IV.

SCENE PREMIERE.

TIBERE, SEJANUS,

TIBERE.

ENfin Rome eſt ſoûmiſe, & mes troupes logées
Sont autour du Palais en bataille rangées,
Et je puis foudroyer d'un bras victorieux
Ces ſuperbes Titans qui s'oſent prendre aux Dieux ;
Je dois par Agrippine ouvrir leurs ſepultures,
Sa mort décidera toutes nos avantures.

SEJANUS.

Seigneur, daigne en ſon ſang le tien conſiderer.

TIBERE.

Quand j'ay du mauvais ſang, je me le fais tirer.

SEJANUS.

Prens garde auſſi de perdre Agrippine innocente,
D'un coup ſi dangereux la ſuite m'épouvante ;
Rome publie à faux par de ſi prompts effets,
Que pour t'abandonner à de plus grands forfaits,
Tu chaſſes le témoin de qui l'aſpect t'affronte,
Et punis la vertu dont l'éclat te fait honte.

TIBERE.

Quoy! la craindre, & n'oſer mettre un terme à ſes
    jours?
Ou bien la laiſſer vivre, & la craindre toujours?
L'un m'eſt trop dangereux, l'autre m'eſt impoſſible.

SEJANUS.

Seigneur, comme elle rend ſon abord acceſſible,
Qu'un Eſpion fidele évente ſes ſecrets,
Je m'offre à cet employ.

Tome I.   K k

TIBERE.

Je l'ay mandée exprés.

Ce langage muet des yeux avecque l'ame,
Me pourra découvrir le complot qu'elle trame;
Je feindray de sçavoir qu'elle en veut à mes jours,
Afin que si son front pâlit à ce discours,
Il soit pour la convaincre, un indice contr'elle;
Ou si plein de fierté son front ne la décelle,
Me croyant en secret du complot averti,
Elle abandonne au moins l'interest du parti.
Brisons là, Sejanus, je la voy qui s'avance;
A la faire parler observe ma prudence.

SCENE II.

TIBERE, SEJANUS, AGRIPPINE, CORNELIE.

TIBERE.

Quoy barbare! vouloir ton pere assassiner
Au moment glorieux qu'il te va couronner?
N'apprehendes-tu point, ame fiere, ame ingrate,
Qu'au feu de mon amour ta lâcheté n'éclate,
Et qu'en l'air cette main qui m'assassinera
Ne rencontre la main qui te couronnera?

AGRIPPINE.

Moy, Seigneur?

TIBERE.

Toy, perfide!

AGRIPPINE.

Enfin qui le dépose?

TIBERE.

Demande à Sejanus, il en sçait quelque chose.

SEJANUS.

J'étois present, Madame, à ce triste rapport.

TIBERE.

D'où vient qu'à ce discours tu te troubles si fort?

AGRIPPINE.

Pour paroître innocente, il faut être coupable,
D'une prompte replique on est bien plus capable,
Parce que l'on apporte au complot declaré,
Contre l'accusateur un esprit préparé.

TIBERE.

Défens, défens-toy mieux.

AGRIPPINE.

          Je pourrois l'entreprendre ;
Mais je t'offenserois, si j'osois me défendre ;
Ce seroit une preuve à la posterité
Que ta mort étoit juste & pleine d'équité,
Si ton cœur témoignoit par la moindre surprise
Soupçonner ma vertu de l'avoir entreprise.
Je veux donc à ta gloire épargner cet affront,
Tu vois mon innocence, & la lis sur mon front ;
Agrippine, Cesar, attenter sur ta vie ?
Non, tu ne le crois pas ; mais ce monstre d'envie
Dont le souffle ternit la candeur de ma foy,
A sans doute aposté des témoins contre moy ;
Car tout Rome connoît qu'il veut par ma ruïne
Elever sa maison sur celle d'Agrippine.

TIBERE.

Tout ce déguisement ne te peut garantir,
Ton jour est arrivé, superbe, il faut partir,
Et l'Etat en peril a besoin de ta tête.

AGRIPPINE.

Faut-il tendre le col ? qu'on frappe, je suis prête ;
Tibere étant icy, je voy l'Executeur :
Mais apprens-moy mon crime, & mon accusateur.

TIBERE.

Tu débauches le peuple à force de largesses,
Tu gagnes dans le Camp mes soldats par promesses,
Tu parois en public, tu montes au Senat,
Tu brigues pour les tiens les Charges de l'Etat.

AGRIPPINE.

Tibere ne reproche à mon ame Royale
Que d'être genereuse, affable & liberale,
Et comme criminelle, à mort il me poursuit.

TIBERE.

La vertu devient crime en faisant trop de bruit.

AGRIPPINE,

Elle passe du moins pour cela sous ton regne.

TIBERE.

Mon amour paternel à ces Fils le témoigne.

AGRIPPINE.

Cet amour paternel les a tous glorieux
Elevez de ta table, à la table des Dieux :
Et de si beaux festins tu regales les nôtres,
Qu'aprés ceux de Tibere ils n'en goûtent plus d'au-
        tres.

TIBERE.

Romains, j'ay la bonté d'être le Protecteur
De celle qui me tient pour un empoisonneur :
Je suis enfant d'Auguste.

AGRIPPINE.

                Il m'en souvient, Tibere,
Je nâquis en ce temps, qu'à mon bienheureux pere
Toute chose à l'envi succedant à la fois,
Fortune luy donnoit des enfans à trois mois.

TIBERE.

Si je ne tiens de luy le jour que je respire,
Au moins, comme à son fils, il m'a laissé l'Empire :
Et ce sage Empereur nous rendit par son choix,
Toy l'Esclave soumis, moy le Maître des Loix.

AGRIPPINE.

Ne fais point vanité d'un choix illegitime,
Son orgueil te choisit, & non pas son estime :
Il te donna l'Empire, afin que l'Univers
Regrettât le malheur d'avoir changé ses fers.

TIBERE.

Parricide, ton pere éprouve ton audace.

AGRIPPINE.

Tu respectes mon pere en détruisant sa race,
Tu luy bâtis un Temple ; & consacrant ce lieu,
Tu n'y fais immoler que les parens du Dieu :
Ce n'est pas dans le trone d'une Idole muette
Que repose son ame, & sa forme secrette :
C'est dans moy, c'est dans ceux qui sortent de mon
        flanc,
Et qui s'y sont formez de son celeste sang.
Ne crois pas mes douleurs de criminelles fautes,

Que pousse le regret du Sceptre que tu m'ôtes :
Mais écoute, Tyran. La cause de mon deüil,
C'est d'entendre gemir l'écho d'un vain cercueil,
Une Ombre désolée, une Image parlante,
Qui me tire la robe avec sa main tremblante ;
Un Phantôme tracé dans l'horreur de la nuit,
Que j'entens sangloter au chevet de mon lit,
Le grand Germanicus, dont les Mânes plaintives
M'appellent, pour le suivre, aux infernales rives ;
Et de qui, quand je dors, d'un pas rempli d'effroy,
Le Spectre soûpirant vient passer devant moy.
Je te suis, mon Epoux ; mais j'attens pour descendre,
Que j'aye réchauffé de sang ta froide cendre,
Aux pieds de ta Statuë immolé ton Bourreau,
Et de son corps sanglant rempli ton vain tombeau.
Que si le Ciel injuste est sourd à ma requeste . . .

TIBERE.
Ton bras, à son défaut, attaquera ma tête.

AGRIPPINE.
Qui m'empêche, Tyran, si c'étoit mon dessein,
De plonger tout à l'heure *un poignard dans ton sein ?
Mais vis en seureté, la veuve d'un Alcide
Rougiroit de combattre un Monstre si timide.

*Elle tire un poignard, qu'elle jette aux pieds
de l'Empereur.*

TIBERE.
En découvrant ainsi ta noire intention,
Et travaillant toy-même à ta conviction,
Tu t'épargnes la gesne.

AGRIPPINE.
           Ah ! si je suis blâmable,
Mon orgueil, non pas moy, de mon crime est coupable,
Et mon cœur échauffé de ce sang glorieux,
Qui se souvient encor d'être sorti des Dieux,
Au nom de parricide, ardent & plein de flâme,
Tâche par son transport d'en repousser le blâme ;
Et sans voir que mon Prince est mon accusateur,
Il revolte ma voix contre mon Empereur.

TIBERE.
Ah ! si mon sang t'émeut, il merite ta grace,

L'orgueil n'est pas un crime aux enfans de ma race,
Mais comme d'un soupçon la noirceur s'effaçant,
Laisse encor quelque tache au nom de l'innocent ;
De peur que trop de jour défillant ma paupiere,
Dans mon cœur malgré moy jette trop de lumiere,
J'abandonne des lieux où je crains de trop voir.
Reste icy par mon ordre avec un plein pouvoir.
Pour ton fils, je l'emmene, il sera dans Caprée,
De notre intelligence une chaîne assûrée ;
La molesse de Rome énerve un jeune Esprit,
Et sa fleur sans éclore en bouton s'y flétrit.

SCENE III.

AGRIPPINE, SEJANUS, CORNELIE.

AGRIPPINE.

O Qu'il est à propos de sçavoir se contraindre !
Mais comment se forcer quand on ne sçaurois
craindre ?
Dans mon abbaissement incapable d'effroy,
Cesar me semble encor bien au dessous de moy.
Le nom de mon mary, mon rang, & ma naissance,
Enflent tous mes discours d'une mâle assûrance.
La terre a beau plier sous cet Usurpateur,
Mon sang me fait regner sur ce lâche Empereur ;
Encor qu'insolemment le superbe me brave,
Je ne puis m'abbaisser à flater mon esclave.
Quoy, mon Fils à Caprée !

SEJANUS.
O Ciel !

AGRIPPINE.
Ah, Sejanus !
La fureur me saisit, je ne me connois plus.
Vois-tu pas son dessein ?

SEJANUS.
Ce rusé Politique

La cache aux yeux de Rome & de la Republique ;
Son amitié travaille à le faire oublier,
De l'asile qu'il donne il se fait le Geolier,
Et vous desunissant à faux titre de pere,
Ote la mere au fils, & le fils à la mere.
Ah ! Madame, il est temps de faire agir la main,
Dont le coup doit un Maître à l'Empire Romain.
Allez descendre au camp, mutinez les Gendarmes,
Faites-les souvenir d'avoir porté les armes,
D'avoir en cent climats planté nos Pavillons,
Et fauché par la mort tant d'affreux bataillons,
Sans qu'il reste à pas un, pour vingt ans de services,
Que des cheveux blanchis, de larges cicatrices,
Des cadavres antez dessus des membres morts,
Et des troncs survivans la moitié de leurs corps.
Pour les piquer d'honneur, vous direz de leurs peres
Que vous les avez vûs parmi nos adversaires,
Pêle-mêle entassez, & sanglans qu'ils étoient,
S'enterrer sous le poids des corps qu'ils abbattoient,
Percer des escadrons les murailles ferrées,
Faire avec un bras seul plus que deux Briarées,
Et qu'au lit de la mort ces vaincus triomphans
Vous ont recommandé leurs malheureux enfans :
Que c'est bien la raison que vous serviez de mere
A ceux dont votre époux étoit jadis le pere ;
Que tout son patrimoine il leur avoit laissé,
Mais que le Testament par Cesar fut cassé.
Allez, cela fini, de rang en rang paroître,
Flater chaque soldat, feindre de le connoître,
Et jettant à la foule une somme d'argent,
Protestez qu'au Palais d'un œil si diligent
On veille vos discours, vous pensers, votre vie,
Qu'un don plus genereux attireroit l'envie :
Mais qu'en un grand dessein, s'ils vous veulent aider,
Et vous mettre en état de pouvoir commander,
Vous leur restituerez ce fameux heritage
Que leur pere mourant leur laissoit en partage.
CORNELIE.
Si leur ame en suspens semble encor hésiter,
Vous sçaurez par ces mots leur courage exciter.
Quoy, vous, mes compagnons, dont l'ardente colere

K k 4

Fit trembler autrefois le Trône de Tibere,
Qui dispensiez la vie & la mort aux humains,
Qui portiez des combats la Fortune en vos mains,
Qui vouliez au Tyran arracher la Couronne
Pour des crimes legers dont il couvroit son Trône,
Vous semblez l'adorer dessus son Trône assis,
Quand il est devenu le Bourreau de ses fils ?
Où s'en est donc allé cette noble furie,
Et ce feu qui veilloit au bien de la Patrie ?
Le Ciel d'un coup de foudre épargneroit vos mains,
S'il osoit usurper la Charge des Romains.
Marchez donc sans trembler sur les pas d'une femme,
Epuisez d'un vieillard ce qui luy reste d'ame.
Que si d'un esprit foible en cet illustre employ
Vous craignez le peril, ne frapez qu'aprés moy.
Ce discours achevé, du haut de leur Tribune,
Avec un front égal attendez la fortune.

AGRIPPINE à Sejanus.

Mais sans que de l'Etat nous déchirions le flanc,
Que le sang de Tibere épargne tant de sang,
Laisse-moy l'attaquer seule en face de Rome,
Il ne merite pas de tomber sous un homme.

SEJANUS.

Madame, en ma faveur ne vous exposez point.
Attendons au parti le Soldat qui se joint.
Du plus seur au plus prompt ne faites point d'é-
    change.

AGRIPPINE.

Perisse l'Univers pourvû que je me venge.

SEJANUS.

Ouy, vous serez vengée, ouy, Madame, & bientôt ;
Votre Ayeul dans le Ciel le demande assez haut,
Et du fonds des enfers votre époux vous le crie :
Mais pour un malheureux conservez votre vie,
Vous me l'avez promis.

AGRIPPINE.

                    Ouy, va, je m'en souviens ;
Mais une Ombre qui crie empêche nos liens.

SEJANUS.

Hé quoy ! Germanicus peut-il trouver étrange
Que sa veuve se donne à celuy qui le venge ?

AGRIPPINE.

Non, ſa veuve à ſon gré te ſera ſon époux,
Tu ſeras ſon Rival ſans qu'il en ſoit jaloux :
Il joindra de ſon nom la force à ton audace,
Pourvû qu'en le vengeant tu merites ſa place :
A ces conditions que je paſſe avec toy,
Deſſous le ſceau d'Hymen je t'engage ma foy :

Vers qui cachent un autre ſens.

Mais il faut, ſi tu veux que le Contrat s'obſerve,
Vengeant Germanicus, le venger ſans reſerve :
Et quand ton bras aura ſes Mânes conſolez,
Et tous ſes meurtriers à ſon Ombre immolez,
Mes faveurs envers toy pour lors ſeront ſi grandes,
Que je t'épouſeray, ſi tu me le demandes.

SEJANUS.

Quoy, vous m'aimez, Madame, & je l'apprens de
vous ?
Quoy, je puis eſperer d'être un jour votre Epoux ?
Et l'excés du plaiſir dont mes ſens ſont la proye,
Ne me ſçauroit encor faire expirer de joye ?
Si le Sort ne veut pas que je meure d'amour,
Ni que ſans votre aveu je ſois privé du jour,
Du moins je vous diray juſqu'au ſoupir extrême,
Voyez mourir d'amour Sejanus qui vous aime.

AGRIPPINE.

Adieu, ma Sœur approche, ôte-luy les ſoupçons
Qu'elle pourroit avoir que nous la trahiſſons.

SEJANUS.

Ah ! Madame, elle peut nous avoir écoutée,
Elle marche à grands pas, & paroît tranſportée.

SCENE IV.

SEJANUS, LIVILLA.

LIVILLA.

SI le Sort ne veut pas que je meure d'amour,
Ni que sans votre aveu je sois privé du jour,
Du moins je vous diray jusqu'au soupir extrême,
Voyez mourir d'amour Sejanus qui vous aime.
Mais toy, me hais-tu, lâche, autant que je te hais,
Et que veut ma fureur te haïr desormais ?
Tu l'as prise pour moy, cette aimable Princesse,
Tu pensois me parler, & me faire caresse :
Comme je suis pour toy de fort mauvaise humeur,
Tu prenois des leçons à fléchir ma rigueur ;
Ingrat, tu punis bien ce que fit mon courage,
Quand je sacrifiay mon époux à ta rage.
Est-ce trop peu de chose? & pour te meriter,
A des crimes plus grands faut-il encor monter ?
J'ay tué mes neveux, j'ay fait perir mon frere,
Et je suis sur le point d'égorger mon Beaupere:
Du creux de ton neant sors, Sejanus, & voy
Le Trône où mes forfaits t'ont élevé sans toy.
Si pour des coups si grands tu te sens trop timide,
Rens-moy l'Assassinat, rens-moy le Patricide,
Et pour me rendre un crime encor plus déplaisant,
Traître, rens-moy l'amour dont je t'ay fait present.

SEJANUS.

Comment agir, Madame, avec une Princesse
Dont il faut ménager l'esprit avec adresse ?
A qui tous nos desseins paroitroient furieux,
Sans le bandeau d'Amour qui luy couvre les yeux ?
Helas ! si dans mon sein vous voyiez la contrainte,
Dont déchire mon cœur cette cruelle feinte ;
Quand la haine me force à trahir l'amitié,
Peut-être en cet état vous ferois-je pitié :
Les larmes dont je feins vouloir prendre son ame,
Luy montrent ma douleur bien plûtôt que ma flâme.

LIVILLA.

O Dieux ! qu'on a de peine à prononcer l'Arrest,
Quand on veut condamner un ennemi qui plaît :
Je t'abhorre, je t'aime, & ma raison confuse,
Comme un Juge irrité soy-même se recuse ;
Ton crime parle en vain, je n'ose l'écouter,
J'ay peur qu'il ne me force à n'en pouvoir douter :
Quoy que sensiblement ta trahison m'offense,
Je me la cache, afin d'arrêter ma vengeance ;
Ou si plus clairement il me faut exprimer,
Je me la cache, afin de te pouvoir aimer.
C'en est trop, Sejanus, ma douleur est contente,
La plus foible raison suffit pour une Amante,
Et malgré mon soupçon contre toy si puissant,
Parce que je t'aimay, je te crois innocent.
Adieu, voy l'Empereur, assiege sa personne,
Qu'en tous lieux ton aspect l'épouvante & l'étonne.

SEJANUS.

Je sçay que l'Empereur ne peut être averti
Du nom des conjurez qui forment le parti ;
Cependant plus ma course approche la barriere,
Plus mon ame recule, & me tire en arriere.

LIVILLA.

Va, va, ne tremble point, aucun ne te trahit.

SEJANUS.

Une secrette horreur tout mon sang envahit :
Je ne sçay quoy me parle, & je ne puis l'entendre,
Ma raison dans mon cœur s'efforce de descendre ;
Mais encor que ce bruit soit un bruit mal distinct,
Je sens que ma raison le cede à mon instinct :
Cette raison pourtant redevient la Maîtresse,
Frappons, voila l'Hostie, & l'occasion presse ;
Aussi-bien, quand le coup me pourroit accabler,
Sejanus peut mourir, mais il ne peut trembler.

SCENE V.
LIVILLA.

L'Intrigue eſt découvert, les lâches m'ont trahie,
Ils m'en ont fait l'affront, ils en perdront la vie;
D'un eſprit ſatisfait je les verray mourir,
Et periray contente, en les faiſant perir.
O vous, mes chers neveux, mon époux, & mon frere,
Ma fureur a trouvé le moyen de vous plaire;
Pour vous rendre le faix du tombeau plus leger,
De tous vos aſſaſſins elle va vous venger;
Et par des coups ſi grands, ſi pleins, ſi legitimes,
Que je ſeray compriſe au nombre des victimes.
Mais le temps que ma bouche employe à ſoupirer,
Prête à nos criminels celuy de reſpirer.
Hâtons-nous, car enfin du jour qu'ils me trahiſſent,
Ils me l'ont dérobé cet air dont ils joüiſſent.

Fin du quatriéme Acte.

ACTE V.

SCENE PREMIERE.

TIBERE, LIVILLA, FURNIE.

TIBERE.

Un homme qu'en dormant la fortune éleva...,

LIVILLA.

Que de l'obscurité ton amitié sauva.

TIBERE.

Sejanus dont la tête unie à ma personne,
Emplissoit avec moy le rond de ma Couronne,
En vouloir à mes jours! il en mourra l'ingrat.

LIVILLA.

Par sa punition assûre ton Etat.

TIBERE.

Je veux qu'en son trépas la Parque s'étudie
A prolonger sa peine au delà de sa vie,
Qu'il meure, & qu'un sanglot ne luy soit point permis,
Qu'il arrête les yeux de tous ses ennemis,
Et qu'il soit trop peu d'un pour la douleur entiere
Dont il doit servir seul d'espece & de matiere.

LIVILLA.

A quelque extremité qu'aille son châtiment,
Tu te venges d'un traître encor trop doucement.
Mais, Seigneur, sans peril le pourras-tu détruire,
Et n'est-il plus, le lâche, en état de te nuire?

TIBERE.

Il est pris, le superbe, on instruit son procés,
Et je le voy trembler de son dernier accés.
Aussi-tôt que ta bouche à l'Etat secourable,
M'eut decouvert l'Auteur de ce crime execrable,
Pour l'éloigner des siens avecque moins d'éclat,

J'ay fait dans mon Palais assembler le Senat :
Mais c'est avec dessein d'attirer ce perfide,
Et pouvoir en ses yeux lire son parricide.
Les convoquez sont gens à ma dévotion,
Le Consul est instruit de mon intention ;
On fait garde par-tout, & par-tout sous les armes
Le Soldat tient la ville & le peuple en allarmes :
Cependant au Palais le coupable arrêté,
Et du sang de Tribun par ma bouche flaté,
Vient d'entrer au Senat pour sortir au supplice ;
Il n'a plus d'autres lieux à voir qu'un precipice.

LIVILLA.

Seigneur, & d'Agrippine en a-t-on résolu ?
Tu dois l'exterminer de pouvoir absolu :
Cet esprit insolent d'un trop heureux mensonge,
Croit t'avoir sur son crime endormi par un songe.

TIBERE.

Ce songe fabuleux ne m'a point endormi,
Au dessein de la perdre il m'a plus affermi :
De l'attentat qui trouble une ame embarassée,
La parole est toûjours auprés de la pensée ;
Et le cœur agité par quelque grand dessein,
L'ébranle malgré soy la bouche avec le sein.
Non, ma Fille, elle court à son heure derniere,
Et sans qu'elle le sçache, on la tient prisonniere :
J'ay corrompu ses gens, dont l'escorte sans foy
La garde jour & nuit, non de moy, mais pour moy ;
Et ses plus confidens que mon épargne arrête,
A mes pieds, si je veux, apporteront sa tête :
Mais je la flate afin que son Arrest fatal
Quand il la surprendra, luy fasse plus de mal.

SCENE II.

NERVA, TIBERE, LIVILLA.

NERVA.

Seigneur, il est jugé ; quand on a lû ta lettre,
Sans que pour luy personne ait osé s'entremettre,

Comme si son malheur étoit contagieux,
Chacun de son visage a détourné les yeux.
Ce puissant Sejanus, si grand, si craint n'aguere,
Cette Divinité du noble & du vulgaire,
A qui le peuple au Temple appendoit des tableaux,
A qui l'on décernoit des triomphes nouveaux,
Qu'on regardoit au Trône avec idolatrie,
Nommé par le Senat Pere de la Patrie,
Dans un corps où pour tel chacun l'avoit tenu,
N'a point trouvé d'enfans qui l'ayent reconnu :
Ils l'ont condamné tous d'une voix unanime
Au supplice du Roc, pour expier son crime :
Ce coupable est déja dans la cour descendu,
Où par l'Executeur ton ordre est attendu.

LIVILLA.

Cesar, au nom des Dieux, commande qu'on l'amene,
Il importe à ta vie, il importe à ma haine,
Qu'avant le coup fatal nous puissions nous parler;
Car j'ay d'autres secrets encor à reveler.

TIBERE.

Fais qu'il monte, Nerva.

SCENE III.

TIBERE, LIVILLA.

LIVILLA.

Cette haute indulgence
Me surprend, & m'oblige à la reconnoissance.
Afin donc que Cesar demeure satisfait,
Et que ma courtoisie égale son bienfait,
Je luy veux découvrir le plus grand des complices.

TIBERE.

Par son nom, Livilla, couronne tes services.

LIVILLA.

Ouvre les yeux sur moy, Tyran, c'est Livilla.

TIBERE.

La fureur de ma Bru passeroit jusques-là ?

LIVILLA.

'Appelles-tu fureur un acte de Justice?

TIBERE.

Donc de mon assassin ma Fille est la complice?

LIVILLA.

Non, je ne la suis pas, Tibere ; il est le mien ;
J'ay formé l'attentat, mais le malheur est sien.
Du massacre d'un Monstre il soit assez d'estime,
Pour disputer l'honneur d'en avoir fait le crime.
Ouy, ce fut moy, Tyran, qui l'armay contre toy.

TIBERE.

La femme de mon fils conspire contre moy ?

LIVILLA.

Moy femme de ton fils, moy fille de ton frere,
J'allois te poignarder, toy, mon oncle & mon pere ;
Par cent crimes en un me donner le renom
De commettre un forfait qui n'eût point eu de nom :
Moy ta niece, ta bru, ta cousine, ta fille,
Moy qu'attachent par-tout les nœuds de ta famille,
Je menois en triomphe à ce coup inhumain
Chacun de tes parens t'égorger par ma main ;
Je voulois prophaner du coup de ma vengeance
Tous les degrez du sang, & ceux de l'alliance,
Violer dans ton sein la nature & la loy :
Moy seule revolter tout ton sang contre toy,
Et montrer qu'un Tyran dans sa propre famille
Peut trouver un Bourreau, quoy qu'il n'ait qu'une fille.
J'ay tué mon époux ; mais j'eusse encor fait pis,
Afin de n'être plus la femme de ton fils ;
Car j'avois dans ma couche à ton fils donné place,
Pour être en mes enfans maitresse de ta race,
Et pouvoir à mon gré répandre tout ton sang,
Lors qu'il seroit contraint de passer par mon flanc.
Si je t'ay découvert la revolte secrette
Dont ce couple maudit complotoit ta défaite,
C'est que mon cœur jaloux de leurs contentemens,
N'a pû que par le fer desunir ces Amans :
Et dans mon desespoir si je m'accuse encore,
C'est pour suivre au tombeau Sejanus que j'adore.
Ose donc, ose donc quelque chose de grand,
Je brûle de mourir par les mains d'un Tyran.

TIBERE.

TIBERE.

Ouy tu mourras, perfide, & quoy que je t'immole,
Pour punir ta fureur, je te tiendray parole,
Tu verras son supplice, il accroîtra ton deüil,
Tes regards étonnez le suivront au cercueil :
Il faut que par tes yeux son desastre te tuë,
Et que toute sa mort se loge dans ta vûë.
Observez-la, Soldats, faites garde en ces lieux :
Et pendant les transports de leurs tristes adieux,
Qu'on la traîne à la mort, afin que sa tendresse
Ne pouvant s'assouvir, augmente sa tristesse.

SCENE IV.

LIVILLA.

HE' bien, Furnie, hé bien ? le voila ce grand jour,
Dont la lumiere éteinte éteindra mon amour.
Mais elle m'abandonne, & n'oseroit m'entendre :
Déja de mon destin chacun se veut déprendre :
Et comme si des morts j'avois subi la loy,
Les vivans ont horreur de s'approcher de moy.

SCENE V.

LIVILLA, SEJANUS, NERVA.

LIVILLA.

ENfin sur le penchant de ta proche ruine,
Ni l'amour de Cesar, ni l'amour d'Agrippine,
Ni pour tes interests tout le peuple assemblé,
Ni l'effort du parti dont notre Aigle a tremblé,
Ne peuvent racheter ni garantir ta tête
Du tonnerre grondant que ma vengeance appreste :
Ton trépas est juré, Livilla l'entreprend,
Et la main d'une Femme a fait un coup si grand.

SEJANUS.

Nous devant assembler sous la loy d'Hymenée,
Me pouvois-je promettre une autre destinée :
Vous êtes trop sçavante à perdre vos époux,
On se joint à la mort, quand on se joint à vous.

LIVILLA.

Ton amour m'enseigna ce crime abominable ;
Peut-on être innocent lors qu'on aime un coupable ?
J'eus recours aux forfaits pour t'attacher à moy,
Tu n'épouseras point Livilla malgré toy :
Mais Agrippine aussi ne sera point ta Femme.
Ne pouvant étouffer cette ardeur qui t'enflâme,
Sans t'attacher la vie où loge ton amour,
J'ay mieux aimé, barbare, en te privant du jour,
Précipiter le vol de mon heure fatale,
Que de te voir heureux aux bras de ma Rivale.

SEJANUS.

La mort, dont vous pensez croître mon desespoir,
Delivrera mes yeux de l'horreur de vous voir,
Nous serons separez, est-ce un mal dont je tremble ?

LIVILLA.

Tu te trompes encor, nous partirons ensemble :
La Parque, au lieu de rompre, allongera nos fers ;
Je t'accompagneray jusques dans les Enfers :
C'est dans cette demeure à la pitié cachée,
Que mon Ombre sans cesse à ton Ombre attachée,
De son vol éternel fatiguera tes yeux,
Et se rencontrera pour ta peine en tous lieux ;
Nous partirons ensemble, & d'une égale course
Mon sang avec le tien ne fera qu'une source,
Dont les ruisseaux de feu par un reflus commun
Pêle-mêle assemblez, & confondus en un,
Se joindront chez les morts d'une ardeur si commune,
Que la Parque y prendra nos deux ames pour une.
Mais Agrippine vient ; ses redoutables yeux,
Ainsi que de ton cœur, me chassent de ces lieux.

SCENE IV.

AGRIPPINE, SEJANUS, NERVA.

AGRIPPINE.

Demeure, Sejanus, on te l'ordonne, arrête :
Je te viens annoncer qu'il faut perdre la tête ;
Rome en foule déja court au lieu de ta mort.

SEJANUS.

D'un courage au deſſus des injures du Sort,
Je tiens qu'il eſt ſi beau de cheoir pour votre cauſe,
Qu'un ſi noble malheur borne tout ce que j'oſe ;
Et déja mes travaux ſont trop bien reconnus,
S'il eſt vray qu'Agrippine ait pleuré Sejanus.

AGRIPPINE.

Moy pleurer Sejanus ? moy te pleurer, perfide ?
Je verray d'un œil ſec la mort d'un parricide :
Je voulois, Sejanus, quand tu t'offris à moy,
T'égorger par Tibere, ou Tibere par toy ;
Et feignant tous les jours de t'engager mon ame,
Tous les jours en ſecret je devidois ta trame.

SEJANUS.

Il eſt d'un grand courage, & d'un cœur genereux,
De ne point inſulter au ſort d'un malheureux :
Mais j'en ſçay le motif ; pour effacer la trace
Des ſoupçons qui pourroient vous joindre à ma diſ-
    grace,
Vous bravez mes malheurs, encor qu'avec regret,
Afin de vous purger d'être de mon ſecret :
Madame, ce n'eſt pas connoître mon génie,
Car j'aurois fort bien ſçû mourir ſans compagnie.

AGRIPPINE.

Ne t'imagines pas que par un feint diſcours
Je tâche vainement à prolonger mes jours ;
Car puis qu'à l'Empereur ta trame eſt découverte,
Il a ſçû mon complot & réſolu ma perte :
Auſſi j'en ſoûtiendray le coup ſans reculer,
Mais je veux de ta mort pleinement me ſouler.

L l 2

Et goûter à longs traits l'orgueilleuse malice
D'avoir par ma presence augmenté ton supplice,

SEJANUS.

De ma mortalité je suis fort convaincu ;
Hé bien, je dois mourir, parce que j'ay vêcu.

AGRIPPINE.

Mais as-tu de la mort contemplé le visage ?
Conçois-tu bien l'horreur de cet affreux passage ?
Connois-tu le desordre où tombent leurs accords,
Quand l'ame se déprend des attaches du corps ?
L'image du tombeau qui nous tient compagnie,
Qui trouble de nos sens la paisible harmonie,
Et ces derniers sanglots dont avec tant de bruit
La Nature épouvante un homme qui s'enfuit ?
Voila de ton destin le terme épouvantable.

SEJANUS.

Puis qu'il en est le terme, il n'a rien d'effroyable ;
La mort rend insensible à ses propres horreurs.

AGRIPPINE.

Mais une mort honteuse étonne les grands cœurs.

SEJANUS.

Mais la mort nous guerit de ces vaines chimeres.

AGRIPPINE.

Mais ta mort pour le moins passera les vulgaires :
Ecoute les malheurs de ton dernier Soleil ;
Car je sçay de ta fin le terrible appareil.
De joye & de fureur la populace émeuë
Va pour aigrir tes maux en repaître sa veuë :
Tu vais sentir chez toy la mort s'insinuer,
Par-tout où la douleur se peut distribuer :
Tu vas voir les enfans te demander leurs peres,
Les femmes leurs maris, & les freres leurs freres,
Qui pour se consoler en foule s'étouffans,
Iront voir à leur rage immoler tes enfans :
Ton fils, ton heritier, à la haine de Rome,
Va tomber, quoy qu'enfant, du suplice d'un homme ;
Et te perçant du coup qui percera son flanc,
Il éteindra ta race & ton nom dans son sang :
Ta fille devant toy, par le Bourreau forcée,
Des plus abandonnez blessera la pensée,
Et de ton dernier coup la Nature en suspens

Promenera ta mort en chacun de tes sens.
D'un si triste spectacle es-tu donc à l'épreuve?

SEJANUS.

Cela n'est que la mort, & n'a rien qui m'émeuve,

AGRIPPINE.

Et cette incertitude où mene le trépas?

SEJANUS.

Etois-je malheureux, lors que je n'étois pas?
Une heure aprés la mort notre ame évanoüie,
Sera ce qu'elle étoit une heure avant sa vie.

AGRIPPINE.

Mais il faut, t'annonçant ce que tu vas souffrir,
Que tu meutes cent fois avant que de mourir.

SEJANUS.

J'ay beau plonger mon ame & mes regards funebres
Dans ce vaste neant, & ces longues tenebres,
J'y rencontre par-tout un état sans douleur,
Qui n'éleve à mon front ni trouble ni terreur:
Car puis que l'on ne reste aprés ce grand passage,
Que le songe leger d'une legere image,
Et que le coup fatal ne fait ni mal ni bien,
Vivant parce qu'on est, mort parce qu'on est rien:
Pourquoy perdre à regret la lumiere receuë,
Qu'on ne peut regretter aprés qu'elle est perduë?
Pensez-vous m'étonner par ce foible moyen,
Par l'horreur du tableau d'un étre qui n'est rien?
Non, quand ma mort au Ciel luiroit dans un Comete,
Elle me trouvera dans une ferme assiette:
Sur celle des Catons je m'en vais encherir,
Et si vous en doutez, venez me voir mourir.
Marchez, Gardes.

AGRIPPINE.

Marchez. Je te rends grace, ô Rome,
D'avoir d'un si grand cœur partagé ce grand homme:
Car je suis seure au moins d'avoir vengé le Sort
Du grand Germanicus, par une grande mort,

SCENE VII.

TIBERE, AGRIPPINE.

TIBERE.

JE vous cherche, Madame, avec impatience,
Et viens vous faire part du fruit de ma vengeance :
Sejanus par sa mort vous va faire raison,
Et venger hautement votre illustre Maison.

AGRIPPINE.

Cesar, je te rens grace, & te suis obligée,
Du traître Sejanus enfin tu m'as vengée,
Tu payes mon Epoux de ce que je luy doy :
Mais quel bras aujourd'hui me vengera de toy ?
La suite de ta mort m'assurant de la sienne,
Ma vengeance voloit toute entiere à la tienne
Mais dans ce grand projet dont j'attendois mon bien,
Son trépas imprévû n'a point causé le tien.
Où sera mon recours ? ma Famille outragée,
Sur le tombeau d'un seul n'est qu'à demi vangée.
Si je veux donc m'en faire une entiere raison,
Ta tête pour victime est dûë à ma Maison :
Ouy, je dois t'arracher & l'Empire & la vie,
Par cent coups redoublez contenter mon envie,
Sejanus abbatu renverser son appuy,
Te noyer dans son sang, t'immoler dessus luy,
Et d'une main cruelle en desserrant ta vûë,
Te contraindre de voir que c'est moy qui te tuë.

TIBERE.

Ah ! c'est trop, Agrippine.

AGRIPPINE.

　　　　　　　Ah ! c'est encor trop peu ;
Il faut que ton esprit aveuglé de son feu,
Tombant pour me punir dans un transport infame,
Comble tes lâchetez du meurtre d'une Femme.

TIBERE.

Mais je t'ay convaincuë, & ton crime averé
Rend ton Arrest sans tache, & mon front assûré.

AGRIPPINE.

Comme je sçay, Tyran, ce que ton cœur estime,
Que le crime te plaît à cause qu'il est crime ;
Si le trepas m'est dû, j'empêche ton transport
De gouter le plaisir d'en commettre à ma mort.

TIBERE.

Moy te donner la mort ! j'admire ton audace :
Depuis quand avec nous es-tu rentrée en grace ?
Pour allonger tes maux, je te veux voir nourrir
Un trepas éternel dans la peur de mourir.

AGRIPPINE.

Enfin, lâche Empereur, j'apperçois ta foiblesse
A travers l'épaisseur de toute ta sagesse,
Et du déguisement dont fait ta vanité
Un specieux pretexte à ta timidité.
Quoy, Tyran, tu pâlis ? ton bras en l'air s'arrête,
Lors que d'un front sans peur je t'apporte ma tête ?
Prends garde, mon Bourreau, de ne te point troubler,
Tu manqueras ton coup, car je te fais trembler.
Que d'un sang bien plus chaud, & d'un bras bien plus
ferme,
De tes derniers Soleils j'accourcirois le terme !
Avec combien de joye & combien de vigueur
Je te ferois descendre un poignard dans le cœur !
En tout cas, si je tombe au deçà de l'ouvrage,
Je laisse encor un Fils heritier de ma rage,
Qui fera, pour venger les maux que j'ay soufferts,
Rejaillir jusqu'à moy ton sang dans les Enfers.

TIBERE.

Qu'on l'ôte de mes yeux, cette ingrate Vipere.

AGRIPPINE.

On te nommoit ainsi, quand tu perdis ton Pere.

TIBERE.

Enfin persecuté de mes proches parens,
Et dedans ma Famille au milieu des Serpens,
J'imiterai, superbe, Hercule en ce rencontre.

AGRIPPINE.

O le digne rapport d'Hercule avec un Monstre !

TIBERE.

Qu'on égorge les siens, horsmis Caligula.

AGRIPPINE.

Pour ta perte il suffit de sauver celuy-là.

SCENE VIII.

TIBERE.

D'Elle & de Sejanus, les ames déloyales
Arriverront ensemble aux plaines infernales.
Mais pour Terentius, à l'un & l'autre uni,
Perdant tout ce qu'il aime, il est assez puni.

SCENE DERNIERE.

TIBERE, NERVA.

NERVA.

Céfar...

TIBERE.

Hé bien, Nerva?

NERVA.

J'ay vû la catastrophe
D'une femme sans peur, d'un Soldat Philosophe.
Sejanus a d'un cœur qui ne s'est point soûmis,
Maintenu hautement ce qu'il avoit promis :
Et Livilla de même, éclatante de gloire,
N'a pas d'un seul soupir offensé sa memoire:
Enfin, plus les Bourreaux qui les ont menacez...

TIBERE.

Sont-ils morts l'un & l'autre ?

NERVA.

Ils font morts.

TIBERE.

C'est assez.

F I N.

TABLE

Du premier Tome des Oeuvres de
M. de Cyrano Bergerac.

TABLE.

TABLE.

Fin de la Table.

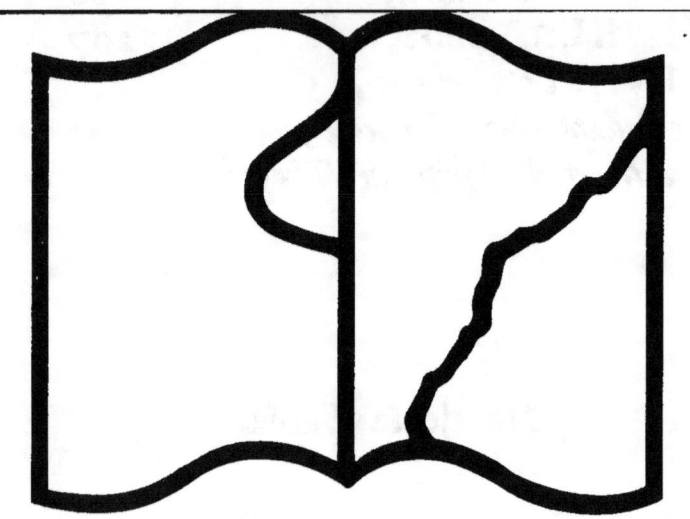

Texte détérioré — reliure défectueuse

NF Z 43-120-11

Contraste insuffisant

NF Z 43-120-14